Dietz
Taschen
buch 25

Volker Jakob
Annet van der Voort

Anne Frank war nicht allein

Lebensgeschichten deutscher Juden in den Niederlanden

Verlag J.H.W. Dietz Nachf.

ISBN 3-8012-3025-2

Berlin · Bonn
In der Raste 20–22, D-5300 Bonn
Lektorat: Martin Rethmeier
Umschlag: Manfred Waller, Reinbek
Umschlagfoto: Felix Nußbaum, Selbstbildnis mit Judenpaß, 1943

(Foto: Bernd Kirtz-ARTOTHEK)
Satz: satz + druck gmbh, Düsseldorf
Druck und Verarbeitung: Ebner Ulm

Printed in Germany 1988

Inhalt

Notwendige Vorbemerkungen

Die deutschen Juden und der Nationalsozialismus

Deutschland 1933. Hitler ist Reichskanzler, die Nationalsozialisten beherrschen die Straße. Den Reichstagsbrand im Februar beantwortet die neue Regierung mit einer Notverordnung „zum Schutze von Volk und Staat“, die faktisch die Aufhebung aller verfassungsmäßigen Rechte und Freiheiten einleitet. Die sich jetzt ungehindert entfaltende Willkür der Nationalsozialisten richtet sich gegen die verschiedenen politischen und weltanschaulichen Gegner, die sich ihrem totalen Anspruch entziehen. Im Zentrum dieser kollektiven Haßwelle stehen die deutschen Juden. Sie werden verantwortlich gemacht für alle vermeintlichen Fehlentwicklungen in Deutschland seit der Niederlage des Ersten Weltkriegs. „Die Juden“, so wird die Goebbelsche Massenpropaganda nicht müde zu verkünden, „sind unser Unglück!“ Randalierend zieht der SA-Mob durch die Straßen der Städte und brüllt seine haßerfüllten Lieder: „Wenn das Judenblut vom Messer spritzt, dann geht's noch mal so gut!“ „Juda verrecke!“ war die Parole.

Wer waren sie, die Juden in Deutschland, damals, 1933? Mit weniger als 500.000 Angehörigen stellten sie nicht einmal ein Prozent der Reichsbevölkerung. Ungefähr 80 Prozent von ihnen waren religiös gesehen liberal eingestellt. 15 Prozent zählten sich zur Orthodoxie. Ihre Anhänger gaben den jüdischen Geboten Vorrang vor der Bindung an Deutschland, aber auch bei ihnen war eine landsmannschaftliche Zugehörigkeit unverkennbar, die z. T. durch Jahrhunderte gewachsen war. Die überwältigende Mehrheit der in Deutschland lebenden Juden, weit über vier Fünftel, war im Lande geboren und verstand sich in hohem Maße als deutsch. Der „Centralverein deutscher Staatsbürger jüdischen Glaubens“, der von zionistischer Seite gelegentlich als „Centralverein jüdischer Staatsbürger deutschen Glaubens“ verspottet wurde, zählte in 500 Ortsgruppen rund 70.000 Mitglieder. Der 1893 gegründete CV, der eine fortschreitende Verbindung von Deutschtum und Judentum propagierte, hatte den Abwehrkampf gegen den politischen Antisemitismus auf seine Fahne geschrieben und machte sich darüber hinaus stark für jüdische Gleichberechtigung und Integration auf allen Gebieten. Noch nationaler gab sich der nach dem Ersten Weltkrieg entstandene „Reichsbund jüdischer Frontsoldaten“, der vom Patriotismus der Wehrverbände getragen war und stark das gemeinsame Kriegserlebnis verinnerlichte. Die Zahl seiner Mitglieder lag bei etwa 40.000. Etwas weniger als 20 Prozent aller Juden in Deutschland waren nach der Jahrhundertwende auf der Flucht vor Pogromen aus Osteuropa zugewandert. Diese „Ostjuden“, die aufgrund ihrer sprachlichen, kulturellen und religiösen Traditionen ein ausgeprägtes Sonderbewußtsein beibehielten, wurden von ihren deutschen Glaubensgenossen nicht selten mit einer gewissen Herablassung angesehen. Unter denen, die bereits einmal eine Heimat verloren hatten, fand der Zionismus, der die Zukunft des jüdischen Volkes in Palästina sah und von der Mehrzahl der deutschen Juden eher skeptisch beurteilt wurde, seine treuesten Anhänger. Die Zionistische Vereinigung für Deutschland (ZVfD) hatte rund 10.000 Mitglieder.

Vor der Reichstagswahl des Jahres 1930 hatten die großen jüdischen Verbände ein gemeinsames Wahlkomitee gebildet. Etwa 65 Prozent der jüdischen Stimmberechtigten votierten für die linksliberale Deutsche Demokratische Partei, während 30 Prozent sich für die beiden Linksparteien, die Sozialdemokraten und die Kommunisten, aussprachen. Zwei Jahre später, nach dem Zusammenbruch der Demokratischen Partei, dürften wohl zwei Drittel aller jüdischen Stimmen auf die Sozialdemokratische Partei entfallen sein. Juden, die die schon vor dem Aufkommen des Nationalsozialismus antisemitisch argumentierenden konservativen Parteien wählten, gab es aus naheliegenden Gründen kaum. So verhielten sich die deutschen Juden auch unter wahlsoziologischem Aspekt ausgesprochen homogen: Sie waren möglicherweise die einzige ethnische Gruppe in Deutschland, die geschlossen und vorbehaltlos die Republik von Weimar gegen ihre erbitterten Feinde verteidigte.

Und: Sie wußten, daß die Drohungen der Nationalsozialisten ernst zu nehmen waren. Schon im März 1933 wurden in Dachau und Oranienburg bei Berlin die ersten deutschen Konzentrationslager errichtet. Am 1. April kam es zum reichsweit organisierten Boykott aller „nichtarischen“ Geschäfte, Arztpraxen und Anwaltskanzleien. Durch den Erlaß des Gesetzes „zur Wiederherstellung des Berufsbeamtentums“ vom 7. April 1933 und seine verschiedenen Durchführungsverordnungen wurden alle jüdischen Beamten, Angestellen und Arbeiter aus dem öffentlichen Dienst entlassen. Kurze Zeit später erfolgte die Entfernung

„nichtarischer" Honorarprofessoren und Privatdozenten von den Hochschulen. Rechtsanwälte und Notare verloren ihre Zulassungen ebenso wie Krankenhausärzte. Die Zahl der jüdischen Studenten an den deutschen Universitäten wurde drastisch gesenkt. Es verging kaum eine Woche, in der dieses perfide System von Diskreditierung, Verleumdung und Ausgrenzung nicht bürokratisch perfektioniert wurde. Individuelle Schikanen in einem Raum zunehmender Rechtlosigkeit kamen hinzu. Überall an Ortseingängen, Schulen, Geschäften, Cafés und Sportanlagen erschienen Schilder mit der Aufschrift „Juden unerwünscht!" Die Folge dieser und ähnlicher Maßnahmen ließ nicht lange auf sich warten: Zunehmende Geschäftsaufgaben und Konkursanmeldungen, steigende Arbeitslosenzahlen, Verarmung – oder als Alternative und oft letzter Ausweg: die Auswanderung.

Allein während dieses ersten Jahres der nationalsozialistischen Herrschaft verließen rund 37.000 Juden ihr deutsches „Vaterland". Nur sieben bis neun Prozent emigrierten nach Übersee, annähernd 20 Prozent gingen nach Palästina. Beinahe drei Viertel aller jüdischen Auswanderer suchten Zuflucht in einem der europäischen Nachbarländer. Obgleich das Deutsche Reich seine judenfeindliche Politik unbeirrt fortsetzte, sank die Zahl der Auswanderer in den folgenden Jahren auf durchschnittlich 24.000. Selbst die Einführung der „Nürnberger Rassengesetze", die den Juden vollends ihre staatsbürgerlichen Rechte nahm und sie endgültig zu Menschen zweiter Klasse machte, bewirkte keine wesentliche Steigerung der Emigrationsrate. Erst das Pogrom vom November 1938, die willkürliche Ermordung von annähernd 100 Menschen, die reichsweite Zerstörung von Synagogen, Wohnungen und Geschäften sowie die Verhaftung und Einweisung von rund 30.000 jüdischen Männern in Konzentrationslager ließ die Auswanderungszahlen zum Jahreswechsel 1938/39 noch einmal in die Höhe schnellen. Es sollte für viele die letzte Chance sein, Deutschland zu verlassen . . .

Für die Jahre 1933 bis 1937 liegt eine Statistik vor, die von insgesamt 140.000 jüdisch-deutschen Emigranten innerhalb von fünf Jahren ausgeht. Danach wandte sich die zahlenmäßig stärkste Gruppe unter ihnen (42.000) nach Palästina. 25.000 Juden kehrten aus Deutschland zurück in ihre ost- bzw. südosteuropäischen Herkunftsländer. Je etwa 20.000 flüchteten in die Vereinigten Staaten, nach Mittel- und Südamerika sowie zu den westeuropäischen Nachbarn. Ein nicht geringer Bruchteil dieses zuletzt genannten Emigrationsstromes gelangte in die Niederlande. Einer anderen Statistik zufolge, die die Verteilung jüdischer Flüchtlinge von 1933 bis 1943 nach Zielländern erfaßt, standen die Niederlande mit 4,3 Prozent nach den Vereinigten Staaten (23,5 Prozent), Palästina (14,8 Prozent), England (8,1 Prozent) und Frankreich (6,8 Prozent) an fünfter Stelle, was, bezogen auf die unterschiedlichen Bevölkerungszahlen der Gastländer, eine beeindruckende Quote darstellt.

Willkommen in Holland?

Obgleich die Zahlen schwanken und außerordentlich widersprüchlich sind, scheinen zwischen 1933 und 1940, dem Jahr des deutschen Überfalls auf die Niederlande, etwa 50.000 deutsche und österreichische Staatsangehörige die holländische Grenze als Emigranten überschritten zu haben. Der Versuch, hier zwischen „politischen" und „jüdischen" Flüchtlingen zu unterscheiden, ist schon insofern fragwürdig, als sich unter den politischen Emigranten linker Couleur zahlreiche Juden befanden. Mit Karl Kautsky, Erich Kuttner und Otto Landsberg sind einige Namen genannt, die in der Geschichte der Weimarer Republik ihren festen Platz haben.

Zum Jahreswechsel 1933/34 wurden in den Niederlanden 4.200 jüdische Flüchtlinge aus Deutschland gezählt. Viele von ihnen betrachteten Holland lediglich als Durchgangsland und wanderten weiter, sobald sie die Möglichkeit dazu bekamen. Doch der Zustrom aus Deutschland riß nicht ab. Allein nach dem Novemberpogrom 1938 kamen rund 10.000 weitere Emigranten hinzu. Unter dem Eindruck einer eskalierenden Kriegsgefahr bemühte sich ein großer Teil von ihnen um Einreisemöglichkeiten in Länder, die aufgrund ihrer geografischen Lage ein größeres Maß an Sicherheit boten. Insgesamt scheinen sich etwa 24.000 deutsche Juden länger in den Niederlanden aufgehalten zu haben. Erst für die Zeit nach dem deutschen Einfall liegen genauere Erhebungen vor. Im Jahre 1941, als eigentlich schon alles zu spät war, befanden sich exakt 15.174 deutsch-jüdische Flüchtlinge auf holländischem Boden.

Die ersten, die ins Land kamen, waren die politisch Verfolgten: Gewerkschafter, Funktionäre der Linksparteien, politische Beamte, Künstler und überhaupt junge Leute, die in Deutschland keine Chance mehr für sich sahen und die meist in familiärer Hinsicht ungebunden waren. Später folgten vor allem ältere Menschen, die in Deutschland eine gesicherte und geordnete Existenz zurückgelassen hatten. Unter denen, die schließlich in Holland blieben, aus welchen Motiven auch immer, überwogen die über 40jährigen, die meist verheiratet waren und Kinder mitbrachten. Häufig holten in den späten 1930er Jahren junge Emigranten Eltern und Familienangehörige nach, wenn ihnen irgendeine Existenzgründung in Holland gelungen war. Warum Holland? Ein sozialdemokratischer Emigrant aus Köln, Willi Quecksilber, der sich im Exil Heinz Wielek nannte, hat später darauf geantwortet: „Viele flohen einfach darum nach Holland, weil sie . . . sich nicht von Deutschland trennen konnten. Ähnelte die holländische Sprache nicht der deutschen? War Holland nicht auch in geistiger, in kultureller Hinsicht mit Deutschland verwandt?" Tatsächlich: Eines der gewichtigsten Motive bei der Entscheidung für Holland und gegen Übersee oder Palästina war das der Nähe zu Deutschland. „Het is maar tien uur sporen naar Berlijn" (Es sind nur zehn Stunden mit der Bahn bis Berlin), schrieb später ein holländischer Lyriker. Viele wollten sich nicht allzu weit von der alten Heimat entfernen, fürchteten den endgültigen Bruch und hofften immer noch darauf, daß der nationalsozialistische Spuk in Deutschland bald vorbei sein würde.

Angesichts dieses Flüchtlingsstromes bestätigte sich eine alte Beobachtung, daß nämlich Menschen, die aus politischen oder wirtschaftlichen Gründen ihre Heimat verlassen müssen, ihre Zuflucht in der Großstadt suchen. Sicher, manche deutsche Juden ließen sich in den grenznahen Städten im Osten nieder, in Maastricht oder Venlo, in Nijmegen oder Arnhem, in Enschede oder Groningen. Die übergroße Mehrzahl aber zog es in den Westen des Landes, nach Den Haag, Utrecht, Rotterdam, und, an allererster Stelle, nach Amsterdam. Amsterdam, *die* holländische Stadt schlechthin mit ihrem haupt- und großstädtischen Flair, übte eine magische Anziehungskraft auf die Emigranten aus. „Autohupen, Fietsgeklingel, Motorgeratter, Schiffssirenen. ‚Mooie bloemen!' Frauenlachen, ‚Sinaasappelen!' ‚De Telegraaf!' ‚Haringen!' ‚Het Volk!' Ein Vreemdeling steht in Amsterdam: wohin! Centraalstation. Wasser, Wasser und Wellen. Menschenleiber, Frauenstrümpfe, Hosen mit Bügelfalten und Hosen mit ohne. Wohin! Dam. Palais. Rokin. Kalverstraat. ‚Carlton-Hotel.' Wohin! Wohin! Kein Mensch sieht mich an, kein Leib dreht sich um, alles läuft und jagt und atmet in Centen. Jeder von diesen hat sein Bett und seine Selbstverständlichkeit, auf jeden wartet ein Mund oder ein Mittagessen oder ein Lachen. Was wartet auf mich?“ So hat damals, 1934, Konrad Merz seine Eindrücke und ersten Empfindungen beschrieben. Ähnlich werden es viele andere erfahren haben.

Exilanten, Menschen, die ihr Land nicht freiwillig verlassen haben, suchen in der Fremde ihresgleichen. Gemeinsam ist es leichter, das Schicksal des Ausgestoßenseins zu ertragen und sich in einer ungewohnten Umgebung zu behaupten. In Amsterdam war nach 1918 im Süden des historischen Grachtengürtels ein neues Wohnviertel entstanden, gepflegt und großzügig, im nüchtern-modernen Stil der zwanziger Jahre. Wohnraum war damals vergleichsweise billig in Holland, und Zuschnitt und Ausstattung der Neubauten ähnelten deutschen Verhältnissen. Amsterdam-Zuid, wo viele Straßen nach den Göttinnen und Göttern der griechischen Mythologie benannt waren oder nach deutschen Komponisten, wurde allmählich zu einer deutsch-jüdischen Enklave. Deutsche Mode und deutsche Buchhandlungen, deutsche Restaurants und deutsche Konditoreien, Geschäfte mit deutscher Wurst und deutschem Brot. Es war – fast – wie zu Hause.

Das weitverbreitete Gefühl, nur „halb“ aus Deutschland herausgefallen zu sein und am Rande eben doch noch dazuzugehören, wurde dadurch verstärkt, daß es in den Vorkriegsjahren ein beinahe unerschöpfliches Angebot deutscher Kultur in den Niederlanden gab. Fritz Landshoff und Hermann Kesten bauten, der eine bei Emanuel Querido, der andere bei Allert de Lange, die beiden großen Verlagsabteilungen auf, in denen die „verbrannten Dichter“ des deutschen Exils weiter erscheinen konnten. Hier publizierten sie alle, Brecht und Döblin, Ödön von Horváth und Lion Feuchtwanger, Heinrich, Thomas und Klaus Mann, Joseph Roth und Anna Seghers, Arnold und Stefan Zweig. Die Aufzählung ließe sich beliebig fortsetzen. Aber es waren nicht nur deutsche Bücher, die hier verlegt und gelesen wurden. Filmregisseure wie Max Ophüls und Detlef Sierck, der spätere Douglas Sirk, machten hier auf ihrem Weg in die Neue Welt Station, oder blieben, wie Ludwig Berger und Kurt Gerron, der 1944 in Auschwitz ermordet wurde. Theaterschauspieler kamen ebenso wie Kabarettisten. Erika Manns „Pfeffermühle“ gastierte vor holländischem und deutschem Publikum mit großem Erfolg. Das Rudolf Nelson-Ensemble und die Fritz Hirsch-Operette feierten Triumphe. Maler wie Max Beckmann und Heinrich Campendonk suchten in Amsterdam Zuflucht und Fotografen wie Erwin Blumenfeld, Erich Salomon und Helmar Lerski. Schließlich kamen Wissenschaftler der verschiedensten Disziplinen, die von ihren Lehrstühlen in Deutschland vertrieben worden waren, darunter vor allem viele Soziologen: Karl Mannheim, Helmuth Plessner, Norbert Elias, Hugo Sinzheimer ... Auch hier müssen einzelne Namen genügen. Im Januar 1937 wurde mit dem „Huize Oosteinde" in Amsterdam eine Art deutsch-jüdisches Kulturzentrum eröffnet, das bereits im ersten Jahr seines Bestehens eine große Anziehungskraft auf die Emigranten ausübte. Hier traf man sich, konnte ungestört lesen, Sprachkurse in Englisch und Hebräisch belegen, Sport treiben oder einfach nur diskutieren. Abends gab es Konzerte, Vorträge oder Unterhaltungsveranstaltungen ...

Die holländische Öffentlichkeit, schwankend zwischen Hilfsbereitschaft und Überfremdungsangst, begegnete dem Emigrantenstrom mit gemischten Gefühlen. Im Juli 1938 hieß es in einer großen liberalen Wochenzeitung etwa: „Die natürliche Sympathie, die wir den deutschen Emigranten entgegenbringen, und unsere von Herzen kommende Hilfsbereitschaft werden hierzulande beeinträchtigt durch diejenigen Emigranten, die uns unsympathisch sind, nicht, weil sie deutsche *Juden*, sondern weil sie *deutsche* Juden sind. Ihre Vorliebe für die deutsche Sprache, die deutschen Sitten, ihre Verherrlichung Deutschlands im Vergleich zu Holland sind widerwärtig, nicht nur für unser Nationalgefühl, sondern auch für unsere philosemitischen Gefühle ..." Etwa zur gleichen Zeit – es waren jene unruhigen Monate zwischen dem Anschluß Österreichs und dem Münchner Abkommen, als Hitler die Westmächte mit immer neuen Forderungen zu erpressen suchte – kursierte unter holländischen Juden ein Witz, der die Irritationen treffend zum Ausdruck bringt: Die deutschen Juden in Amsterdam haben dem Oberbürgermeister folgendes Ultimatum gestellt – sofortige Übergabe von Amsterdam-Zuid, ein geheimes Referendum in allen anderen Stadtteilen und ein Korridor zum Strand nach Zandvoort! Mit anderen Worten: Gleichgültig, ob deutsche „Arier" oder deutsche Juden – Mof bleibt Mof. So dachten viele.

Die holländische Perspektive

In den 1930er Jahren gab es in den Niederlanden rund 110.000 holländische Juden, das waren 1,4 Prozent der Gesamtbevölkerung. Daneben wurden statistisch etwa 30.000 Holländer gezählt, die sich in einem weiteren Sinne noch als „Juden“ verstanden oder als solche angesehen wurden, ohne indes einer Gemeinde angeschlossen zu sein. In Amsterdam und Den Haag bestanden zwei kleine Gemeinden sephardischer Juden, deren Vorfahren vor allem im 16. Jahrhundert aus Spanien und Portugal ins Land gekommen waren und die in religiöser Hinsicht ein exklusives Eigenleben führten. Ähnlich wie ihre deutschen Glaubensbrüder lebten die meisten holländischen Juden in den Großstädten – 80.000, also fast 60 Prozent, allein in Amsterdam, wo es am Rande der historischen Altstadt ein regelrechtes Judenviertel gab. Die Juden besaßen in den Niederlanden seit 1796 alle bürgerlichen Rechte und waren in hohem Maße assimiliert, nur entfaltete sich die soziale Spanne zwischen Arm und Reich hier ungleich weiter als etwa in Deutschland. Auf der einen Seite spielten die holländischen Juden im ökonomischen und kulturellen Leben des Landes eine bedeutende Rolle, zum anderen stellten sie gerade auch in Amsterdam ein starkes Proletariat. Viele waren im Gebraucht- und Straßenhandel tätig oder arbeiteten im Hafen und in den Fabriken der Stadt. Eine traditionelle Domäne bildete die Diamantindustrie, in der etwa 10 Prozent aller holländischen Juden beschäftigt waren. Aber – gleichgültig ob arm oder reich – fast alle fühlten sich als Niederländer.

Als sich in den ersten Monaten des Jahres 1933 die Nachrichten von den nationalsozialistischen Ausschreitungen gegen deutsche Juden in Holland verbreiteten, entstand von privater Seite und insbesondere von Organisationen wie dem Jüdischen Flüchtlingskomitee ein spontanes Hilfswerk. Die meisten jüdischen Privatinitiativen erlahmten allerdings schon nach wenigen Monaten. Die anfängliche Solidarität wich einem zunehmenden Gefühl des Abstands und der Reserviertheit, das von vielerlei Empfindungen gespeist war: der Sorge vor ethnischer Überfremdung, der Angst vor wirtschaftlicher Konkurrenz und auch der Erfahrung einer religiösen Andersartigkeit – die meisten deutschen Juden schlossen sich nicht der in Holland vorherrschenden orthodoxen Richtung an, sondern der liberalen Reformbewegung. Alle diese Affekte zusammengenommen verursachten so etwas wie einen „Kurzschluß" zwischen holländischen und deutschen Juden, der sich bis in den Krieg hinein auswirkte.

Die niederländische Regierung nahm den Zustrom deutscher Emigranten mit wachsendem Unbehagen zur Kenntnis. Angesichts einer sich in den dreißiger Jahren dramatisch verschärfenden ökonomischen Krise mit hoher Arbeitslosigkeit erblickten die wechselnden Regierungen, an der Spitze der konservative Ministerpräsident Hendrik Colijn, im Flüchtlingsproblem eine zusätzliche Belastung der holländischen Wirtschaft. Überdies glaubte man Rücksicht nehmen zu müssen auf den politisch und wirtschaftlich mächtigen Nachbarn im Osten, das Deutsche Reich unter nationalsozialistischer Führung. Wenn die niederländische Regierung 1934 dennoch einen Teil des trockengelegten Wieringermeerpolders für die Einrichtung eines jüdischen Umschulungslagers zur Verfügung stellte, wo viele junge Emigranten aus Deutschland auf bäuerliche, handwerkliche und technische Berufe vorbereitet wurden, so verband sie damit die Hoffnung, daß die Jugendlichen später nach Übersee oder Palästina weiterwandern würden. „Durchreise" hieß das Stichwort. Der Druck auf die deutschen Flüchtlinge, Juden und Nichtjuden, nahm bald zu. Schon im Mai 1934 wurde die Grenze gegen den erklärten Widerstand der Flüchtlingskomitees geschlossen. Deutsche Juden, die illegal ins Land gekommen waren, wurden abgeschoben oder in eines der neu errichteten Internierungslager eingewiesen. Mit einer Aufenthaltsgenehmigung konnten sie nur dann rechnen, wenn sie sich zu strikter politischer Abstinenz verpflichteten und den Nachweis erbrachten, daß sie dem niederländischen Staat finanziell nicht zur Last fallen würden. Je hoffnungsloser die Lage der Juden in Deutschland wurde, desto unnachgiebiger zeigte sich die Regierung in der Asylantenfrage. Kurz nach dem „Anschluß" Österreichs beschloß sie im Mai 1938 eine Verordnung, wonach fortan jeder Flüchtling in Holland als „unerwünschtes Element" betrachtet werden sollte. Bleiben durfte nur, wer sich nachweislich in Todesgefahr befand. Die deutschen Konzentrationslager empfand der katholische Justizminister Goseling, der später selbst in Buchenwald umkommen sollte, nicht als lebensbedrohend.

Erst massive öffentliche Proteste nach dem deutschen Novemberpogrom veranlaßten die niederländische Regierung, kurzfristig von dieser Politik Abstand zu nehmen. Etwa 8.000 deutschen und österreichischen Juden wurde die Einreise gestattet – 40.000 bis 50.000 hatten Aufnahmeanträge gestellt. Goseling bestand im Gegenzug allerdings auf der

Errichtung eines speziellen Flüchtlingslagers, das im Verlauf des Jahres 1939 tatsächlich in Westerbork in der an Deutschland grenzenden Moor- und Heideprovinz Drenthe entstand. Es ist eine traurige und im nachhinein bittere Ironie der Geschichte, daß die jüdischen Organisationen selbst die Kosten für die Einrichtung dieses Lagers aufzubringen hatten. Hier wurden wenige Jahre später die Deportationszüge nach Auschwitz und Sobibor zusammengestellt.

Gegenüber Deutschland und den Deutschen gab es innerhalb der holländischen Gesellschaft manche tiefsitzenden Aversionen. Vor allem im Westen des Landes orientierte man sich in Sprache und Kultur stärker nach England. Die Mißachtung der belgischen Neutralität 1914 und das allgemeine Erscheinungsbild des preußischen Militarismus während der vier folgenden Jahre hatten diese Aversionen sicherlich verstärkt. Andererseits bewiesen große Teile der holländischen Bevölkerung angesichts des nationalsozialistischen Terrors im Nachbarland, daß die traditionelle Solidarität mit den Verfolgten auch hier noch lebendig war.

Innenpolitisch waren die Niederlande während der dreißiger Jahre durch die sogenannte „verzuiling" charakterisiert, d. h., es gab damals drei annähernd gleichstarke „Säulen" im Lande: die Katholiken, die Protestanten und die Sozialisten. Alle drei waren durch eigene Schulen, Vereine und Zeitungen streng voneinander getrennt. Die Angehörigen dieser weltanschaulichen „Säulen" unterhielten in der Regel keine Kontakte untereinander. In der Flüchtlingsfrage bildeten sich im Laufe der dreißiger Jahre zwei Lager. Auf der einen Seite standen die konservativen Katholiken, die Antirevolutionären Protestanten und ein Teil der Liberalen, die den Flüchtlingen kritisch gegenüberstanden und ihre Zahl einschränken wollten. Auf der anderen Seite sammelten sich liberale Protestanten, Sozialdemokraten und Kommunisten, die für internationale Hilfe und eine weitere Öffnung des Landes eintraten. Die schärfsten Angriffe gegen die jüdischen Flüchtlinge aus Deutschland kamen von der „Nationaal-Socialistischen Beweging" (NSB), der allerdings nur etwa zwei Prozent der Wähler folgten.

Beide Reaktionen, Abwehr und Hilfsbereitschaft, Fremdenfeindlichkeit und Solidarität, sind in ihren Ursachen nur dann zu begreifen, wenn die grundsätzlichen Unterschiede zwischen der politischen Mentalität Deutschlands und Hollands berücksichtigt werden. Hier das erst verspätet und von oben geeinte Deutsche Reich, dort eine kleine Nation, die sich im 16. Jahrhundert ihre Freiheit durch offene Rebellion gegen die spanische Weltmacht erkämpft hatte. Die Betonung des Militärischen, des starken Staates, stieß in Holland, wo seit jeher Individualismus und Pluralismus das ungeschriebene Gesetz des sozialen Systems bildeten, auf tiefes Unverständnis. Die Nüchternheit einer nach Gewinn und Verlust kalkulierenden Handelsnation schloß politische Romantik und nationalistische Übersteigerung von vornherein aus. Der holländische Calvinismus mit seinem egalitären Ethos hatte einen anderen Menschentyp geprägt als das deutsche Luthertum, das der Scheidung in Obrigkeiten und Untertanen gewissermaßen eine religiöse Legitimation verschafft hatte. Daß beide protestantischen Richtungen ein unterschiedliches Verhältnis zum Judentum entwickelt hatten, darf in diesem Zusammenhang nicht unerwähnt bleiben: Während die Lutheraner in den Juden seit alters her immer auch die „Christusmörder“ sahen, verinnerlichten die Calvinisten in ihrem Judenbild eher das „auserwählte Volk“ und betonten die jüdischen Wurzeln des Christentums.

Im April 1939 hatte Ministerpräsident Colijn in einer Radioansprache seinen „lieben Niederländern“ noch versichert, daß es keine akute Bedrohung des Landes gäbe und daß man im übrigen ruhig schlafen könne ... Vier Monate später löste Hitler mit dem Einfall in Polen den Zweiten Weltkrieg aus.

Der Krieg, oder: Das kann uns doch nicht passieren

In den frühen Morgenstunden des 10. Mai 1940 überschritten deutsche Truppen die niederländische Grenze und fielen ohne Vorwarnung in das Land ein. Der Neutralitätstraum war jäh zuende. Die schlecht gerüsteten niederländischen Truppen vermochten den Angreifern keinen ernsthaften Widerstand entgegenzusetzen. Am 14. Mai wurde das Zentrum Rotterdams durch einen deutschen Bombenangriff zerstört, obgleich die Stadt sich faktisch bereits ergeben hatte. Die Regierung sowie die königliche Familie flüchteten nach London ins Exil. Einen Tag später unterzeichnete der niederländische Oberbefehlshaber die bedingungslose Kapitulation. Nirgendwo dürften die Angst und die Verzweiflung so groß gewesen sein wie unter den deutschen Juden, die die nationalsozialistische Praxis schon am eigenen Leibe erfahren hatten. Viele setzten damals ihrem Leben ein Ende, andere versuchten weiterzuflüchten.

Auf Hitlers persönlichen Befehl hin wurden die Niederlande nicht, wie etwa Frankreich oder Belgien, einer Militärverwaltung unterstellt. Als „germanischer Bruderstaat“ erhielt das besetzte Land lediglich eine deutsche Verwaltungsspitze unter der Leitung eines „Reichskommissars“, des Österreichers Arthur Seyß-Inquart. Eine seiner ersten Maßnahmen war die Auflösung des gewählten Parlaments sowie des niederländischen Staatsrats. Holländische Nationalsozialisten unterstützten die neuen Herren. Die Verfolgung der Juden begann bald. Am 31. August 1940 wurde per Dekret die Schächtung, das rituelle Schlachten, untersagt, was vor allem die koscher lebenden Orthodoxen betraf. Im September mußten alle nichtholländischen Juden den Küstenbereich verlassen, eine Maßnahme, die viele jüdische Holländer in der Auffassung bestärkte, daß sie nichts zu befürchten hätten. Einen Monat später begann die systematische Erfassung aller jüdischen Geschäfte, der bald die Registrierung der jüdischen Gesamtbevölkerung folgte.

Schon in diesen ersten Wochen und Monaten der Besetzung organisierte sich der Widerstand. Illegale Zeitungen erschienen, und Ende Juli 1940 nahm „Radio Oranje“ von London aus seine Sendetätigkeit auf, das Sprachrohr der Exilregierung und der Königin. Im Herbst desselben Jahres kam es an den Universitäten Delft und Leiden zu Protesten von Studenten und Dozenten gegen die Entlassung jüdischer Professoren. Die deutsche Besatzungsmacht ordnete daraufhin die Schließung beider Universitäten auf unbestimmte Zeit an.

Anfang Februar 1941 kam es im jüdischen Viertel Amsterdams zu Zusammenstößen zwischen paramilitärischen Wehrabteilungen der NSB und Teilen der dort ansässigen Bevölkerung. Der Höhere SS- und Polizeiführer Hans Rauter ordnete in seiner Eigenschaft als Generalkommissar für das Sicherheitswesen die Abriegelung dieses Viertels an und verlangte die Bildung eines „Jüdischen Rates“, der dort für Ordnung sorgen sollte. An die Spitze dieses Rates traten zwei Männer, die bereits im Jüdischen Flüchtlingskomitee an entscheidender Stelle gestanden hatten, Abraham Asscher und David Cohen. Innerhalb des Jüdischen Rates arbeiteten bald auch zahlreiche deutsche Juden. Als es Mitte Februar 1941 in Amsterdam-Zuid zu erneuten Zwischenfällen kam, antwortete die deutsche „Grüne Polizei“ auf Befehl Rauters mit einer gezielten Razzia auf die jüdische Bevölkerung. Die 400 bei dieser Gelegenheit gefangengenommenen Juden im Alter zwischen 20 und 35 Jahren wurden in das Konzentrationslager Mauthausen deportiert und dort ausnahmslos ermordet. Daraufhin brach am 25. Februar ein Generalstreik aus in Amsterdam, Hilversum und Zaandam, der vor allem von der Arbeiterschaft getragen war und der Transport und Industrie weitgehend lahmlegte. Eine der Losungen damals lautete: „Die Scheißdeutschen sollen ihre Scheißpfoten von unseren Scheißjuden lassen!" War dieser verzweifelte Protest auch von Anfang an aussichtslos, so verriet er doch – einmalig im ganzen besetzten Europa – etwas vom Widerstandswillen der holländischen Bevölkerung. Innerhalb von drei Tagen war der Streik niedergeschlagen und das Standrecht verhängt. Im März 1941 wurden die ersten Holländer zur Abschreckung öffentlich hingerichtet.

Ebenfalls im März 1941 wurden in verschiedener Hinsicht die Weichen für das weitere Vorgehen gestellt. Zum einen begannen die deutschen Besatzer, jüdischen Besitz zu „arisieren", eine Aktion, die im Mai 1942 mit der völligen Enteignung ihren Höhepunkt erreichte, zum anderen unterstellten sie alle jüdischen Organisationen der Autorität des „Jüdischen Rates". Nach deutschem Vorbild wurden die in- und ausländischen Juden unter Sonderrecht gestellt. Juden durften keine Cafés mehr betreten, keine Badeanstalten und keine öffentlichen Parks. Ebenso wurde ihnen das Reisen untersagt und die Ausübung bestimmter Berufe. Ende August desselben Jahres wurden jüdische Kinder vom Besuch öffentlicher Schulen ausgeschlossen.

Im Frühjahr 1941 rief die Gestapo die „Zentralstelle für jüdische Auswanderung" ins Leben. Unter der Leitung des Polizeioffiziers Willy Lages und des SS-Hauptsturmführers Ferdinand aus der Fünten diente diese Instanz ausschließlich dem Zweck, die noch in Holland verbliebenen Juden zusammenzutreiben, sie ihres Vermögens zu berauben und schließlich zu deportieren. Der Jüdische Rat wurde zur Mitarbeit verpflichtet. Während im Lande Zwangsarbeitslager für Juden eingerichtet wurden, während in den Konzentrationslagern Amersfoort und Vught holländische SS-Leute ihr blutiges Handwerk erlernten, begann die „Zentralstelle", alle Juden innerhalb ihres direkten Einflußbereichs in Amsterdam zu konzentrieren. Am 29. April 1942 wurde auch hier der „gelbe Fleck", der Judenstern, eingeführt. Hinzu kamen weitere berufliche Einschränkungen und schließlich die Verhängung eines konsequenten Ausgehverbots.

Spätestens nach der Einführung des Sterns versuchten viele Juden, bei holländischen Familien „unterzutauchen". In jenen Momenten äußerster physischer Bedrohung kam es damals zu unzähligen Beispielen von

Menschlichkeit und Solidarität. Diese Hilfsbereitschaft ist um so höher zu bewerten, als auch denjenigen, die Juden bei sich aufnahmen, die Einweisung in das Konzentrationslager drohte. Auch wenn es immer wieder Verrat gab – die SS zahlte für jeden verratenen Juden eine Kopfprämie von sieben Gulden fünfzig –, haben doch viele im Versteck überlebt. Im März 1943 notierte Rauter: „Wie leicht sich nach wie vor die niederländische Bevölkerung aus Mitleid oder aus Gewinnsucht der Judenbegünstigung schuldig macht, beweist ein Fall, in dem sich acht Arier wegen eines Juden strafbar machten, den sie wochenlang hintereinander unterstützt und verborgen hatten ... Auch von seiten der niederländischen Polizei werden flüchtige Juden meist nur durch solche einzelnen Beamte eingebracht, die schon seit längerem für die deutsche Polizei arbeiten, während sich der überwiegende Teil der Polizeibeamten aus Angst vor Vorgesetzten, Kameraden und der Bevölkerung nicht einschaltet."

Und es gab jüdischen Widerstand. Da war Gerd Badrian, ein deutscher Jude, der, als Wehrmachtsoffizier getarnt, gegen seine vormaligen Landsleute kämpfte und mit der Waffe in der Hand starb. Da war Walter Süßkind, dem es unter Einsatz seines Lebens immer wieder gelang, Kennkarten aus dem jüdischen Bevölkerungsregister zu entwenden und zu fälschen. Nicht wenige verdanken ihm, der selbst mit seiner Familie in den Tod ging, ihr Leben. Überhaupt fälschen. Viele der Untergetauchten machten im Auftrag der Widerstandsbewegungen Personalausweise und Formulare nach, die wiederum anderen das Leben retten sollten. Schließlich sind die jungen „Palästinapioniere" zu erwähnen, die während des Krieges eine tollkühne Fluchtroute quer durch das besetzte Europa legten und auf diese Weise mehr als hundert junge Juden ins sichere Spanien brachten. Aber auch hier mußten viele ihren Mut und ihren Idealismus mit dem Tode bezahlen.

Die Deportationen begannen im Juni 1942 und endeten zwei Jahre später im September des Jahres 1944. Woche für Woche, Dienstag für Dienstag, fuhren die Güterzüge von Westerbork aus mit 1.000 Unglücklichen gen Osten zum „Arbeitseinsatz". Die wahren Ziele waren Auschwitz und Sobibor. 1942 hatte die SS das ursprüngliche Internierungslager zu einem Durchgangslager ausgebaut. Westerbork, das in diesen Jahren in seinen Baracken zeitweilig mehr als 16.000 jüdische Einwohner zählte, hat der holländisch-jüdische Schriftsteller Abel Herzberg später so beschrieben: „Westerbork ist ein anderes Wort für den Tag des Jüngsten Gerichts. Es gibt keine Hilfe mehr, weder materiell noch geistig, jeder ist auf sich selbst gestellt. Ein vollkommener und absoluter Wahnsinn herrscht und unterwirft sich alles. Man sucht noch nach Hilfe, aber findet sie nur in Ausnahmefällen, und auch dann weiß man, daß es nur für kurze Zeit ist. Der Transport nach Polen wird vielleicht eine Woche, höchstens einige Wochen verschoben. Männer können ihre Frauen nicht mehr schützen, Frauen verlieren die Hoffnung, ihre Kinder zu retten ... Kinder müssen hilflos für alle Zeit von Vater und Mutter Abschied nehmen. Es gibt dort Waisen, Kranke, Blinde, Krüppel, Geisteskranke, Schwangere, Sterbende, Säuglinge, es werden auch Kinder geboren, und alle, alle, alle werden sie Dienstag, Woche für Woche, in einen langen Güterzug geladen mit dem Ziel Polen. Zwei Jahre lang. 93 Mal."

Es war ein grausames Katz- und Mausspiel, das die SS hier veranstaltete. Wer Geld hatte oder Beziehungen, wem es gelang, beim Jüdischen Rat in irgendeiner Funktion angestellt zu werden, der konnte sich Papiere verschaffen, durch die er „bis auf weiteres" von der Deportation zurückgestellt wurde. Diese „Sperren" aber ließ die SS ganz nach Belieben „platzen", so daß immer neue Gruppen der jüdischen Bevölkerung nach Westerbork kamen. In sorgfältig vorbereiteten Razzien wurden die Juden von SS und „Grüner Polizei" straßen- bzw. stadtteilweise abgeholt. Zu den letzten Opfern gehörten die Mitglieder des Jüdischen Rates, der den deutschen Besatzern als Sprachrohr und Befehlsempfänger gedient hatte. Alle diejenigen, die sich den Deportationen durch „Untertauchen" zu entziehen suchten und, wie die Familie Otto Franks, in ihrem Versteck verraten wurden, kamen als sogenannte „Straffälle" automatisch in die polnischen Konzentrations- und Vernichtungslager. Nur Angehörige kleiner privilegierter Gruppen, z. B. Menschen, die den Nachweis einer zweiten Staatsbürgerschaft erbringen konnten, Facharbeiter, die in kriegswichtigen Bereichen tätig waren, oder jüdische Männer, die als ehemalige deutsche Frontsoldaten Tapferkeitsauszeichnungen erhalten hatten, durften hoffen, nach Bergen-Belsen oder nach Theresienstadt zu kommen. Aber auch diese sogenannten „Vorzugslager" bedeuteten, wie sich bald zeigen sollte, für allzu viele den Tod.

Unterdessen versank das Land zunehmend im Chaos. Die Geduld der meisten Holländer, sich dem Diktat der Besatzer zu beugen, war erschöpft. Je offener sich der Widerstand artikulierte, desto brutaler antworteten SS und Gestapo. Sabotageanschläge wurden mit öffentlichen Geiselerschießungen beantwortet. Dennoch wuchsen Hoffnung und Zuversicht auf ein baldiges Ende der NS-Herrschaft, vor allem, nachdem die Alliierten im Juni 1944 in der Normandie gelandet waren. Schon ein Jahr zuvor hatten die Deutschen damit begonnen, alle holländischen Männer zwischen 17 und 40 Jahren zum „Arbeitseinsatz" aufzurufen. Da diese Appelle nur von wenigen befolgt wurden, gingen die Besatzer jetzt dazu über, die männliche Bevölkerung systematisch zusammenzutreiben und ins bombenzerstörte Deutschland zu schicken. Allein von September bis Dezember 1944 traf dieses Schicksal mindestens 120.000 Holländer. Am 12. September hatten indes amerikanische Truppen die holländische Grenze in Zuid-Limburg überschritten, zwei Tage später war Maastricht befreit und ein großer Teil der südlichen Provinzen. Die Freiheit schien nahe. Aber der Versuch, durch Luftlandungen bei Nijmegen und Arnhem ein Sprungbrett für ein weiteres Vorgehen zu gewinnen, scheiterte. Ein gleichzeitig von der niederländischen Exilregierung in London ausgerufener Eisenbahnstreik, der die Versorgung des Landes mit Strom, Gas und Lebensmitteln weithin lahmlegte, provozierte neue Repressalien. In den großen Städten des Westens, in Amsterdam und Utrecht, Rotterdam und Den Haag, mußten im Verlaufe der folgenden Wintermonate noch viele tausend Zivilisten einen sinnlosen Tod durch Hunger und Kälte sterben. Am Abend des 4. Mai 1945 wurde endlich die Kapitulation der deutschen Truppen unterzeichnet. Königin Wilhelmina kehrte in ein hungerndes und ausgeplündertes Land zurück.

Fazit

Und die Juden? Die Zahlen basieren auf Schätzungen und gehen weit auseinander. 2.000, so scheint es, haben rechtzeitig flüchten können. Einer glaubwürdigen Statistik zufolge überlebten rund 15.000 im Versteck dank der mutigen Unterstützung durch holländische Bürger. 10.000 wurden bei Hausdurchsuchungen entdeckt oder verraten. Von den etwa 110.000 Deportierten kehrten nach der Befreiung exakt 5.450 zurück. Eltern ohne ihre Kinder, Kinder ohne ihre Eltern, Frauen ohne ihre Männer, Männer ohne ihre Frauen. Erst allmählich wurde das ganze Ausmaß des Massenmordes bekannt. Die abschließende Bilanz ist bitter genug: In keinem Land Westeuropas hatten SS und Gestapo auch nur annähernd so „effektiv" gearbeitet wie in den Niederlanden.

Die Letzten

Wir sind die Letzten.
Fragt uns aus.
Wir sind zuständig.
Wir tragen den Zettelkasten
mit den Steckbriefen unserer Freunde
wie einen Bauchladen vor uns her.
Forschungsinstitute bewerben sich
um Wäscherechnungen Verschollener,
Museen bewahren die Stichworte unserer Agonie
wie Reliquien unter Glas auf.
Wir, die wir unsere Zeit vertrödelten,
aus begreiflichen Gründen,
sind zu Trödlern des Unbegreiflichen geworden.
Unser Schicksal steht unter Denkmalschutz.
Unser bester Kunde ist das
schlechte Gewissen der Nachwelt.
Greift zu, bedient euch,
Wir sind die Letzten.
Fragt uns aus.
Wir sind zuständig.

Hans Sahl (1973)

Herbert und Ursula M.
Ein folgenreicher Kuß

Ursula und Herbert M. (1939)

Herbert M.: Es war an einem Spätnachmittag im September 1938 in Berlin Mitte, Mohrenstraße. Ich war noch im „showroom" meines Konfektionsgeschäftes an der Arbeit, während meine junge Frau hinten im Büro auf mich wartete. Plötzlich wird die Tür aufgerissen, und ein riesiger Kerl in Uniform kommt herein, einen Hund an der Leine, gefolgt von einem Mann in Zivil. Der Große fragt mich, in welcher Gesellschaft ich abends immer das Geschäft verlasse. Ich sage wahrheitsgemäß: „Mit meiner Frau!" – „Die möchten wir sehen", heißt es. Als sie kommt, schlank, blond, blauäugig, fragen sie: „Ist Ihre Frau von deutschem

Blut?" Meine Antwort: „Das dürfte nach den Rassengesetzen ja wohl nicht möglich sein. Wir sind nämlich erst zweieinhalb Monate verheiratet. Außerdem ist ihr Mädchenname Moses." Nach einer Pause will der Zivilist wissen: „Wen küssen Sie immer am Fenster zum Hof?"

Eine Denunziation. Kein Zweifel. Einige Tage später bekamen wir eine Vorladung ins Polizeipräsidium am Alexanderplatz. Eines unserer Mannequins, meine Frau und ich. Alle Verhöre, alle Gegenüberstellungen und Zeugenaussagen bestätigten die Richtigkeit meiner Aussage. Als auch der Versuch scheiterte, das Mannequin zu einer Falschaussage zu bewegen, gaben sie schließlich auf. Meine Frau mußte ein Papier unterschreiben, daß sie mich durch ihr Verhalten nie wieder in den Verdacht der „Rassenschande" bringen würde. Danach stand für uns fest, daß wir Deutschland verlassen mußten, und zwar so schnell wie möglich. Dieser Vorfall, der dann in eine regelrechte Gerichtsverhandlung einmündete, war insofern ein Glück für uns, als wir in der Folgezeit sehr vorsichtig wurden. Wir mieden unsere Wohnung, übernachteten bei alleinstehenden Frauen oder christlichen Familien aus unserem Bekanntenkreis. Wenn ich nicht schon damals untergetaucht wäre, wäre ich nach dem Novemberpogrom 1938 sicherlich wie so viele andere jüdische Männer aus Berlin ins Konzentrationslager Oranienburg gekommen. Und wer weiß, was dann geworden wäre.

Bei mir hat alles angefangen im August 1901 in Berlin. Da bin ich im Osten, am Friedrichshain, geboren. Vater kam aus Märkisch Friedland in Pommern und hatte sich nach seiner Lehrzeit in Filehne als Textilvertreter in Berlin etabliert. Die Großeltern waren noch sehr fromm gewesen, aber meine Eltern waren eigentlich schon mehr liberal. Innerlich überzeugt, aber nicht orthodox. Also, bei uns wurde der Freitagabend so gehalten, daß Mutter, die aus Königsberg kam, die Lichter ansteckte, ein Gebet auf deutsch sprach und dann das Buch küßte. Vater ging jeden Samstag in die Synagoge, und an den Feiertagen hat er im Chor mitgesungen. Er hat immer gesagt: „Es stimmt nicht, wenn die Christen behaupten, wir wären eine Rasse." Daß Jesus als Jude geboren ist, habe ich erst 1933 erfahren, an diesem Boykott-Tag im April. Da kam eine Kundin ins Geschäft, die sagte: „Wieso soll ich die Juden boykottieren, wo Jesus doch selbst einer war?" Für Vater war der ganze Antisemitismus ohnehin ein großer Humbug. Wenn da früher einmal jemand eine Bemerkung machte à la „Ich kann keine Juden sehen", hat er nur geantwortet: „Dann müssen Sie wohl ins Zuchthaus gehen, da werden Sie kaum welche finden." Damit war das für ihn dann erledigt.

Die Eltern lebten in gutbürgerlichen Verhältnissen, nicht reich, aber mit Dienstmädchen. Im Jahre 1909 zogen wir um in den „goldenen Westen", nach Charlottenburg in die Mommsenstraße. Meine ältere Schwester – sie ist vor zwei Jahren in Amerika gestorben – besuchte das Lyzeum, und ich das Kaiser-Friedrich-Reformgymnasium am Savignyplatz. Ich kann mich noch recht gut an diese Zeit erinnern. Einmal hat ein Junge zu mir auf dem Schulhof „Jude Itzig" gesagt. Das ist der einzige in meinem Leben gewesen, mit dem ich mich jemals geschlagen habe. Ich habe ihm ein paar Backpfeifen gegeben, und das Komische ist, es kam ein Lehrer hinzu, der hat sich den dann auch noch vorgeknöpft. Sonst war ich eigentlich immer eher verlegen, aber das hatte mich nun doch in Rage gebracht. Weihnachten 1914 bin ich in der berühmten Synagoge in der Fasanenstraße Bar Mizwa geworden, also in die Gemeinde aufgenommen. Der große Leo Baeck stand vor der Gemeinde und hielt den Gottesdienst – in seiner Offiziersuniform als Feldrabbiner der preußischen Armee! Es herrschte ein unvorstellbarer Patriotismus damals, auch und gerade bei den Juden, die jetzt endlich zeigen durften, wie national sie waren. Ich war unglücklich, daß ich noch nicht alt genug war, um als Freiwilliger an die Front gehen zu können. Mein Lieblingsvetter, der zwei Jahre älter war, ist noch gefallen, und von den Brüdern meiner Mutter, die sich beide mit über 40 Jahren freiwillig meldeten, ist der eine als Träger des Eisernen Kreuzes in rumänischer Kriegsgefangenschaft gestorben, und der andere, Onkel Felix, wurde später von den Nazis deportiert. 1914, das war ein großer nationaler Rausch, der gerade die Kinder erfaßte. Da gab es im Krieg damals z. B. eine Aktion „Gold gegen Eisen", also da lieferte man sein Gold ab und bekam 'ne Blechmarke zurück. So ungefähr. Das Gold wurde dann für Kanonen usw. verwendet. Na gut. Ich habe so lange gebettelt, bis die Eltern auch mitmachten. Als kein Gold mehr da war, kam das Silber an die Reihe. Das ging Vater und Mutter nun aber doch zu weit, was ich natürlich nicht verstand. Das war in meinen Augen beinahe schon Vaterlandsverrat! Am nächsten Morgen habe ich heimlich unser Familiensilber in meinen Ranzen gestopft. Gott sei Dank hat Mutter es noch bemerkt, bevor ich zur Türe hinaus war!

Als ich im Frühjahr 1917 das „Einjährige" machte, meinte Vater, ich könnte doch in die Konfektion gehen, Mode entwerfen. Das habe ich dann auch getan. Berlin war damals in den zwanziger Jahren ja neben Paris so etwas wie die Hauptstadt der europäischen Mode, und die Berliner Konfektion, das war eine rein jüdische Angelegenheit. Wir haben viel bei polnischen und russischen Schneidern arbeiten lassen. Aber diese orthodoxen Juden dort im Scheunenviertel hinterm Alexanderplatz, das war doch eine ganz andere Mentalität. Ehrlich gesagt, bin ich da nie gerne hingegangen. Es waren Heimatvertriebene, die man ein bißchen so von oben herab ansah. In gewissem Sinne ist es uns später hier ja nicht anders ergangen. An die Revolution 1918 erinnere ich mich insofern, als wir damals alle Zulagen bekamen, auch die Lehrlinge. Das war natürlich schön. Die Berufswahl hat mir nie leid getan. Ich hatte gute Stellungen, kam voran und sah viel von der Welt. Wir machten vier Kollektionen im Jahr, die dann von unseren Schneidern genäht wurden. Politik interessierte mich eigentlich nicht, obwohl ich Antisemitismus schon vor den Nazis zu spüren bekommen hatte. Einmal, 1925, bin ich mit einer Freundin den Kurfürstendamm entlanggegangen. Da kamen uns zwei Reichswehrsoldaten entgegen, die haben mir ein Bein gestellt und mich angepöbelt: „Was machst Du Judenjunge mit einem blonden Mädel?“ Solche Sachen kamen vor. Schon damals. Und das Merkwürdige war, es interessierte niemanden, nicht einmal die großen liberalen Tageszeitungen. Auf einen Leserbrief hin, den ich aufgrund dieses Vorfalls an die Redaktionen schickte, erhielt ich vollkommen unbefriedigende Antworten. Und nach 1933 haben wir alle den Kopf in den Sand gesteckt, in der Hoffnung, es würde schon wieder vorübergehen. Aber es ging nicht vorüber. Im Gegenteil, es wurde immer schlimmer.

Eines Tages, ich war noch Angestellter, kamen vier SA-Leute ins Geschäft, die verlangten mich zu sprechen. Was war? Das obligatorische Hitlerbild, das in allen Geschäften von einer gewissen Größe an hängen mußte, hing schief. „Sie haben gestern als letzter das Geschäft verlassen und dem Bild einen Schubs gegeben!“ Also die wollten mich mitnehmen, es war Wochenende, vermutlich in so einen SA-Keller. Mein großes Glück war, daß mein Chef in einem von ihnen den Sohn seines Zigarrenhändlers erkannte. Der hat die in sein Büro gebeten, und er konnte die Sache irgendwie beilegen. So ging das in der Nazizeit. Na ja, und dann habe ich schließlich meine Frau kennengelernt – eigentlich durch meinen Geschäftspartner, der war nämlich mit ihrer Schwester verheiratet.

Ursula M.: Also, bei mir ist das alles etwas anders gewesen. Ich bin 1917 in Dortmund geboren, in Westfalen. Mein Vater war ein glühender Zionist, der hatte schon an den ersten Kongressen von Theodor Herzl teilgenommen. Obwohl sein Vater ein jüdischer Lehrer gewesen war, war er vollkommen unreligiös erzogen. Er konnte nicht einmal das hebräische Gebetbuch lesen. Das hat er erst von Mutter gelernt, die aus einer orthodoxen Familie aus Darmstadt kam. Sie wiederum war eine begeisterte Deutsche, und als 1933 die SA durch die Straßen marschierte, da stand sie hinter der Gardine und schaute sich das mit klopfendem Herzen an. Das fand sie fantastisch, während Vater mit seiner zionistischen Einstellung nur den Kopf schüttelte. So kurios verliefen manchmal die Fronten; mitten durch eine jüdische Familie. Ich erinnere mich aber, daß mein Vater schon zu Beginn der dreißiger Jahre davon sprach, nun müsse man als Gegengewicht zu den Nazis das Zentrum wählen, die katholische Partei. Schon 1933 habe ich meine beiden besten Freundinnen verloren, zwei Schwestern, die in der Arndtstraße im Dortmunder Süden vis-à-vis von uns wohnten. Wir waren unzertrennlich gewesen, sie kamen an den jüdischen Festtagen zu uns, und ich durfte Weihnachten zu ihnen. Dann kam die Wahl im März 1933, und wir haben nie wieder einen Gruß gewechselt. Die Eltern – der Vater war Bergwerksdirektor – werden's ihnen wohl verboten haben. Sie sind auf der einen Seite der Straße zur Schule gegangen und ich auf der anderen. In der Klasse mußte ich bald allein auf der „Judenbank" sitzen. Während alle anderen Mädchen mit ihrem Vornamen angeredet wurden, wurde ich einfach mit Nachnamen gerufen. Das war das Goethe-Oberlyzeum in Dortmund.

Anfang 1935, ich war noch nicht 18 Jahre alt, habe ich die Schule verlassen, denn an Abitur und Studium wagte ich schon lange nicht mehr zu denken. Die Eltern schickten mich nach Berlin, wo meine ältere Schwester verheiratet war. Hier sollte ich am Jüdischen Krankenhaus als Lernschwester beginnen. Zuerst bin ich noch im Landschulheim Caputh bei Potsdam gewesen und in Lehmitz, das war ein Erholungsheim des Jüdischen Frauenbundes, um dort ein bißchen Haushalt zu lernen. Am 1. September 1935 begann dann meine Lehrzeit am Krankenhaus. Ich bin richtig examinierte Krankenschwester geworden. Mit einem Hoheitsadler auf dem Diplom. Einmal habe ich die Röteln bekommen, und weil es im Jüdischen Krankenhaus keine Isolierstation für Infektionskrankheiten gab, wurde ich ins Urbankrankenhaus überwiesen. Als ich bei der Aufnahme sagte, ich sei Jüdin, kamen die Herren Ärzte, drei oder vier, und waren außer sich. Die sagten, sie müßten unbedingt Schädelmessungen vornehmen, so etwas gäbe es überhaupt nicht, das wäre ganz unmöglich, das *müsse* deutsches Blut sein! Die waren wie weggetreten. Gott sei Dank bin ich bald von dort entlassen worden.

Herbert M.: Im Sommer 1938 haben wir geheiratet, und nach dieser Geschichte mit dem Kuß hatten wir eigentlich nur noch den einen Gedanken: Wie kommen wir hier raus? Denn Auswandern war gar nicht so einfach, die meisten Länder hatten ihre Grenzen für deutsche Juden geschlossen. Die folgenden Wochen waren schlimm. Es herrschte Pogromstimmung in Berlin, und aus Angst vor einer Festnahme haben wir uns nicht mehr zusammen in der Öffentlichkeit blicken lassen. In den ersten Tagen nach der „Kristallnacht" haben uns einer meiner Schneider und seine Frau geholfen, ein älteres, ganz einfaches Ehepaar. Die haben uns ihre Wohnung für zwei Wochen überlassen und sind selbst in ihr Gartenhaus gezogen, irgendwo draußen im Grünen. Endlich kam dann nach vielen Telefongesprächen die Einreiseerlaubnis für Holland – ich hatte dort sogar eine Stellung angeboten bekommen bei einem Kollegen, der bereits 1928 von Berlin nach Amsterdam gegangen war. Kurz und gut: Am 7. Februar 1939 sind wir vom Flughafen Tempelhof nach Schiphol geflogen. „Sara" und „Israel" stand in unseren Pässen, als ob das große „J" noch nicht ausreichte. Nach einer Leibesvisitation, und nachdem sie sogar meinen Regenschirm auf der Suche nach vielleicht doch noch irgendwo verborgenen Devisen auseinandergenommen hatten, durften wir unser Flugzeug besteigen.

In Holland konnte ich beruflich dort weiterarbeiten, wo ich in Berlin aufgehört hatte. Für mich war der Unterschied zwischen beiden Ländern etwa so groß wie der zwischen England und Amerika. Es waren zum Teil die gleichen Kunden, die schon früher bei mir gekauft hatten. Außerdem war ich in den Jahren zuvor schon gelegentlich in Amsterdam gewesen und kannte die Stadt ein bißchen. Ursel, die hier keine Menschenseele kannte, hatte es am Anfang viel schwerer. Wir haben zuerst in einer kleinen Pension gewohnt in der Waalstraat, und wenn ich dann morgens ins Geschäft ging, blieb sie vor lauter Kummer im Bett. So hatten wir uns unsere verlängerten Flitterwochen nicht vorgestellt!

Bald hörten wir, daß meiner Mutter (Vater war 1937 gestorben) und meiner Schwester mit ihrem Mann im letzten Moment die Ausreise in die Vereinigten Staaten geglückt war. Auch die Schwiegereltern sind noch im Mai 1939 nach Palästina entkommen. Als die briefliche Verbindung später im Krieg abbrach und sie glaubten, daß man uns gefaßt hatte, ist mein Schwiegervater nicht mehr in seine Synagoge gegangen. Er war böse mit dem lieben Gott. Erst als er hörte, daß wir gerettet waren, hat er wieder am Gottesdienst teilgenommen.

Gleich nach unserer Ankunft sind wir der liberalen jüdischen Gemeinde beigetreten, der sich damals die meisten Emigranten aus Deutschland anschlossen. Auf diese Weise ergaben sich dann doch viele Bekanntschaften oder Freundschaften. Wir mußten uns regelmäßig, alle drei Monate, glaube ich, bei der Fremdenpolizei melden. Und als schließlich die Deutschen kamen, wurde es für uns doppelt schwierig, denn wir waren ja schon registriert mit dem „J" im Paß. Hinzu kam, daß wir durch den Akzent ja doch sofort als deutsche Flüchtlinge erkannt wurden. Also, wir haben vom ersten Tag an den Stern getragen. Ich habe mich an der Hoffnung festgehalten, daß ein Land, das sechs Beamte nötig hatte, um unseren Fall von „Rassenschande" zu verfolgen, diesen Krieg auf die Dauer doch verlieren mußte!

Über unsere jüdische Freundin Margot kamen wir in Kontakt mit reformierten Christen in Alkmaar, die bereit waren, jüdische Verfolgte bei sich aufzunehmen. Als unser späterer Untertauchvater, Mijnheer van Hartingsveldt, erfuhr, daß es sich um deutsche Juden handelte, hat er gesagt: „Nein, wenn ich Juden rette, dann möchte ich gerne Juden aus meinem eigenen Land retten!" Darauf hat einer der Führer der Untergrundbewegung in Alkmaar nur entgegnet: „Van Hartingsveldt, wenn Du ein gläubiger Mann bist, hast Du gar keine andere Wahl. Diese Menschen hier sind Dir von Gott geschickt." Damit war die Entscheidung gefallen. Und als er uns ein halbes Jahr später das Neue Testament zum Lesen gab und uns anschließend fragte, ob wir nicht doch zum Christentum übertreten wollten, habe ich geantwortet: „Wenn wir gerettet werden, werden wir nur als Juden gerettet!" Aber gleich am ersten Sonntag nach der Befreiung sind wir zusammen mit ihm und seiner Familie in die reformierte Kirche gegangen. Das hatte er mehr als verdient.

Am Tage, bevor wir endgültig untertauchten, traf ich zufällig auf der Straße Kurt Gerron. Das war ein ziemlich bekannter Schauspieler damals, fünf Jahre älter als ich. Wir hatten in Berlin dieselbe Schule besucht und uns in Amsterdam gelegentlich wiedergesehen. Ich sagte zu ihm: „Menschenskind, Du mußt unbedingt untertauchen. Die werden uns alle umbringen!" Da guckte der mich nur traurig an, strich über seinen enormen Bauch und sagte: „Sieh mal, mit so einer Figur kann man nun mal nicht untertauchen!" Die Nazis haben ihn dann später nach Theresienstadt geschickt und von dort ins Gas von Auschwitz.

Ursula M.: Wir waren zweieinhalb Jahre in Alkmaar untergetaucht, und ich muß sagen, wir hätten es nicht besser haben können. Wir verfügten über zwei Räume, ein kleines Schlafzimmer und ein etwas größeres Zimmer, wo wir uns über Tag aufgehalten haben. Fürstlich im Vergleich zu dem, was man später von anderen zu hören bekam. Als sich herausstellte, daß Margot sich in ihrem Versteck todunglücklich fühlte und krank zu werden begann, haben wir die Untertaucheltern gefragt, ob die Möglichkeit besteht, noch einen dritten Menschen aufzunehmen. So ist sie zu uns gekommen, und wir haben diese Jahre gemeinsam durchlebt. Und, ich muß Ihnen sagen, wir haben trotz aller Schwere doch auch eine schöne Zeit miteinander gehabt. Was wir so den ganzen Tag gemacht haben? Ach, Herbert hat Modeskizzen angefertigt, um nicht aus der Übung zu kommen, oder er hat Gedichte geschrieben. Wir haben uns gegenseitig Bücher aus der Stadtbibliothek vorgelesen, die die Tochter des Hauses für uns mitbrachte, wir haben Spiele gespielt oder uns verkleidet, da gab es so viel . . .

Wir haben auch Spaß gehabt. Einmal z. B. brachte Mijnheer van Hartingsveldt Milch von einem Bauern mit, die gebuttert werden sollte. Und weil wir doch den ganzen Tag nichts zu tun hatten, haben wir gebuttert! Wir sind sicher 500mal den kleinen Gang vor unseren Zimmern hin- und hergelaufen und haben jeder eine Flasche voller Milch geschüttelt, auf der oben ein Korken saß. Plötzlich sehe ich, wie die Margot voll ist von gebutterter Milch. Was war passiert? Der Korken war weggeflogen, und die schöne Milch lief die Wände hinunter. Aus war's mit dem Buttern, aber wir haben Tränen gelacht. Ich weiß gar nicht mehr, wie wir das den Untertaucheltern beigebracht haben.

Natürlich gab es auch schlimme und gefährliche Momente, vor allem während der Hungerzeit 1944/45: Frostbeulen, weil es keine Heizung mehr gab, unvorhergesehener Besuch von der SS, die im Haus gegenüber saß, Hausdurchsuchungen und die Angst, doch noch entdeckt zu werden. Herr van Hartingsveldt hatte auf dem Boden seines Hauses unter einem Fenster einen kleinen Raum für uns als Unterschlupf hergerichtet, wo wir uns im Notfall bei Razzien verstecken konnten. Die Luke, die als Eingang diente, war durch davorliegende Kohlen, Steine etc. für Fremde unsichtbar. An einem Tag im Dezember 1944, als in unserer Straße Razzien nach Untertauchern stattfanden, haben wir dort zu dritt, zusammengepreßt wie Ölsardinen in einer Büchse, sieben Stunden lang in großer Kälte gelegen. Und dann immer wieder Hunger, Hunger, Hunger. Herbert hat nach der Befreiung nicht mehr laufen können, er hat's wie ein neugeborenes Kind wieder lernen müssen.

Herbert M.: Ja, in gewisser Hinsicht waren wir alle, die wir davongekommen sind, neugeborene Kinder. Wir haben nur Glück gehabt. Unser Freundeskreis besteht heute zu 80 Prozent aus Menschen, die das gleiche Schicksal hatten wie wir. Da spricht man dann natürlich auch drüber. Es hat die unwahrscheinlichsten Geschichten gegeben, von jungen Frauen, die sich selbst entbunden haben, von der Rettung verloren geglaubter Kinder. Bekannte von mir, etwas älter, haben in Berlin überlebt, bei einer Prostituierten. Stellen Sie sich das vor. Da war ein großer Raum, und da haben sie, nur durch eine Gardine getrennt, ungefähr zwei Jahre gewohnt, während die Frau auf der anderen Seite ihre Kundschaft empfing. Eine Heldin!

Ursprünglich hatten wir vorgehabt, in die Vereinigten Staaten zu gehen, wo meine Mutter und meine Schwester lebten. Im nachhinein sind wir froh, daß wir hiergeblieben sind. Amsterdam ist eine herrliche Stadt. Viele sagen zwar: Ihr seid nicht ausgewandert, Ihr seid nur umgezogen. Aber wenn man einmal den Boden unter den Füßen verloren hat, wird man nirgendwo wieder so ganz richtig heimisch. Und meiner Frau geht's genauso. Wir sind hundertprozentig hier, und wir sind glücklich, daß wir hier sind, unsere Kinder und Enkelkinder sind „richtige" Holländer geworden, aber wir selbst? Obwohl wir beide seit fast 40 Jahren die holländische Staatsbürgerschaft besitzen, sprechen wir hier zu Hause miteinander nur deutsch. Das ist doch die Sprache, die uns immer noch am vertrautesten ist.

Ich habe gleich 1945 die Firma in Amsterdam neu eröffnet und später als Mitinhaber wieder aufgebaut. Ein Jahr nach Kriegsende wurde unsere erste Tochter geboren, die zweite kam vier Jahre später. Beide Mädchen haben jüdische Männer, und heute haben wir drei Enkelsöhne, die uns viel Freude machen. Das enge Verhältnis zu unseren Untertaucheltern hat unverändert bis zu ihrem Tode gedauert und überträgt sich heute auf ihre Kinder. Mit 70 Jahren habe ich mich zur Ruhe gesetzt. Wir sind dann viel gereist, haben viel gesehen von der Welt. Jetzt können wir nicht mehr alles, aber wir machen, was noch geht. Unser Kreis wird immer kleiner. Aber als Margot kürzlich aus Argentinien herüberkam und uns hier besuchte, haben sich Bekannte doch gewundert, wie stark und intensiv das Zusammengehörigkeitsgefühl auch heute noch ist.

Ich bin 86 Jahre alt. 1945, in der Hungerzeit, habe ich manchmal gesagt: „Ach lieber Gott, wenn ich doch einmal einen Teller voller warmer gekochter Kartoffeln bekommen könnte, da gäbe ich ein halbes Jahr meines Lebens drum!“ Jetzt erbitte ich dieses halbe Jahr zurück.

Georg H.

Der Traum von Israel

Georg und Bertel H. (um 1939)

Ich weiß noch sehr genau, wann ich ein „bewußter Jude“ wurde. Es war während des Krieges, des Ersten Weltkrieges, als General Ludendorff den Befehl gab, alle jüdischen Soldaten im deutschen Heer zu zählen. Denken Sie einmal, da steht mein Bruder an der Front, und so viele jüdische Freunde und Bekannten liegen im Schützengraben für Deutschland – und dieser Ludendorff läßt kontrollieren, ob sich auch genügend Juden für Volk und Vaterland totschießen lassen. Das gab bei mir den Ausschlag. Seit mehr als 60 Jahren bin ich ein überzeugter Zionist, ein Zionist – fast – der ersten Stunde.

Dabei kam ich aus einem sehr assimilierten deutsch-jüdischen Milieu. Mein Vater war seiner ganzen Mentalität nach ein echter Berliner. Die Familie stammte ursprünglich aus dem kleinen westpreußischen Städtchen Zempelburg und war um 1850 nach Berlin gekommen, wo er 1865 zur Welt kam. Vater hatte 1898 eine Fabrik für Metall- und Kunsthornartikel gegründet, und wir lebten in der Zeit vor dem Ersten Weltkrieg in gutbürgerlichen Verhältnissen. Nicht reich, aber doch wohlhabend. Mutter kam aus der Provinz Posen, aus einer eigentlich noch konservativ-jüdischen Familie. Sie hatte anfangs noch versucht, einen koscheren Haushalt zu führen, aber das „legte sich“ im Laufe der Jahre. Vater hatte, was bei Juden in Deutschland eigentlich niemals selbstverständlich war, viel Umgang mit Nichtjuden, war Mitglied eines Turnvereins und ganz sicher ein guter preußischer Untertan, der die alljährlichen Paraden anläßlich Kaisers Geburtstag jedesmal herrlich fand. Er fühlte sich „soooo deutsch“, und ich denke, daß er mich für völlig verrückt erklärte, als ich ihm sagte: „Ich bin Zionist. Ich will nach Israel!“

Wir waren zu viert zu Hause. Vater, Mutter, mein 1898 geborener Bruder und ich, vier Jahre jünger. Unsere Wohnung lag in Berlin Südost, Michaelkirchstraße, und die Fabrik war nicht weit entfernt in der Köpenicker Straße. Nach dem Zweiten Weltkrieg waren beide, Haus und Fabrik, nicht mehr da. Ich besuchte zuerst die Volksschule und anschließend das Köllnische Gymnasium. Als der Erste Weltkrieg ausbrach, war ich 12 Jahre alt und Mitglied im „Jungdeutschlandverein“, einer nationalen Jugendbewegung. Wenn die Abiturienten in der Aula verabschiedet wurden, erschien der Direktor der Schule, ich weiß seinen Namen noch, Professor Gilow, in Kürassieruniform. Er war Hauptmann der Reserve. Rückblickend sind eigentlich die Jahre so zwischen 15 und 18 entscheidend für das ganze weitere Leben. Jedenfalls war das bei mir so. Ich wurde damals schon, ebenso wie mein Bruder, Mitglied in einer zionistischen Studentenverbindung. Das führte anfangs sogar zu gewissen Spannungen mit den Eltern, die viel stärker assimiliert waren als wir. 1921/22, in der Inflationszeit, haben wir uns freiwillig um die jüdischen Flüchtlinge aus Polen und Rußland gekümmert, die mit ihrem armseligen Gepäck auf dem Schlesischen Bahnhof ankamen, auf der Durchreise nach Übersee. Da war die Kluft zwischen den deutschen und den osteuropäischen Juden deutlich spürbar.

1920 habe ich Abitur gemacht. Danach hätte ich eigentlich studieren sollen. Aber damals schon propagierte man in zionistischen Kreisen die Idee der Berufsumschichtung. Es gab genug jüdische Akademiker, und die hatte Palästina nicht nötig. So entschloß ich mich, in den Jahren 1920 bis 1924 in verschiedenen Berufen zu volontieren, erst in einem großen Exportunternehmen, dann in einer Hypothekenbank und schließlich in einer Privatbank. Es war eine halbe Berufsumschichtung, keine ganze. Im Dezember 1924 bin ich dann über Alexandrien, Kairo und Luxor nach Palästina gegangen.

Die ganzen Lebensumstände dort waren außerordentlich primitiv damals. Und trotzdem herrlich, dieser Optimismus, diese Begeisterung. Ich fand rasch Anschluß an einen Kreis von Gleichgesinnten, die schon vor mir nach Palästina gekommen waren. Anfangs wurde deutsch miteinander gesprochen; hebräisch habe ich erst richtig nach meiner Rückkehr in Berlin gelernt. Ja, es war eine sehr schöne Zeit. Erst habe ich auf einer Zitrusplantage gearbeitet und später bei einer Importfirma in Haifa.

Mit einem Mal war alles vorbei. Ich bekam ein Telegramm aus Deutschland, Vater sei erkrankt und ich müsse nach Hause kommen. Das habe ich dann auch schweren Herzens getan, wobei ich mir sagte: „Arbeite zehn Jahre, verdien' ordentlich Geld, und dann gehst du wieder zurück nach Palästina. Für immer . . ." So stand ich eines Tages wieder mit meinem Koffer in Berlin. 1928 starb mein Vater. Mein Bruder war schon 1919 als Sozius in die Fabrik aufgenommen worden, und ich trat im Jahre 1928 ein. In den folgenden Jahren beschäftigte ich mich sehr intensiv mit dem Zionismus und ging ganz in den verschiedenen zionistischen Zirkeln auf. Kontakte mit Nichtjuden hatte ich kaum noch. Bis zu dem Zeitpunkt der nationalsozialistischen Rassengesetze, 1935 also, lebten wir bei Mutter im Elternhaus, und sie hat ihre beiden Söhne nach Strich und Faden verwöhnt. Aufgrund eben dieser Gesetze mußten mein Bruder und ich Ende 1935 ausziehen. Denn Mutter hatte eine herzensgute christliche Hausangestellte, die „Perle Ida", und da hieß es auf einmal: Entweder geht sie oder gehen wir. Jüdische Männer und nichtjüdische Frauen, die jünger waren als 45 Jahre, durften nicht mehr unter einem Dach wohnen.

Nach der Machtergreifung der Nazis gingen die Geschäfte immer mehr zurück. Unsere Situation in Deutschland wurde durch die Boykottmaßnahmen zunehmend schwieriger. So haben wir zum Beispiel erst im nachhinein erfahren, daß unser alter Lagerchef, mit dem wir viele Jahre hindurch erfolgreich zusammengearbeitet hatten, insgeheim eingeschriebenes SA-Mitglied war. Nach der „Kristallnacht", die wir beide schon nicht mehr in Berlin erlebten, wurde er zum Verwalter resp. Liquidator der damals gerade 40 Jahre bestehenden Fabrik ernannt. Wir haben alles zurücklassen müssen.

Meinem Bruder gelang kurz vor Kriegsbeginn noch die Flucht nach England. Ich kam mit meiner Mutter im Juni 1938 nach Amsterdam. Da wir den holländischen Behörden genügend finanzielle Mittel nachweisen konnten, bekamen wir ohne Schwierigkeit die Aufenthaltserlaubnis. Allerdings durfte ich nicht arbeiten, es wäre ja auch ohne holländische Sprachkenntnisse gar nicht so einfach gewesen, überhaupt eine Arbeit zu finden. Anders lag es bei meiner Frau. Sie war schon im April 1938 hierher gekommen. Sie war eine sehr bekannte Modezeichnerin in Berlin gewesen und war von einer niederländischen Firma exklusiv nach Amsterdam verpflichtet worden. Sie war es, die uns in den folgenden Jahren über Wasser gehalten hat, bis auch sie, gezwungen durch die Nazibesetzung, nicht mehr arbeiten durfte. Ursprünglich war es mein Plan gewesen, Mutter in Holland, wo ihre Schwester lebte, in Sicherheit zu bringen, um selbst zusammen mit meiner Frau endgültig nach Palästina zu gehen. Anfang 1939 war ich zur Vorbereitung unserer Einwanderung dort, im Juli kam ich zurück. Ein paar Wochen später fiel Hitler in Polen ein. Der Zweite Weltkrieg hatte begonnen. Wir konnten nicht mehr weg. Auch wollten wir meine Mutter unter diesen Umständen nicht alleine lassen. Immerhin bekam ich durch die Verbindungen eines Bundesbruders aus Zürich haitianische Pässe für uns drei. Die haben uns später sehr geholfen, denn aufgrund der haitianischen Staatsbürgerschaft waren wir „gesperrt", das heißt, unsere Deportation wurde verschoben – bis auf weiteres. 1943 kam noch eine weitere „Sperre" hinzu. Eines Tages – ich hatte eine kleine Funktion beim Jüdischen Rat – wurde ich zur SS in die Euterpestraat gerufen. Die Leute dort waren überraschenderweise außerordentlich freundlich zu mir und sagten: „Wir wissen, daß Sie ein überzeugter Zionist sind. Sie stehen auf der Austauschliste für Palästina."

Dennoch war uns das alles nicht geheuer. Wir versuchten unterzutauchen, aber das gestaltete sich ziemlich schwierig. Immerhin fanden wir für Mutter einen sicheren Platz im Amsterdamer Hafenviertel. Dann kam irgendwann der Befehl, alle noch in Amsterdam verbliebenen Juden in der Transvaal-Gegend zusammenzuziehen. Wir schliefen mal hier, mal da, aus Angst verhaftet zu werden. Am 10. Mai 1944 nahm die SS meine Frau und mich fest, als wir gerade mal wieder beim Packen waren. Es war frühmorgens um 7 Uhr. Wir waren verraten worden.

Man brachte uns in die Euterpestraat. Während des Verhörs stellte sich heraus, daß sie auch von der Existenz meiner Mutter wußten. Als sie mich nach ihr fragten, sagte ich: „Ich weiß nicht, wo sie ist." Da drohte einer von ihnen: „Wenn Sie es nicht sagen, schlagen wir Ihre Frau!" Da habe ich . . ., nein, das hätte ich nicht ertragen, da habe ich es ihnen gesagt. Man hat meine Mutter abgeholt, und wir wurden alle drei in das Gefängnis an der Weteringsschans gesteckt. Da war es entsetzlich drekkig und unhygienisch. Primitiv. Mutter wurde bald krank. Als wir nach acht Tagen nach Westerbork geschickt wurden, erschien uns das, verglichen mit dem Gefängnis, beinahe ideal. In Westerbork kamen wir sofort in Sonderbaracken, denn die Nazis erklärten uns zu Straffällen, weil wir versucht hatten unterzutauchen. Das hieß für ehemalige deutsche Juden unweigerlich: Auschwitz. Aber wir hatten ja noch unsere haitianischen Pässe. Also, die wußten erst mal nicht recht, was sie mit uns machen sollten. Nach vier Wochen kamen wir sogar in eine normale Baracke.

Doch alle Hoffnungen erwiesen sich als falsch. Ende August 1944 wurde Mutter nach Bergen-Belsen geschickt, wo sie bald starb. Das ist übrigens etwas, was ich den Deutschen nicht habe verzeihen können. Bis heute nicht. Sehen Sie, Mutter war so krank, so hilflos. Warum ließen sie sie nicht bei uns sterben? Es ging doch schon auf das Ende zu. Ich habe die 81jährige selbst in den Zug tragen müssen. Daß sie mich als potentiellen Feind betrachteten, das konnte ich ja noch verstehen, aber daß sie einer alten, sterbenden Frau gegenüber so . . ., so . . . Nein, darüber komme ich nicht hinweg!

Etwas später war die Reihe an uns. Wir sind im Viehwagen nach Auschwitz gebracht worden. Der letzte Transport dorthin aus Holland. Schon die Fahrt war unbeschreiblich, grauenvoll. Es gibt keine Worte. Unmittelbar nach der Ankunft dort wurden wir von Mengele an der Rampe selektiert. Von der Selektion selbst habe ich erst nichts begriffen. Erst später. Mengele sortierte einfach: „Du, du, du und du . . .“ Die anderen kamen weg ins Gas. Meine Frau und mich schickte er vorerst auf die Seite des Lebens. Aus heutiger Sicht ist alles wie ein böser Traum. Man kommt an, die Türen werden aufgerissen von Gefangenen in gestreifter Häftlingskleidung. Dann heißt es: „Schnell, schnell. Alles liegenlassen, die Eheringe auf einen Haufen, die sonstigen Wertsachen abgeben!“ Man wird irgendwo hingeführt, kahlgeschoren, auch die Frauen, und tätowiert! Das tut weh. Sehen Sie hier, meine Nummer ist ein bißchen undeutlich. Ich hatte damals eine Jacke über dem Arm und hätte die Tinte damit vielleicht abwischen können, aber ich hatte zuviel Angst. Und plötzlich merkt man, daß das Leben doch weitergeht, auch in dieser Hölle.

Wir wurden getrennt. Frauen- und Männerlager waren ja streng voneinander geschieden. In meiner Baracke waren ganz verschiedene Häftlinge: Zeugen Jehovas, ungarische Juden und auch Homosexuelle mit dem rosa Winkel. Über mir schlief Otto Frank, Annes Vater, den kannte ich gut. Unser Kapo war ein sehr junger Zigeuner, der Stubenälteste ein polnischer Christ. Beide waren eigentlich ganz in Ordnung. Jeder tat sein Möglichstes, um zu überleben. Wir wußten oder hofften ja, daß bald

Schluß sein würde. Morgens ging es mit erzwungenem Gesang in eine Sandgrube zur Schwerstarbeit. Es war Winter. Stundenlange Appelle. Nackt im Schnee draußen. Schmutz, Krankheiten, Ungeziefer, Hunger und völlige Erschöpfung ... Ich weiß heute selbst nicht mehr, wie ich das alles ertragen habe. Richtig geschlagen worden bin ich eigentlich nur einmal. Von einem Kapo, der sonst gar nicht so schlimm war. Aber genau so funktionierte ja das ganze System der Konzentrationslager. Die SS-Leute spielten – bis auf einige Sadisten – „die feinen Herren" und ließen die Drecksarbeit von den Kapos erledigen. Und die ließen dann oft ihre ganze Brutalität an uns aus. Einige von ihnen sind nach der Befreiung von den Russen aufgehängt worden.

Als die Russen kamen, am 27. Januar 1945, lag ich in einer der Krankenbaracken. Mein Leben verdanke ich u. a. der Tatsache, daß ich einmal rechtzeitig 50 Zentimeter zurückgetreten bin. Da wurde gesagt: „Heute wird gearbeitet, wer sich krank fühlt, soll sich melden und nach vorne kommen!" Das habe ich getan, weil meine Hände so kaputt waren. Aber dann, ich weiß auch nicht warum, hab ich mir's wieder anders überlegt und bin zurückgetreten. Die, die sich krank gemeldet haben, wurden alle vergast ... Und ich lebe noch.

Nach der Befreiung durch die Russen sind wir zuerst nach Bielitz in Polen gekommen, dann ging es von dort nach Prag und von Prag nach Brüssel. Ein Zug brachte uns nach Eindhoven. Mit offenen Armen hat uns niemand aufgenommen hier in Holland. Wir waren staatenlos, und so hat man uns hier auch behandelt. Fünf Tage, nachdem ich wieder in Amsterdam war, kam meine Frau zurück aus Birkenau. Das war Anfang Juni 1945. Wir sind in Holland eines von fünf Ehepaaren, wo beide, Mann *und* Frau, Auschwitz überlebt haben. Fünf von Zehntausenden. Sie kennen ja die Zahlen. Meine Frau hatte aus dem Lager u. a. einen viel zu hohen Blutdruck mit zurückgebracht. Sie hat sich von den Haftfolgen nie wieder richtig erholt. 1964 wurde sie gelähmt, und sechs Jahre später ist sie gestorben. Es war eine schwere Zeit für mich. Daß wir keine Kinder haben, ist eigentlich auch eine Folge des Krieges ...

Der Neuanfang in Holland war schwierig. Es fehlte an allem. Zuerst habe ich uns durch den Verkauf von Fahrradschläuchen, die mein Bruder aus England mir schickte, einigermaßen über Wasser halten können. Es ging ja allen schlecht, nicht nur den wenigen zurückgekehrten Juden, sondern ganz Holland. Für eine Schachtel Zigaretten konnte man 20 Gulden bekommen, das war viel Geld damals. Nach einer Weile konnte meine Frau wieder in ihrem alten Beruf tätig sein, obwohl sie nervös und erschöpft war. Ich arbeitete für eine jüdische Organisation, die auswanderungswilligen Juden und „displaced persons“ aus deutschen Lagern bei der Übersiedlung nach Israel und Übersee behilflich war. Ende der fünfziger Jahre lief diese Tätigkeit langsam aus. Danach habe ich eine Firma gegründet, die Plastikartikel exportierte. Aber die Krankheit meiner Frau verschlimmerte sich schnell, und ich konnte nicht mehr so viel geschäftlich unterwegs sein. Mittlerweile hatten auch wir die sogenannte Wiedergutmachtung – ich nenne es lieber materielle Kompensation – bekommen, und meine Frau erhielt eine Rente, weil ihre Gesundheit so stark in Mitleidenschaft gezogen war. Da habe ich aufgehört zu arbeiten, um den jüdischen Überlebenden bei der Durchsetzung ihrer Rechtsansprüche behilflich zu sein. Diese Tätigkeit hat mich noch bis in die 70er Jahre ausgefüllt. Ich unterhielt ein kleines Büro in Amsterdam. Gemeinsam mit meiner Frau bin ich noch einmal in Berlin gewesen. Wir haben kaum etwas wiedergefunden und waren sehr erschüttert. Ich glaube, wir haben beide geweint.

Inzwischen lebe ich schon länger in Holland, als ich in Deutschland gelebt habe. Ich bin seit langem naturalisierter Holländer und erfülle alle meine staatsbürgerlichen Pflichten hier gerne und korrekt. Auch wenn ich hier lebe, bleibt Israel doch der Mittelpunkt meines Lebens. Ich bin mindestens einmal im Jahr dort. Aber jedesmal komme ich ein bißchen enttäuscht zurück. Ja, das ist ein kompliziertes Kapitel. Ich gehöre noch zu den Zionisten der ersten Stunde. Die sehen Israel anders, etwa wie ein Vater, der sein Kind auch dann noch liebt, wenn es sich nicht so entwikkelt, wie er es sich wünscht. Denn es ist ein vollkommen anderes Land geworden, als wir es uns einst vorgestellt hatten. Und dennoch liebe ich dieses Land! Es ist so, wie man früher im Deutschen sagte: „Die Katze läßt das Mausen nicht ...“ Ich habe mich mein ganzes Leben hindurch aktiv jüdisch betätigt und strebe danach, daß das religiöse Judentum, angepaßt an die Entwicklung, die die Welt genommen hat, weitergegeben wird. Nur auf diese Weise kann man der fortschreitenden Assimilation Einhalt gebieten. Auch Israel hat ein liberales Judentum nötig. Und dafür setze ich mich mit aller Kraft ein.

Ich glaube, daß wir nach Auschwitz bewußter gelebt haben, obgleich wir eigentlich nie viel über die Vergangenheit sprachen. Das Bedürfnis zu vergessen war anfangs außerordentlich stark. Nach all der Zeit ist der Abstand zu Auschwitz größer geworden. Auch für mich. Aber jetzt, nach diesem langen Gespräch, merke ich, wie Erinnerungen in mir wach werden, schöne und weniger schöne. Ich denke, daß ich heute abend eine Schlaftablette nehmen werde.

Fritz J.

Ich bin kein Held

Fritz J. (1946)

Mein Vater hat mir den Namen Fritz gegeben, denn er war ein großer Verehrer von Kaiser Friedrich III., von dem das Wort stammt „Der Antisemitismus ist die Schmach des Jahrhunderts". Kaiser Friedrich sprach damals vom 19. Jahrhundert. Ich kann nur vom 20. Jahrhundert berichten.

Mit 16 habe ich zum ersten Mal Antisemitismus zu spüren bekommen, das war kurz nach dem Ersten Weltkrieg, 1919, als die jungen Soldaten aus den Schützengräben nach Hause zurückkehrten und wieder die Schulbank drücken mußten. Einer von ihnen, zwei Jahre älter als ich, verbreitete regelmäßig antisemitische Sprüche in Rheinbach, wo wir aufs Gymnasium gingen. Der ist später katholischer Geistlicher irgendwo in der Eifel geworden. Jeden Morgen lag ein neuer Spruch auf meiner Bank. „Überall grinst ihr Gesicht, nur im Schützengraben nicht", hieß es da, oder „Wie an der Eiche Pilz und Schwamm, so wuchert der Jude am Menschenstamm". Es war eine regelrechte Hetzkampagne, und zusammen mit einem Freund bin ich jeden Morgen vor Schulanfang mit gezücktem Taschenmesser von Baum zu Baum gelaufen, um die antisemitischen Flugzettel von den Bäumen zu entfernen. Aber am nächsten Morgen waren neue da. Und in der Pause kam es auf dem Schulhof zu erbitterten Rededuellen zwischen ihm und mir. Das ging solange, bis der Direktor davon erfuhr. Dann war Schluß. Und wie!

Wir waren zu Hause gemäßigt orthodox. Mit wöchentlichen Sabbatfeiern und koscherer Küche bin ich groß geworden. Feste Regeln, die unser Familienleben bestimmten und die meine Frau und ich auch heute noch einhalten. Großvater hatte 1885 in Meckenheim bei Bonn eine Getreidehandlung gegründet, die von meinem Vater erheblich ausgeweitet worden war. Später kamen noch Kohlen, Kraftfutter und Dünger hinzu. Es war ein solides und florierendes Geschäft. Mutter stammte aus einer Weinhändlerfamilie von der Mosel. Die Eltern heirateten im Jahre 1900. Ein Jahr darauf war meine Schwester da, Mathilde, und 1903 kam ich zur Welt. Mein Bruder Erwin folgte 1905.

In den elf Jahren, die zwischen Abitur und meinem Eintritt in das väterliche Geschäft 1932 lagen, habe ich manches gelernt. Das heißt, mit Ausnahme des ersten Jahres, denn die beiden Semester Jura in Bonn waren mir entschieden zu trocken. Da gefiel mir die Arbeit in einem großen Getreidegeschäft in Duisburg und der Handel an der Börse in Köln sehr viel besser. Um etwas von der Welt zu sehen, ging ich Mitte der zwanziger Jahre für längere Zeit nach Rotterdam. Mit nicht mehr als fünf Unterrichtsstunden an der Berlitzschule besuchte ich die Getreidebörse dort. Alles andere machte der Umgang mit Menschen. Es gefiel mir sehr gut, und eigentlich hatte ich nicht vorgehabt, so rasch wieder nach Deutschland zurückzugehen, aber das verlockende Angebot der größten deutschen Getreidekommission in Düsseldorf konnte ich einfach nicht ausschlagen! Da habe ich dann noch fünf Jahre mit viel Freude und Engagement gearbeitet. Es war eine für damalige Verhältnisse sehr moderne Firma, die weltweit Handel trieb. Die Sensation des ersten Telefongesprächs mit Amerika klingt mir noch in den Ohren. Das muß 1929 gewesen sein. Doch dann rief mich Vater eines Tages nach Hause. Er wurde langsam älter, und ich sollte einen Teil der Verantwortung übernehmen. Also zurück nach Meckenheim, Abschied von der großen Welt.

Nach einem relativ ruhigen Jahr im elterlichen Geschäft kam Hitler an die Macht. Wir spürten es sofort, daß alte Kunden auf Distanz gingen und zur nichtjüdischen Konkurrenz wechselten. Da halfen alle guten Worte nichts. Unsere Lage begann sich zu verschlechtern, geschäftlich, aber auch privat. Schon 1933 wurde das koschere Schlachten verboten. 1934 legte man Vater nahe, die Ehrenmitgliedschaft im Meckenheimer Turnverein, den er 42 Jahre zuvor mitgegründet hatte, aufzugeben. Dann, im Spätsommer 1935, wurde ich verhaftet wegen „heimtückischen Angriffs auf Staat und Partei“! Was war passiert? Ich hatte zögernde Kunden mit dem Argument zu überzeugen versucht, daß wir auch die Parteitage der NSDAP und Garnisonen der Reichswehr mit Heu und Stroh belieferten, was indirekt tatsächlich stimmte. Es war die Konkurrenz, die daraufhin Anzeige erstattete. Auf der NSDAP-Kreisleitung in Ahrweiler bedrohten sie mich solange. bis ich genau das Gegenteil von dem unterschrieb, was tatsächlich geschehen war. Das Schriftstück begann mit dem Satz: „Ich erkläre freiwillig und ohne Zwang . . ." Links und rechts von mir standen zwei SS-Kerle mit Pistolen. Direkt im Anschluß erklärte mir der Wachtmeister. daß ich mich in Schutzhaft befände. Ich kam zuerst acht Tage nach Ahrweiler ins Amtsgerichtsgefängnis und dann für drei Wochen in den Kölner Klingelpütz. Meine beiden Zellengenossen waren der „Vorbereitung zum Hochverrat" beschuldigt. Der eine hatte das Essen aus einer Volksküche als „Hitlerfraß" bezeichnet, der andere zwei illegale Zeitungen gekauft. Für 40 Pfennige. Hochverrat!

Inzwischen hatte mein Vater es geschafft, mich frei zu bekommen. Mein Rechtsanwalt, ein großer Nazi, teilte mir eines Tages mit ausgesuchter Höflichkeit mit, daß man mich entlassen werde. Er bot mir sogar eine Zigarette an, die ich aber ablehnte. denn es war Samstag, und am Schabbes (wie wir im Rheinland den Sabbat nannten) rauche ich nicht. Später erfuhr ich, daß Vater für meine Freilassung 3.000 Reichsmark Schmiergeld hat zahlen müssen. Noch keine Woche später, im September 1935, sprach mich jemand auf dem Viehmarkt in Koblenz an und sagte: „Mach, daß Du wegkommst. Fritz. die wollen Dich wieder holen!" Da hab ich mich sofort bei Verwandten versteckt, bis Vater mich wissen ließ, daß alles erledigt wäre. Noch einmal mußte er viel Geld bezahlen. Es war einfach Erpressung. und es gab kein Recht mehr in Deutschland, das uns schützte.

Ich bin noch zwei Monate zu Hause geblieben. immer mit der Angst einer erneuten Haft vor Augen, und mußte mit ansehen. wie unser einst blühendes Geschäft allmählich leerblutete. Es war alles sehr deprimierend. Vater führte schon Verkaufsverhandlungen mit „arischen" Interessenten, die natürlich für ein „so schlecht gehendes Geschäft" kaum noch etwas bezahlen wollten. Als ich dann das Angebot bekam, für eine jüdische Farbenfabrik in Köln als Vertreter nach Holland zu gehen, habe ich sofort angenommen. Zum Abschied schrieb der Meckenheimer Gemeindeangestellte. der meinen Paß bearbeitete, in die Rubrik „Staatsangehörigkeit" mit großen Buchstaben „Volljude". Im Zug nach Nijmegen hat der deutsche Zoll das Geld in meinem Portemonnaie genau nachgezählt. Es waren auf den Pfennig genau 9,65 Reichsmark.

In Holland angekommen, habe ich bald nach Möglichkeiten gesucht, mich in Amsterdam selbständig zu machen. Aber es waren damals ja überall schlechte Zeiten. Einmal, erinnere ich mich, mußte ich meinen Schuster um Kredit bitten, weil ich die 1,70 Gulden für neue Sohlen nicht bezahlen konnte . . . Es waren schwere Jahre, dunkle Jahre. Niemand wußte, wie es weitergehen sollte. Zu den finanziellen Problemen kam die Sorge um die Eltern und Geschwister, die ich, sobald es ging, nachgeholt hatte. Wie brüchig die Sicherheit war, in der wir alle lebten, zeigte sich nur zu rasch. Der Krieg machte vor Holland nicht halt, und bald begann auch hier die systematische Verfolgung der Juden. Die Lage wurde immer hoffnungsloser.

Als ich im Sommer 1942 einen Aufruf nach Westerbork bekam, beschloß ich unterzutauchen. Das war aber leichter gesagt als getan. Irene, meine damalige Verlobte, brauchte als ungarische Staatsbürgerin noch keinen Stern zu tragen und konnte sich frei bewegen. Eine Woche lang ist sie durchs ganze Land gefahren und hat vergeblich versucht, ein sicheres Versteck für mich zu finden. Bis sie irgendwann im Juli strahlend zurückkam und sagte: „Herman Benschop in Utrecht nimmt Dich auf!“ Wenige Monate später ist Irene selbst, die sich in Holland so sicher fühlte, mit ihrer ganzen Familie abgeholt worden. Ich habe nie wieder etwas gehört.

Herman, ein junger Malermeister, war in besseren Zeiten Kunde bei mir gewesen, und da sollte ich nun untertauchen! Das Allernotwendigste war schnell gepackt. Der Abschied von Irene und von den Eltern, die alleine in Amsterdam zurückblieben, fiel mir schwer. Aber es mußte sein. Auf der Herrentoilette des Amstelbahnhofs habe ich erst einmal den Stern von meiner Kleidung entfernt und bin dann mit dem Mut der Verzweiflung Richtung Utrecht geradelt. Auf der Landstraße geriet ich in eine Ausweiskontrolle, die wohl das sichere Aus bedeutet hätte. Aber wie durch ein Wunder scheute plötzlich eines der Polizeipferde, und die Kontrolle war zu Ende, bevor sie für mich begonnen hatte. Da erinnerte ich mich an meine Bar Mizwa und den Text, den ich damals, im Januar 1916, aus der Thora hatte vorlesen müssen: „Siehe, ich werde einen Engel vor Dir aussenden, der Dich beschützen wird auf dem Weg und der Dich bringen wird zu dem Ort, den ich für Dich bereitet habe.“ Das hat sich an diesem Tag, mehr als 26 Jahre später, an mir erfüllt.

Als ich dann an der Tür des Hauses Oudegracht 369 in Utrecht klingelte und Hermans Frau Clara mit einem kurzen „welkom“ (willkommen) öffnete, hätte ich ihr vor Dankbarkeit um den Hals fallen können. In einem Schuppen über der Werkstatt haben Herman und ich dann ein Versteck gebaut. Das sollte meine Bleibe für die nächsten drei Jahre werden. Es gab da eine Matratze, einen Stuhl, einen Tisch, ein Radio und einen Eimer mit Deckel. Das war alles. Wenn ich die Dachluke vorsichtig öffnete, konnte ich die Krone einer großen Kastanie sehen und ein Stück Himmel. Der Baum war grün, als ich untertauchte. Ich habe ihn braun werden sehen, kahl werden sehen, grün, braun, kahl, grün, braun, kahl. Drei Jahre lang.

1942, als ich nach Utrecht kam, war Herman Benschop noch keine 30 Jahre alt. Ein einfacher, ehrlicher Mann aus dem Volk, ein frommer Katholik und ein guter Holländer. Sein Gefühl für Gerechtigkeit hatte ihn in Kontakt gebracht mit der Illegalität, die aktiv gegen die deutschen Besetzer kämpfte. Herman und Clara bekamen im September 1942 ihr zweites Töchterchen, Eva. Als schließlich im Herbst 1944 das dritte Mädchen geboren wurde, gaben sie ihm den Namen Ilga, was nichts anderes bedeutete als „Illegaliteit“ . . . Prompt verweigerte der Standesbeamte die Eintragung mit der Begründung, es handele sich nicht um einen holländischen Mädchennamen. Aber Herman gab nicht auf und hat es im zweiten Anlauf mit Hilfe von Freunden eben dieser Illegalität tatsächlich geschafft, daß der Name ordnungsgemäß registriert wurde.

Sobald die Gesellen in der Frühe die Werkstatt verlassen hatten, begann mein Arbeitstag. Ich war „Mädchen für alles“, hab die Windeln gewaschen, Kartoffeln geschält, gespült und gewischt. Bis auf Socken stopfen war mir keine Arbeit zuviel. In meiner „Freizeit“ habe ich Bücher gelesen, die mir Hermans Freunde besorgt hatten. Aber auch sie konnten mir die Einsamkeit nicht nehmen.

Ich hatte nach Utrecht ein hebräisches Gebetbuch mitgenommen, woraus ich täglich das Mittag- und Abendgebet gesprochen habe. Zusätzlich hatte ich noch einen jüdischen Kalender, um in Verbindung mit der Tageszeitung die Festtage berechnen zu können, denn die jüdischen Festtage fallen in jedem Jahr anders. Am Vorabend des Neujahrs Rosh-Ha-Shanah 1943 hörte ich im englischen Sender eine Predigt des früheren Hamburger Rabbiners Dr. Italiener. Er richtete diese Predigt an alle Juden im großen Ghetto Europa und begann mit den Worten aus Jeremias: „Eine Stimme wird gehört in Rama, ein wimmerndes Wehklagen! Rachel beweint ihre Söhne, sie ist trostlos über ihre Söhne, weil sie nicht mehr da sind.“ Am Sabbat und an den jüdischen Festtagen habe ich meinen einzigen „besseren“ Anzug getragen, ebenso auch sonntags und an den christlichen Feiertagen. Aus Taktgefühl! Unter der Woche trug ich den alten Overall, den Irene mir nach Utrecht hinterhergebracht hatte.

Inzwischen hatte ein alter Freund, Harry de Graaf aus Leiden, mir einen Ausweis und Lebensmittelkarten verschafft. Mit diesem Ausweis bin ich Weihnachten 1942 noch einmal mit dem Zug nach Amsterdam gefahren, um meine Eltern zu sehen. Vater war 74 und Mutter 67. Am 3. Januar 1943, einen Tag, bevor die SS- und Gestapoleute aus ihrem Weihnachtsurlaub zurückkehrten, um sich wieder in ihr blutiges Handwerk zu stürzen, habe ich Abschied von ihnen genommen. Sie haben mich noch gesegnet. Ein halbes Jahr später sind sie deportiert worden in den Tod nach Sobibor.

Die Zeit verging nur langsam. Eines Tages im Frühjahr 1944 kam Herman zu mir und erzählte, daß die Widerstandsbewegung, in der er mitarbeitete, „obdachlos“ geworden war. Daraufhin hatte er ihr spontan sein eigenes Haus zur Verfügung gestellt. Als ich zwei Tage später Bob, dem Leiter der Gruppe, vorgestellt wurde, zeigte dieser sich äußerst erfreut, als er hörte, daß ich ein deutscher Jude war. Man hatte nämlich schon lange nach einem zuverlässigen deutschen Juden gesucht, der in der Lage war, Unterschriften für alle möglichen Papiere und Formulare zu fälschen. Die Deutschen hatten eine unverwechselbare Handschrift, die für Holländer nur sehr schwer zu kopieren war. Ich habe geübt und geübt, so lange, bis ich die Unterschrift des Ortskommandanten von Utrecht, „Christmann, Oberstleutnant“, perfekt beherrschte. Und dann begann die eigentliche Arbeit. Mit einem dieser Kopierstifte, wie sie die Deutschen benutzten, habe ich die verrücktesten Bescheinigungen ausgestellt. Ob es um Fahrräder ging oder um Transportgenehmigungen für schwarz geschlachtete Kühe – ich hatte gut zu tun.

Und dann kam die Nacht der Waffenlieferungen. Bob erschien eines Nachmittags auf meinem Speicher und sagte, ich sollte mir abends genau die englische Radiosendung anhören. Ein bestimmter Codesatz („Is grote Francois nog in de stad?“) zu einer bestimmten Zeit bedeutete, daß die Royal Air Force um Mitternacht eine Waffenlieferung in der Nähe von Utrecht abwerfen würde, die für die Illegalität bestimmt war. Die Nachricht kam, und am nächsten Tag stand Hermans Malerkarren auf dem Hof. Unter Stroh kamen grünbraune Säckchen zum Vorschein mit auseinandergenommenen Maschinenpistolen und Munition, Handgranaten, Spreng- und Brandbomben und Sprengstoffen. Das alles mußte in meinem Versteck untergebracht werden. Und da leisteten mir nun diese hochbrisanten Säckchen Gesellschaft. Die hingen an großen Nägeln ringsum an den Wänden, und ich hatte entsetzliche Angst, daß das schief geht, daß etwas passiert. Ein großer Held bin ich nämlich nicht.

Und es passierte tatsächlich. Am 26. Februar 1945, wenige Monate vor der Befreiung, wurde Herman verraten von einem holländischen Mädchen, das als Kurier eingesetzt war. Er ging in die Falle, und der Revolver, den er bei sich trug, war der Grünen Polizei Beweis genug. Am 8. März 1945, einen Tag nach dem Anschlag auf den gefürchteten SS-Chef Rauter, ist er von den Deutschen standrechtlich erschossen worden. Er war 30 Jahre alt und hinterließ eine junge Witwe mit drei kleinen Kindern. Solange Clara noch lebte, bekam sie jedes Jahr zum Geburtstag einen Scheck von mir als Zeichen der Dankbarkeit. Jetzt schicke ich ihn an Marijke, die älteste Tochter, die in Kanada wohnt. Auch wenn ich 100 Jahre alt werden sollte, läßt sich das, was Herman und Clara für mich getan haben, nicht mit Geld aufwiegen. Sie haben mein Leben gerettet.

Am Abend, nachdem sie Herman verhaftet hatten, wurde das ganze Haus durchsucht. Drei Polizisten mit Spürhunden haben es vom Keller bis aufs Dach auf den Kopf gestellt. Ich muß in dieser Februarnacht wieder einen Schutzengel gehabt haben, daß sie mein Versteck in der Dunkelheit nicht fanden. Bevor sie wiederkamen, haben wir erst einmal die Waffen verschwinden lassen, und dann brachten mich Freunde anderswohin.

Zwei Monate habe ich noch auf die Befreiung warten müssen. Zum Schluß bestand die Wochenration aus 400 Gramm glitschigem, feuchtem Gerstenbrot. Genau ein Zentimeter Brot pro Tag und dazu noch ein Stückchen Zuckerrübe! Ich wurde immer schwächer, konnte kaum aufstehen. Ganz am Ende habe ich Strohhalme gekaut. Hunger, richtiger Hunger ist etwas Entsetzliches.

Am Freitag, dem 4. Mai 1945, abends gegen 20.00 Uhr, kamen sie zu mir hoch und sagten, daß die Deutschen kapituliert hatten. Ich hab mich nach unten auf die Straße geschleppt, wo gesungen, gejubelt und gelacht wurde. Als die Leute hörten, daß ich ein jüdischer Untertaucher war, nahmen sie mich auf ihre Schultern und sangen „Lang zal hij leven" (Hoch soll er leben)! In dieser Nacht habe ich kein Auge zugetan und nur noch geweint. Geweint wie ein kleines Kind.

Am nächsten Tag war Sabbat. Ich bin morgens um sechs Uhr zur Synagoge gegangen, weil ich dachte, wenn noch andere Juden überlebt haben, würde ich sie dort treffen. So war es auch. Nachmittags um drei Uhr war Gottesdienst, und es kamen 60 Menschen. Insgesamt hatten in Utrecht 200 Juden überlebt.

Auch in Holland sind viele untergetauchte Juden verraten und in den sicheren Tod geschickt worden. Glücklicherweise gehörten mein Bruder Erwin und seine Frau zu den Überlebenden. Sie waren schon Anfang April 1945 in ihrem Versteck in Zutphen befreit worden. Meine Schwester kam aus Theresienstadt zurück und ihre Tochter, gerade 17 Jahre alt, aus Mauthausen. Ihr Vater – mein Schwager – hat Auschwitz nicht überlebt, ebensowenig wie meine Eltern.

Nach der Befreiung besaß ich so gut wie nichts mehr. Mein letztes Taschentuch hatten die Mäuse gefressen. Ich bekam täglich einen Teller warme Roggensuppe und 65 Gulden Unterstützung im Monat. Von der zweiten Auszahlung habe ich mir ein Fahrrad mit massiven Reifen gekauft, und das war dann schon fast der Anfang des Neubeginns. Ja, ich habe noch einmal ganz von vorn angefangen, ein neues Geschäft aufgebaut und geheiratet. Meine Frau, die ursprünglich aus Riga stammt, hat als einzige von ihrer Familie überlebt. Sie ist durch elf Konzentrationslager gegangen. Aber sie spricht nicht darüber.

Als ich 1949 zum ersten Mal wieder nach Meckenheim kam, gab mir ein früherer Bekannter fünf unbeschädigte Fragmente von Thorarollen aus unserer kleinen Synagoge, die während des Pogroms 1938 zerstört worden war. Irgendjemand hatte sie gefunden und aufbewahrt. Er überreichte sie mir mit den Worten: „Die han ich verwahrt, wenn noch ens ene von dene Jödde zeröck küt. Du bes de ierschte!“

Hans Ludwig G.
Im Lichte der Aufklärung

Hans Ludwig G. mit Sohn (1937)

„Ich frage gleich: Was ist ein deutscher Charakter? Was? Nicht wahr, Tabakrauchen und Ehrlichkeit? Oh, ihr einfältigen Tröpfe! Hört, seid so gut und sagt mir, was ist es für Wetter in Amerika? Soll ich's statt euer sagen? Gut. Es blitzt, hagelt, es ist dreckig, es ist schwül, es ist nicht auszustehen, es schneit, friert, wehet, und die Sonne scheint."

Das hat Lichtenberg den Deutschen ins Stammbuch geschrieben. An anderer Stelle hat er seine Landsleute gefragt: „Sagt, ist noch ein Land außer Deutschland, wo man die Nase eher rümpfen lernt als putzen?" Also ich halte sehr viel von diesem Mann.

Am 1. Juli 1903 wurde ich in Hannover geboren. Mein Vater arbeitete damals in der Firma seines Vaters als Versicherungskaufmann im Außendienst. Ehrgeizige Jugendpläne waren frühzeitig durch ein schweres Herzleiden vereitelt worden, das er sich im Gefolge einer Nikotinvergiftung im Alter von 19 Jahren zugezogen hatte und das ihm sein Leben lang zu schaffen machte. Meine Mutter stammte aus Hildesheim und kam, man kann schon sagen, aus sehr wohlhabendem Hause. Vater wurde eigentlich von ihren Eltern nicht als idealer Ehemann und Schwiegersohn angesehen, aber er hat sich das Heiratsversprechen durch einen Hungerstreik regelrecht erkämpft. Bürgerliche Zustände.

Gemessen am damals Üblichen waren meine Eltern doch recht fortschrittlich. Meine Mutter hatte Sprachen studiert, sie war Lehrerin für Englisch und Französisch, und mein Vater begann bald nach meiner Geburt auf eigene Faust Chemie und Physik in Göttingen zu studieren. Das war 1905/06. Wir sind dann 1909 nach Berlin gezogen, wo mein Vater aufgrund seiner Untersuchungen in den Universitätslaboratorien und eines erworbenen Patentes eine kleine Fabrik gründete. So wohnten wir eines Tages in der Witzlebenstraße am Lietzensee in Charlottenburg Wir? Ach ja, ich habe eine vier Jahre ältere Schwester. Sie erfreut sich guter Gesundheit und lebt mit ihrem Mann in Heidelberg. Wir sehen uns regelmäßig, entweder bei ihr oder in unserer Zweitwohnung im Spessart.

Vater war ein leidenschaftlicher Büchersammler. Er sammelte vor allem deutsche Literatur in Erstausgaben und Philosophie. Ja, er hat sein Leben lang gründlich Philosophie getrieben. Ganz ein Mensch des 19. Jahrhunderts. Ich bin aufgewachsen in einer Welt von Büchern und habe es keinen Augenblick bereut, diese Liebhaberei geerbt und zu meinem Beruf gemacht zu haben.

Mein Vater hatte sich frühzeitig taufen lassen. Für meine Mutter war das aufgrund familiärer Bindungen schwieriger. Sie hat diesen Schritt erst sehr viel später getan. Bei den Großeltern gab es noch Matze, das ist ein ungesäuertes Brot, das zum jüdischen Osterfest gegessen wird. Das schmeckte uns Kindern herrlich! Aber sonst sind wir vollkommen unjüdisch aufgewachsen. Das Elternhaus war einfach deutsch, religiöses Interesse gab es nicht. Punktum.

Ich bin in Berlin eingeschult worden und habe dort den Großteil des Gymnasiums absolviert. Als ich 15 war, sah ich, wie die revolutionierenden Soldaten den Offizieren im November 1918 die Schulterstücke abrissen. Da habe ich geweint, was mir sonst eigentlich nicht so leicht passierte. Aber wenig später war ich durch einen Freund, einen Juden übrigens, selbst recht revolutionär geworden. Nach Kriegsende verlegte mein Vater seine Fabrik nach Thüringen, nach Rudolstadt, weil er dort die für seine Produktion notwendigen Rohstoffe leichter bekam. Die Familie mußte also umziehen. In Rudolstadt habe ich die beiden letzten Schuljahre erlebt und während dieser Zeit auch den Antisemitismus kennengelernt. Sowas hatte es in Berlin nicht gegeben, aber in der Provinz, in den kleinen Städten, wo der „Stahlhelm" eine große Rolle spielte, war die Stimmung gegen die Juden schon damals virulent. In meinem Fall hatte es sicherlich auch etwas mit Eifersucht zu tun, denn so ein Großstadtkind brachte doch auf intellektuellem Gebiet mehr mit als diese Jungens. Hinzu kamen gewisse Rivalitäten beim weiblichen Geschlecht. Ich habe diese Spannungen eigentlich nicht richtig ernst genommen und erinnere mich auch nur an eine einzige gröbere Gehässigkeit. Das war anläßlich des Abiturs. Da weigerten sich die Unterprimaner, mir als Nichtarier den Lorbeerkranz auf die weiße Schülermütze zu heften, wie das damals nach bestandener Reifeprüfung üblich war. Aber ich hatte einen reizenden Mitschüler, Sohn eines einheimischen Rechtsanwalts, der dafür sorgte, daß ich ihn doch bekam.

Noch als Pennäler bin ich 1920 zur Jugendbewegung gestoßen. Ich war bei der großen Spaltung in Coburg dabei und habe mich danach Mucks „Freier Schar" angeschlossen, das war so ungefähr das Radikalste, was es gab. Muck war einer der Rädelsführer bei der Revolution der kaiserlichen Kriegsmarine 1918 gewesen. Ein großartiger Mann. Von Mutter passend eingekleidet, bin ich da eine ganze Zeitlang mitgezogen. Extrem jugendbewegt und extrem antibürgerlich. Nach dem Abitur habe ich ein Jahr Landwirtschaft getrieben als Kleinknecht auf einem Bauernhof, weil ich ernsthaft mit dem Gedanken umging, selbst ein kleines Anwesen autonom zu bewirtschaften, das, was man damals „siedeln" nannte. Durch solche Erfahrungen gestärkt, begann ich, im Sommersemester 1923 in Freiburg Jura zu studieren. Dort bin ich Mitglied einer schlagenden Verbindung, einer Turnerschaft, geworden, weil ich wissen wollte, was es mit diesen Ritualen, dem Fechten usw., auf sich hatte. Auch da gab's übrigens Antisemiten. Als wir eines Abends in Freiburg tanzen gingen, wurde mir von Bundesbrüdern ein Mädchen gezeigt: „Mit der tanzen wir nicht, die tanzt mit Juden!" Grund genug für mich, um sie um den nächsten Walzer oder Tango zu bitten. Ich habe meine jüdische Herkunft nie verleugnet, und es hat dennoch zwei Semester gebraucht, bis man mich aus der Verbindung wegen absolut uncommentmäßigen Betragens ausschloß. Ein Schild mit der Aufschrift „Zutritt für Juden verboten" hab ich zum ersten Mal 1926 an einem Wirtshaus in Marburg gesehen, als ich meine Schwester besuchte, die dort studierte.

Von Freiburg bin ich 1924 für ein Semester mit einem der Professoren nach Hamburg gegangen. Dann folgten zwei Semester Berlin, und den Abschluß bildete, wie es für einen Hannoveraner ganz selbstverständlich war, Göttingen. Neben der Juristerei beschäftigte ich mich ein wenig mit Kunstgeschichte. Ich habe z. B. über Giorgione gearbeitet, der mich sehr faszinierte und mich heute noch fasziniert. 1927 kam dann das Examen. Nach dem Prüfungssemester war erst einmal ein Jahr lang Pause, bevor die Referendarzeit begann, die ich in Lüneburg, Nordhausen und später in Berlin absolvierte. 1931 habe ich meine Jugendfreundin geheiratet, und 1933, im März, habe ich das Assessorexamen abgelegt.

Politisch gesehen komme ich ursprünglich aus einer welfischen Familie. Der Großvater väterlicherseits ist nach 1866 noch jedes Jahr zum blinden König Georg nach Bad Ems gefahren und hat ihm da – zusammen mit vielen anderen – seine Aufwartung gemacht. Ja, die „treuen Hannoveraner"! Vater hat dann nach dem Krieg Stresemanns Deutsche Volkspartei gewählt und ich, als Lüneburger Referendar, die Welfen. Zur Wahl gingen wir in ein Dorf, das dafür bekannt war, daß es hundertprozentig welfisch wählte. Andere Parteien existierten da überhaupt nicht. Und da haben wir, ein Assessor, eine junge Dame und ich, unserer Wahlpflicht genügt. Später, 1931 und 1932, haben meine Frau und ich kommunistisch gestimmt, um gegenzusteuern gegen die Nazis. Ich kannte einige der führenden Leute der KPD sehr gut. Für mich gab es keinen Zweifel daran, daß Hitler Krieg bedeuten würde.

Als ich im März 1933 Examen machte, stand schon fest, daß ich keine Chance mehr haben würde, in Deutschland als Jurist zu arbeiten. Aber zuerst einmal haben meine Frau und ich eine ausgedehnte Reise unternommen, eine Kunstreise, vor allem durch Mittel- und Süddeutschland. Und anschließend sind wir in Österreich Ski gelaufen. Danach ging ich für einige Zeit ins Rheinland, nach Solingen, und betrieb dort unter dem Namen meiner Frau eine Leihbücherei. Das lief zwar recht gut, aber die politischen Pressionen nahmen zu, und die Konzession wurde meiner Frau entzogen. Endlich begriff ich, daß wir Deutschland verlassen mußten. Ich hatte schon meine Fühler ausgestreckt nach Holland, nach Amsterdam, aber das Emigrantenleben dort, die Leute, die sich immer wieder selbst aufs Neue ihre Sorgen erzählten, das behagte mir nicht. So bin ich im September 1935 mit Unterstützung guter Freunde in die junge Universitätsstadt Nijmegen gegangen. Am 15. November habe ich dort mein Geschäft eröffnet, alles eigenhändig gezimmert. Im Januar 1936 ist in Nijmegen unser Sohn, unser einziges Kind, geboren. Er ist heute Professor der Paläografie in Leiden.

Es gefiel uns von Anfang an sehr gut in Holland. 1938, nach der von den Nazis so genannten „Kristallnacht", haben wir meine Mutter hierher geholt. Die Schwiegereltern – meine Frau ist übrigens Nichtjüdin – und mein Vater waren noch vor der Nazizeit verstorben. Denen ist das alles erspart geblieben.

An den Einfall der deutschen Truppen erinnere ich mich insofern, als unser Sohn, damals war er vier Jahre alt, auf dem Balkon stand und ganz begeistert war über die vielen schönen Autos und Panzer. Im Juni 1940, wenige Wochen nach der Besetzung, wurde ich vom deutschen Sicherheitsdienst im Geschäft verhaftet. Die glaubten, ich hätte konspirative Verbindungen zu dem (damals) berühmten katholischen Pater Muckermann. Das war natürlich Unsinn, aber was ich wirklich hatte, das waren große Posten antifaschistischer Literatur, aus Frankreich vor allem. Das machte nicht unbedingt den allerbesten Eindruck. Kurz, ich wurde noch am selben Tag ins Gefängnis gesteckt. Meine Frau durfte von Zeit zu Zeit kommen, Wäsche abgeben und Obst und solche Sachen, sonst nichts. In diesen sechs Wochen habe ich alle Programmeinleitungen von Friedrich August Wolf aus dem Lateinischen ins Deutsche übersetzt. Abgesehen von gelegentlichen Gedanken, was wohl mit mir passieren würde, wenn man mich nach Deutschland zurückbrächte, hat mich die Gefängniszeit ziemlich kalt gelassen. Gott sei Dank ist auch meine Frau kein zu Panik neigender Mensch. Es gab natürlich unter den deutschen Polizisten auch Rowdies, die einen mit „du Judensau" anbrüllten, aber der Leiter dieser Dienststelle, der mich selbst mehrfach verhörte, war ein ganz vernünftiger Mensch. Ich wurde übrigens aus reinem Zufall entlassen, aus Platzmangel. Es kamen plötzlich unerwartet 36 neue Gefangene, für die nicht genügend Zellen vorhanden waren. So ließ man mich einfach laufen. Der SS-Offizier (auch Assessor), der mich offiziell entließ, gab mir zum Abschied die Hand und sagte: „Herr Kollege, ich hoffe, wir brauchen uns nie wiederzusehen!" So was gab's also auch bei der SS.

Das Weitere ist schnell erzählt. Ich habe mein Antiquariat so bald wie möglich „arisiert", indem ich es pro forma an den Vater meiner einzigen Mitarbeiterin verkaufte. Die junge Dame hat dann das Geschäft zusammen mit meiner Frau weitergeführt. Als Ende April 1942 das Tragen des Judensterns zur Pflicht gemacht wurde, bin ich untergetaucht. Alles was recht ist, aber das wollte ich ja nun doch nicht mitmachen. Durch einen Bekannten bekam ich in der Umgebung von Nijmegen eine Adresse, wo ich zuerst einmal sicher war. Aber nach einiger Zeit stellte sich heraus, daß das so eine Art Widerstandsnest war, wo Waffen versteckt waren und gestohlene Lebensmittelkarten verteilt wurden. Das wurde mir auf die Dauer zu gefährlich, und so bin ich schließlich auf den Boden meines Geschäftshauses gezogen und habe mich da eingerichtet. Abgesehen von zwei oder drei Besuchen bei meiner Familie und von nächtlichen Unternehmungen zum Verkauf politisch brisanter Bücher zugunsten der Illegalität, bin ich nicht mehr draußen gewesen bis zum September 1944, als der südliche Teil von Holland, wozu wir noch gerade gehörten, befreit wurde. Ich habe im Versteck sehr viel gelesen und auch ein kleines Buch geschrieben über drei Persönlichkeiten, die mich besonders interessierten, nämlich Homer, Nietzsche und Friedrich August Wolf. Das Buch erschien in 50 Exemplaren, illegal gedruckt. Im Stil vielleicht ein bißchen hochtrabend, wie Festschriften so eben sind, aber inhaltlich bin ich noch heute zufrieden damit.

Bei der Befreiung hat man mich eigentlich regelrecht aus meinem Geschäftshaus herausgeschossen. Von einer Etage zur anderen. Die Deutschen, die schon aus der Stadt vertrieben waren, feuerten von der gegenüberliegenden Seite des Waals mit Artillerie in die Stadt hinein. Als die erste Granate kam und offensichtlich ein Stück vom Schornstein wegschlug, bin ich mit dem Buch, das ich gerade las, ein Stockwerk tiefer gegangen. Da kam eine zweite Granate, zum Glück ein Blindgänger, die schlug genau dort ein, wo ich eben noch gesessen hatte. Also ging ich hinunter in den Laden. Da schien es mir sicherer. Ich setzte mich hinter eine dicke Wand und las, zusätzlich geschützt durch einen Bücherschrank, weiter in meinem Buch. Die dritte Granate traf die Zentralheizung, und das Wasser strömte mehr oder weniger durchs ganze Haus. Da sagte ich mir: „Jetzt ist es aber genug, nichts wie raus hier!" Und so komisch das vielleicht klingen mag, ich ging mit meiner Aktentasche und dem Finger zwischen den Seiten, die ich gerade las, hinaus auf die leere Straße. Zum ersten Mal wieder als freier Mann. Vier Häuser weiter wohnten Nachbarn, die wir gut kannten. Ich klingelte, man öffnete mir, und jemand sagte: „Mein Gott, wo kommen Sie denn her? Kommen Sie schnell in den Keller, wir feiern gerade Befreiung!" Ich habe einen Schnaps mitgetrunken. Anschließend bin ich nach Hause gegangen, da hing schon ein Zettel an der Tür: „Wir sind im Schutzkeller gegenüber." So hab ich meine Frau, meinen Sohn und meine Mutter wiedergefunden. Das war's. Ich hatte Glück. Aber Glück, das ist immer auch: Zur rechten Zeit das Rechte tun.

Im Jahre 1954 haben wir die holländische Nationalität angenommen. Einen vernünftigen Grund, auf Dauer nach Deutschland zurückzugehen, hatte ich nicht. Holland ist noch immer ein tolerantes Land, in dem es sich sehr gut leben läßt. Wieso hätte ich hier weggehen sollen? Ich war – und bin noch heute – in meinem Beruf als Antiquar sehr zufrieden und voll ausgelastet. Meiner Meinung nach ist es überhaupt ein Irrsinn, dieses Aufhörenmüssen mit 65 Jahren – gerade dann, wenn man genügend Erfahrung gesammelt hat, die weiterzugeben sich lohnt! Im Moment bereiten wir die nächste Versteigerung vor.

Mit jüdischer Religion habe ich mich zeit meines Lebens ebensowenig beschäftigt wie mit der christlichen. Für mich hat jedes Volk seine eigenen Vorzüge und Nachteile – auch das jüdische. Es gibt ja auch jüdische Antisemiten. Also, so etwas zu generalisieren wäre unsinnig. Das alles, das Deutsche, das Holländische und – vielleicht – das Jüdische hat sich im Laufe der Zeit gemischt. Wenn Sie fragen, was ich bin, dann möchte ich antworten: Ich bin ich! Schlicht und ergreifend. Ich habe meine Verantwortung und bleibe niemandem etwas schuldig. Ich bemühe mich, tolerant zu sein und folge meinen moralischen Richtlinien. Ich tue meine Pflicht.

Seit mehr als 60 Jahren beschäftige ich mich mit Georg Christoph Lichtenberg. Ein unerschöpfliches Thema. Wir haben übrigens beide am selben Tag Geburtstag. Kennengelernt habe ich ihn 1926 durch meinen juristischen Repetitor in Göttingen, Otto Deneke. Das war ein Mann, der das 18. Jahrhundert besser kannte als das 20. Ich habe selbst einiges über Lichtenberg geschrieben. Vielleicht darf ich Ihnen zum Abschluß mitgeben, was er über Holland und die Holländer gesagt hat: „In Holland habe ich wenige oder keine Bekanntschaften. Ich liebe die Leute da nicht; die Städte sind vortrefflich, und Sie werden da Einrichtungen sehen, so wie man sie sich träumt. Es ist keine beträchtliche Stadt in Holland, die ich nicht gesehen habe. Ich habe ihre Schiffahrt und ihre Häuser betrachtet, aber ihre Bewohner waren mir, einige Gelehrte ausgenommen, unerträglich. Sie verlieren gar zu viel gegen die Engländer. Wer aus England nach Holland kommt, glaubt aus einer Gesellschaft wohlerzogener Offiziere unter Tamboure und Profosse versetzt zu sein."

Ja, gegenüber den Holländern hatte Lichtenberg eine tiefsitzende Abneigung. An anderer Stelle notierte er: „Ein Fremder muß einen Holländer von niederem Rang allemal als einen Betrüger behandeln, bis er vom Gegenteil überzeugt wird, es ist oft die Schuld eines solchen Individuums nicht, aber zum Unglück heißt in Holland dasjenige öfters erlaubter Profit, was alle übrige Christliche Nationen Beutelschneiderey und Betrügerey heissen, hierin liegt der Fehler. Ein Fremder, der durch Holland reisst, ohne wenigstens 6 mal betrogen zu werden muss selbst längst ein Betrüger gewesen sein."

Soweit Lichtenberg. Nach mehr als 50 Jahren hier in Holland kann ich Ihnen hoffentlich glaubwürdig versichern, daß er in diesem Punkte erheblich übers Ziel hinausgeschossen ist. Zumindest, was die Holländer betrifft, da hat er sich doch geirrt, mein Lichtenberg!

Paul K.

Ein Göring-Witz

Paul K. (1941)

1937, da bin ich mal im Kino gewesen und hab einen dummen Witz gemacht über Göring. Das hat einer gehört, hat mich angezeigt, und am nächsten Tag kam die Gestapo. Die haben mich direkt vom Richtertisch weggeholt ins Gefängnis, das war ja ein und derselbe Komplex. Da hab ich dann sechs Monate Gefängnis abgesessen wegen Vergehens gegen das Heimtückegesetz, und als ich entlassen wurde, kam die Gestapo wieder und hat mich nach Buchenwald gebracht ... Der Witz ging so: Der Göring hat damals den italienischen Außenminister Graf Ciano empfangen und hatte aus diesem Anlaß eine besonders schöne weiße Uniform angezogen. Als ich das in der Wochenschau gesehen hab, hab ich zu meinem Nebenmann gesagt: „Wie eine Fleischerjacke!“ Das war's. Das hätte mich fast Kopf und Kragen gekostet. Das hat mich dann aber letzten Endes auch hierher nach Holland gebracht.

Ich komme nämlich aus Oberschlesien. Bin am Heiligabend 1904 in Beuthen geboren, Vater war dort Direktor einer Aktiengesellschaft. Also wohlhabendes jüdisches Bürgertum. Völlig assimiliert. Vater, Jahrgang 1878, war im Nebenamt Vorsitzender der jüdischen Gemeinde in Beuthen, die sicherlich 2.000 Mitglieder zählte. Bei den Großeltern war das jüdische Bewußtsein noch verhältnismäßig ausgeprägt gewesen, bei den Eltern wurde es schon weniger, und bei uns Kindern, ich hatte einen Bruder und eine Schwester, war überhaupt nichts mehr davon da. Ich bin zwar 1917 noch Bar Mizwa geworden, aber ich habe mich später nie mehr ernsthaft mit religiösen Fragen beschäftigt. Die jüdischen Feiertage haben wir gefeiert, sehr oberflächlich, was das Geistige anging, aber sehr intensiv, was das Essen betraf. Alles, was gut schmeckte, wurde an diesen Tagen gegessen. Jüdischen Religionsunterricht hatten wir beim Rabbiner, und wenn der mal krank war, was ab und zu vorkam, sprang einer der Jesuitenpatres ein. Der hat dann den jüdischen Unterricht einfach mit übernommen.

Ich war seit 1914 auf dem Gymnasium und habe die Klassen ohne große Schwierigkeiten bis zum Abitur durchlaufen. Dann begann ich Jura zu studieren. Nach sechs oder sieben Semestern in Freiburg, Würzburg und, zum Schluß, in Breslau habe ich 1927 meinen Referendar gemacht. Darauf bin ich erst einmal zur weiteren Ausbildung nach Beuthen zurückgegangen. Dann folgte 1929 Berlin mit der Ausbildung beim Anwalt und dem obligatorischen Kammergericht. In Berlin hab ich gearbeitet und mich ein bißchen amüsiert. Vom Nationalsozialismus – Politik interessierte mich kaum – habe ich damals praktisch nichts mitbekommen. Im Juli 1931 kam schließlich das Assessorexamen, das ich mit einem Prädikat abschloß, und die Promotion. Anschließend bin ich an das Landgericht in Beuthen zurückgekehrt. Ich wohnte bei den Eltern, hatte eine kommissarische Beschäftigung und wartete darauf, als Amtsgerichtsrat fest angestellt zu werden. Ich wollte Richter werden, Recht sprechen. Die Vorfahren meiner Großmutter waren deutsche Beamte gewesen, Großvater ebenfalls. Das strebte ich auch an.

Oberschlesien war 1921 auf Grund einer Abstimmung zwischen Deutschland und Polen geteilt worden. Wir wohnten nicht nur im deutschen Teil, sondern fühlten auch vollkommen deutsch. Beuthen war damals schon eine Großstadt mit sicherlich 100.000 Einwohnern und viel Industrie. Furchtbar dreckig. Gerade unter den Bergarbeitern herrschte entsetzliches Elend. Nach der Abstimmungszeit kam eine Besatzungsmacht, bestehend aus Italienern, Engländern und Franzosen, die hat die Deutschen und Polen auseinander gehalten. Sie waren wie Streithähne. Später harmonisierte sich das alles. Meine Schwester heiratete sogar einen jüdisch-polnischen Rechtsanwalt, Dr. Freundlich, und übersiedelte nach Kattowitz, das jenseits der Grenze in Polen lag. Vater, der zu Beginn des Ersten Weltkrieges ein begeisterter Anhänger der Okkupationsideen gewesen war, wählte in der Weimarer Zeit die Deutsche Demokratische Partei. Ich wollte etwas Besonderes sein und hab den Sozialdemokraten meine Stimme gegeben, während mein jüngerer Bruder, um sich von mir abzusetzen, für die Kommunisten votierte. Na ja, und Mutter wußte von nichts, die hat getan, was Vater sagte.

Wenn alles normal verlaufen wäre, hätte ich 1933 eine feste Anstellung bekommen. Aber dann kamen die Nazis, und ich konnte alle Hoffnungen fahren lassen. Aufgrund eines internationalen Rechtsabkommens, das speziell für Oberschlesien galt, wurde ich zwar nicht direkt schon im April als jüdischer Beamter vom Dienst suspendiert, doch die richteten das so ein, daß sie mir keine Arbeit mehr gaben. Und weil ich kaum beschäftigt war, bekam ich ein lächerlich geringes Gehalt, so daß ich auf Vaters Tasche lag. Das ging so, bis ich 1937 verhaftet wurde. Es ist im nachhinein eigentlich merkwürdig, daß man nicht daran gedacht hat, rechtzeitig zu emigrieren. Das ist ein großer Fehler, den wir alle gemacht haben. Denn als wir dann so weit waren, waren die Pässe eingezogen und die Konten gesperrt. Zu spät.

Im Gefängnis bin ich eigentlich sehr anständig behandelt worden. Ich mußte Federn lesen (ja, so was gab's) und bekam regelmäßig Besuch von meinem Anwalt. Aber Buchenwald – da kam ich als „vorbestrafter" Jude hin – war schrecklich. Schon die Fahrt im Viehwaggon. Und als wir dann auf dem sogenannten Bahnhof ankamen, stürzte plötzlich eine Unzahl von SS-Leuten mit Knüppeln vor, die brüllten: „Raus, raus, ihr Judenhunde!" und schlugen wahllos auf uns ein. Bis wir im Lager waren. Unterwegs habe ich mehrere schwere Schläge abbekommen, die haben ein Beinleiden verursacht, das mir heute noch Schmerzen bereitet. Ich bin sechs Monate in Buchenwald gewesen. Von März bis August 1938. Es war damals offensichtlich noch nicht so schlimm wie später im Krieg. Wir hatten täglich ungefähr 30 Tote. Die Leute wurden nicht systematisch ermordet, sondern mehr individuell. Den einen hat man totgeschossen, den anderen in den elektrischen Draht gejagt. Es gab auch welche, die vor Erschöpfung starben oder die nicht mehr weiterleben wollten. Die Aufseher waren Sadisten, Abschaum aus der Gosse. Das jüdische Kommando, dem ich zugeteilt war, bestand nicht gerade aus Kolossen und Muskelprotzen, es waren doch mehr zarte Leute, Intellektuelle. Wir mußten diese entsetzlich schweren Bäume schleppen. Um das überhaupt durchhalten zu können, hatten wir so kleine Säckchen, die mit Stroh gefüllt waren oder mit Holzspänen, die legten wir uns als Polster auf die Schulter. Auf diesen Säckchen haben wir abends geschlafen. Das waren unsere Kissen. Eine Decke hatten wir nicht. Wir schliefen nicht in Baracken, sondern in einem ehemaligen Schafstall. Auf der nackten

Erde. Trotzdem . . . Ich war noch ein junger Bursche und ziemlich optimistisch, das Lager heil zu verlassen. Es gab so viele ältere Leute, die verzweifelt waren und nicht mehr weiter wußten.

Inzwischen hatten sich Vater und mein Freund Kamm, der auch Jurist war, darum gekümmert, daß endlich die Einreiseerlaubnis aus Holland kam. Denn wir wurden nur so lange im Konzentrationslager festgehalten, bis wir ein Land vorweisen konnten, das bereit war, uns aufzunehmen. Als diese Papiere eintrafen, sind sie damit sofort zur Gestapo in Beuthen gegangen, und kurze Zeit später war ich frei. Von Buchenwald aus bin ich erst noch einmal nach Hause und von dort nach Berlin gefahren, wo mein Bruder wohnte. Er war Studienreferendar gewesen und wartete ebenfalls auf eine Möglichkeit, Deutschland zu verlassen. Im September 1938 erhielten wir die Nachricht, daß unsere Mutter sich das Leben genommen hatte. Sie war damals 57 Jahre alt, fünf Jahre jünger als Vater. Wir konnten noch an ihrer Beerdigung in Beuthen teilnehmen. Bis zur Abfahrt mußte ich mich täglich bei der Gestapo melden. Als es dann endlich soweit war, zwei Wochen nach Mutters Tod, hat mein Bruder mich in Berlin zum Zug gebracht und verabschiedet. So bin ich nach Holland gekommen. Ende September 1938. Kaum sechs Wochen später, am 9. November, ist ein SS-Kommando in unser Haus eingedrungen, in dem Vater jetzt alleine wohnte, und hat die gesamte Einrichtung kurz und klein geschlagen. Er selbst wurde verhaftet und kam jetzt seinerseits nach Buchenwald . . .

In Holland schickte mich das Jüdische Flüchtlingskomitee sofort in das Werkdorp Wieringermeer. Dorthin habe ich so bald wie möglich meinen Bruder aus Berlin nachkommen lassen; er ist dann noch kurz vor dem deutschen Überfall auf Holland nach den Philippinen ausgewandert. Ich bin in Wieringen geblieben bis zur Räumung im März 1941. Es war eine Art freiwilliges Arbeitslager für junge Juden aus Deutschland und Österreich, die eigentlich nach Palästina oder anderswohin weiterziehen wollten und dort vom deutschen Überfall überrascht wurden. Wir hatten alle einen starken Idealismus, der bei den einen mehr zionistisch, bei den anderen mehr links ausgerichtet war. Im übrigen wurde fast nur deutsch gesprochen dort. Ich bin in Wieringen vom Juristen zum Melker geworden. Ich kann Ihnen sagen, das ist eine Arbeit! Da spürt man seine Hände und Arme! So weh tut das dann. Alles mußte doch noch mit der Hand gemacht werden. Und die anderen waren fast ausnahmslos viel jünger als ich. Aber ich wollte es denen nachtun, hab mir die größte Mühe gegeben, meine Arbeit gut zu machen. Als die Deutschen dann kamen, begann sofort wieder die Angst. Wir hatten ja unsere Erfahrungen schon hinter uns. Der Versuch, die Lagerbibliothek von linker Literatur zu „reinigen", hat dann auch nicht mehr geholfen. Eines Tages im März 1941 war es so weit, Wieringen wurde geräumt. Ich sehe sie noch vor mir, Lages, Barbie und Aus der Fünten, diese SS-Kerle, wie sie mit den Reitpeitschen unterm Arm aus ihren Wagen stiegen. Ja, Barbie war auch dabei. „Einpacken!" hieß es, „In zehn Minuten abmarschbereit!" Wir wurden in Bussen nach Amsterdam gebracht und dort auf die jüdische Gemeinde verteilt. So viele von uns sind dann später nach Mauthausen geschickt und dort ermordet worden. Von denen ist keiner zurückgekommen. Nachträglich hab ich erfahren, daß die SS ein Alterslimit gesetzt hatte, das ich zufälligerweise um zwei oder drei Monate überschritt. Sonst wäre ich dort auch umgekommen.

So saß ich plötzlich bei wildfremden Menschen in Amsterdam. Damals war ich zum ersten Mal gezwungen, Holländisch zu sprechen. Als der Jüdische Rat wenig später ein Auswanderungskomitee bildete und man hierfür juristisch versierte Mitarbeiter suchte, habe ich da eine kleine Stelle bekommen. Ich konnte mir sogar ein möbliertes Zimmerchen leisten. Irgendwann ist mir dann aufgegangen, daß immer mehr Juden in den Osten geschickt wurden. Da hab ich versucht, Näheres zu erfahren. Ein deutscher Bekannter hat mich nur gefragt: „Kennst Du nicht den Plural von Turm?" – „Türme!" Das war's. Ich habe mich sofort umgesehen nach Holländern, die unter Umständen bereit waren, mir und meiner damaligen Freundin, sie war auch Jüdin, zu helfen. Und mit einigem Glück haben wir tatsächlich ein altes Ehepaar gefunden, der Mann war Hafenarbeiter gewesen und die Frau Mitglied der Heilsarmee. Sie wohnten am Bonaireplein in Amsterdam-West. Hier waren wir untergetaucht. Von September 1942 bis zum April 1945, also mehr als zweieinhalb Jahre!

Bevor wir zu ihnen zogen, hatte ich sie noch gewarnt und gesagt: „Ich mache sie darauf aufmerksam, es wird nicht so bleiben, wie es heute ist. Die Deutschen werden furchtbar vorgehen gegen die Holländer, die jetzt den Juden helfen!" Da hat sie nur erwidert: „Ach was. Ich bin 70 Jahre alt, was kann mir noch passieren." So haben die gedacht. Die alten Leute waren so gütig, die haben uns durch den Krieg gebracht. Nur ihre Kinder wußten, wer bei den Eltern logierte. Eine der Töchter hat uns die Haare geschnitten, eine andere brachte gelegentlich ein paar Lebensmittel vorbei, etwas Reis oder Kartoffeln, die sie entbehren konnten. Noch heute hab ich da so ein tiefes Gefühl von Dankbarkeit. Lebensmittel und Geld von der Illegalität bekamen wir eigentlich erst, als der Hungerwinter begann. Der Hunger im Westen des Landes war beinahe so schlimm wie damals in Buchenwald. Also wir haben wirklich von Zuckerrüben und Tulpenzwiebeln gelebt und die Hungerödeme im April/Mai 1945 mit kanadischen Keksen behandelt, die die Alliierten abwarfen, um die Leute vor dem Verhungern zu retten. Da liefen die Menschen mit kleinen Kissenbezügen durch die Straßen, in denen sie all das sammelten, was vom Himmel gefallen war. Dann kam die Befreiung.

Es sollte noch einige Zeit dauern, bis ich erfuhr, was aus meinen Angehörigen geworden war: Vater hatte man nach ein oder zwei Monaten aus Buchenwald entlassen. Er ist dann über die Grenze nach Polen geflüchtet und konnte mit Hilfe polnischer Freunde über Danzig mit dem Schiff nach England entkommen. In London ist er nach dem Krieg gestorben. Meine Schwester ist, als die Deutschen Polen überfielen, mit ihrem Mann und ihrer kleinen Tochter aus Kattowitz nach Osten geflüchtet. Der Krieg hatte sie mitten im Urlaub überrascht, und sie trugen nichts bei sich als ihre dünnen Sommersachen. Bei Lemberg wurden sie von den Polen als spionageverdächtige Deutsche verhaftet und später, nach dem Einmarsch der Russen, zusammen mit anderen Verdächtigen nach Ostsibirien gebracht, ein paar hundert Kilometer entfernt von Jakutsk. Da haben sie zwei oder drei Jahre lang unter furchtbaren Umständen leben müssen, bis der polnische General Anders die Erlaubnis erhielt, in der Sowjetunion eine nationalpolnische Brigade zu bilden. Dieser Einheit schloß sich mein Schwager als Reserveoffizier an. Über große Umwege durch die UdSSR und Persien gelangte dieses Korps als Teil der englischen Besatzungsmacht schließlich nach Palästina. Bevor 1948 der Staat Israel gegründet wurde und die Engländer abzogen, ließ er sich demobilisieren und ging mit seiner Familie, die diese ganze Odyssee mitgemacht hatten, nach London. Er ist 1967 gestorben. Meine Schwester und meine Nichte leben heute noch dort. Ja, und mein Bruder, das ist eine tragische Geschichte. Er ist am 13. Februar 1945, dem letzten Kriegstag auf den Philippinen, als Zivilist in ein amerikanisch-japanisches Feuergefecht geraten und dabei ums Leben gekommen.

Nachdem der Krieg aus war, habe ich zuerst für die VDSA, die „Vereinigung deutscher und staatenloser Antifaschisten“ gearbeitet, die in Amsterdam ein großes Büro eröffnet hatte, das dann bald wegen mangelnden Mitgliederinteresses wieder geschlossen werden mußte. Während dieser Zeit habe ich meine Frau kennengelernt, die in Hengelo wohnte. Auch sie war Jüdin, 15 Jahre jünger als ich, und stammte aus Salza bei Nordhausen. Ihr Vater hatte hier nach der Flucht aus Deutschland eine chemische Fabrik eröffnet, in die ich nach unserer Heirat im Oktober 1947 als Sozius eintrat. 1949 wurde unsere erste Tochter geboren und 1958 die zweite, die heute in den Vereinigten Staaten lebt. Ich war 43, als wir heirateten, also schon verhältnismäßig alt. Man bekommt all die gestohlenen Jahre ja nicht zurück. Seit meine Frau vor 14 Jahren starb, lebe ich allein.

Im Jahre 1952 wurde ich hier in Holland naturalisiert, nachdem mir 14 Jahre zuvor die deutsche Staatsbürgerschaft aberkannt worden war. Mir wurde im Laufe der Zeit klar, daß die kaufmännische Leitung einer Fabrik auf Dauer doch kein vollwertiger Ersatz war für meinen eigentlichen Beruf als Jurist. Noch heute habe ich das Schreiben, mit dem mich der Reichsjustizminister seinerzeit als deutschen Beamten entlassen hat. Nachdem diese Entlassung im Zuge der Wiedergutmachung revidiert worden war und man mich rückwirkend sogar zum Oberlandesgerichtsrat a. D. gemacht hatte, beschloß ich, mich als deutscher Rechtsanwalt in Gronau niederzulassen, wenige Kilometer von hier entfernt. 25 Jahre lang bin ich jeden zweiten Tag zwischen Hengelo und Gronau hin- und hergependelt. Ich spezialisierte mich auf Wiedergutmachungsfragen. Das war damals, in den fünfziger Jahren, eine große Aufgabe. Hier haben so viele ehemals deutsche Juden gelebt, die alle irgend ein Recht auf Entschädigung hatten. Aber wenn sie zu einem holländischen Rechtsanwalt gingen, hieß das meist: „Ach, bester Mann, ich weiß auch nicht, gehen Sie doch zu einem deutschen Kollegen." Denn es war eine recht schwierige Materie. Und der deutsche Anwalt hat dann gesagt: „Das allerbeste ist, Sie wenden sich an einen jüdischen Kollegen." Und da war ich in diesem großen Bezirk der östlichen Niederlande und Westfalens der einzige. Ich habe alle diese Schicksale damals kennengelernt. Vor drei Jahren, als ich 80 wurde, hab ich's langsam auslaufen lassen.

Einmal habe ich ernsthaft überlegt, ein sehr interessantes Angebot anzunehmen und in eine jüdische Anwaltskanzlei in Frankfurt einzutreten. Ich weiß, daß meine Frau nur widerwillig mitgekommen wäre, und heute bin ich froh, daß ich es nicht getan habe. Ich glaube, daß es eine gute Entscheidung war hierzubleiben. Aber ein starkes Interesse an deutscher Kultur und Politik habe ich nach wie vor. Tucholsky, Kästner,

Kerr, von Ossietzky, das sind meine Leute. Die „Weltbühne“ ist meine Bibel. Das bleibt.

Sehen Sie, ich habe mich in all den Jahren als Anwalt immer wieder mit dem Nationalsozialismus und seinen Opfern beschäftigen müssen. Ich wache keinen Morgen auf, ohne daran zu denken, und ich schlafe keinen Abend ein, ohne daran zu denken. Ich habe immer diese furchtbaren Bilder vor Augen, dieses unvorstellbare Leid.

Moritz W.

Irrfahrten durch Frankreich

Moritz und Friederike W. (1935)

Es muß im Jahre 1938 gewesen sein, da hab ich während einer Geschäftsreise in Polen meine Großmutter besucht. Ich wollte einfach wissen, wo meine Vorfahren herkamen, wo unsere Wurzeln waren. Der Ort, in dem Großmutter lebte, war klein, und sein Name sagte mir nichts. Als ich wieder zurück war, in Holland, da hab ich gesagt: „Ich bin den Eltern dankbar, daß sie dort weggegangen sind." Ich konnte damals nicht wissen, daß man sie alle, die ganze Familie, eines Tages dorthin zurückbringen würde, wo wir herkamen – nach Oświęcim – auf deutsch: Auschwitz.

Meine Eltern waren gläubige polnische Juden. Sie sind schon vor der Jahrhundertwende nach Deutschland emigriert, aber haben in Köln, wo ich 1904 geboren wurde, genau so weitergelebt wie früher im Ghetto. Bei uns zu Hause wurde anfangs nur jiddisch gesprochen. Vater konnte zwar Hebräisch schreiben und lesen, aber für die Deutschen war er ein Analphabet. Wir Kinder – ich hatte sechs Geschwister – mußten ihm aus der Zeitung vorlesen und die Korrespondenz erledigen. Später haben wir ausschließlich deutsch gesprochen, damit auch die Eltern die Sprache lernen. Sie haben sich erst im Laufe der Zeit ein wenig akklimatisiert. Vater war von Beruf Schneider und handelte mit Altkleidern. Er hätte es gerne gesehen, daß ich nach dem Abitur Jura studiere, aber nachdem er in den Inflationsjahren sein Erspartes verloren hatte, hab ich mich geweigert und bin Kaufmann geworden. In der Metallbranche. Ich hab von der Pieke aufgelernt und hab mich langsam hochgearbeitet. Das war in den berühmten zwanziger Jahren. Und dann kam ja schon bald Hitler. Beim Boykott, am 1. April 1933, ließen die Nazis zum ersten Mal ihre Muskeln spielen. Überall in Köln zerschlagene Glasscheiben der jüdischen Geschäfte und eine Polizei, die den Plünderern zuschaute, ohne einzugreifen. Als ich das sah, bekam ich Angst, und ich hab bei mir gedacht, wenn ein Volk hierzu imstande ist, kann es eigentlich nur noch schlimmer werden. Vielleicht sind die polnischen Juden in dieser Hinsicht besonders sensibel, denn wir kannten die Pogrome ja ...

Damals hatte ich bereits in Köln meine spätere Frau kennengelernt. Sie war acht Jahre jünger als ich und stammte aus einer angesehenen jüdischen Familie in Aurich, Ostfriesland. Ihre Eltern hatten dort ein Möbelgeschäft und eine kleine Fabrik. Kurz und gut, direkt nach dem Boykott bin ich nach Aurich gefahren, und ein paar Tage später hat mich einer der Bekannten dort über die grüne Grenze nach Holland gebracht. Von Groningen aus bin ich mit dem Zug nach Amsterdam. Da kannte ich natürlich niemanden, aber das „Flüchtlingskomitee für Deutsche Juden" hat mir ein Zimmer besorgt. Durch die Vermittlung von entfernten Verwandten der Familie in Aurich, die schon länger in den Niederlanden lebten, bekam ich sogar Arbeit. Ganz legal, denn Spezialisten waren damals in meinem Fach Mangelware. So bin ich nach Middelburg in Zeeland gekommen, und die kleine jüdische Gemeinde dort hat mich mit offenen Armen aufgenommen. Auch sonst hab ich mich gleich recht wohlgefühlt. Die calvinistischen Zeeländer haben immer andere Glaubensauffassungen toleriert und nie versucht, die Juden zu bekehren. Später im Krieg konnten dort auch viele von uns untertauchen.

Nachdem ich mich einigermaßen eingelebt hatte, kam meine Verlobte nach. Sie war zuerst Hausgehilfin und Gesellschaftsdame bei einem Neffen ihres Vaters in Scheveningen. Als wir dann heiraten wollten, gab uns das zuständige Gericht keine Erlaubnis, weil meine deutschen Papiere nicht in Ordnung waren (ich war ja durch die Eltern noch polnischer Staatsbürger!). Da sind wir zu Freunden nach Brüssel gegangen, und zwei Monate später haben wir dort standesamtlich geheiratet. Die Belgier nahmen das nicht so genau. Unsere Chuppah, die jüdische Hochzeit, folgte einen Monat später, am 16. Februar 1936, in Middelburg. Da ist dann auch unser erstes Kind geboren, ein Junge. Nach der „Kristallnacht" haben wir meine Eltern aus Köln und die Mutter meiner

Frau in die Niederlande geholt. Die Eltern zogen nach Amsterdam. Meine Schwiegermutter wohnte bei uns. Mein Schwiegervater war bereits vor dem Krieg gestorben – an den Spätfolgen einer Krankheit, die er sich als deutscher Soldat im Ersten Weltkrieg zugezogen hatte.

Am 10. Mai 1940, als die „Moffen" uns überfielen, bin ich, wie jeden Morgen, ins Geschäft gegangen. Auf dem Weg dorthin wurde ich von einer holländischen Patrouille angehalten und nach der Parole gefragt. Die lautete damals „Scheveningen", ein Wort, das kaum ein Deutscher richtig aussprechen kann. Da hat mir die Streife auf den Kopf zugesagt: „Sie sind Deutscher." Ich antwortete: „Ja, deutscher Jude." Aber das interessierte die natürlich nicht. Sie haben mich mitgenommen zur Polizeiwache, wo ich mit all den Nazis, die dort schon saßen, zusammengesperrt wurde. Ein Polizeioffizier, der mich kannte, hat mich schließlich nach Hause geschickt. Ich hatte Angst. Ich kannte die holländischen Soldaten und ich kannte die deutschen. Ich wußte, daß die „waterlinie" nicht zu halten war. Wir mußten weg! Über verschiedene Bekannte bekamen wir ein amtliches Papier, ausgestellt vom niederländischen Generalstab, dessen Hauptquartier in Middelburg war. Darauf stand ungefähr folgendes: „Alle Dienststellen und Armee-Einheiten werden ersucht, den Inhabern dieses Dokuments – deutschen Juden – behilflich zu sein und ihnen freies Geleit zu geben." Wir sind sofort aufgebrochen, meine Frau mit dem Kleinen, meine Schwiegermutter und ich. Sogar das Essen – es gab Spinat, ich sehe es noch vor mir – haben wir auf dem Tisch stehen lassen.

Das Geleitpapier wirkte tatsächlich Wunder. Eine niederländische Einheit brachte uns, zusammen mit einem zweiten deutsch-jüdischen Paar, das in der Nachbarschaft wohnte, auf Lastwagen nach Vlissingen. Von dort sind wir mit der Fähre nach Breskens 'rübergefahren. Als wir schließlich an die Grenze kamen, hat uns auch das belgische Militär weitergeholfen. Unser Ziel war Frankreich, denn wir dachten, daß die Deutschen die Maginot-Linie nicht so schnell durchbrechen würden. Inzwischen hatten die Belgier aber schon die Waffen niedergelegt. Wie sollten wir jetzt weiterkommen? Da hat unser deutscher Mitflüchtling, der etwas Gold hatte mitnehmen können, ein klappriges Auto gekauft. Mit diesem kleinen Renault sind wir dann weitergefahren. Ohne Nummernschilder. Sechs Erwachsene und zwei Kinder. Gepäck hatten wir ja kaum. Mitten zwischen den geschlagenen belgischen Einheiten, die sich über Diksmuiden zurückzogen. Wie durch ein Wunder wurden wir nicht bombardiert. So kamen wir nach Frankreich. Abends habe ich unseren Kleinen auf den Arm genommen und hab einfach an den Türen von großen Villen geklingelt. Wenn die Menschen hörten, daß wir vor den Deutschen aus Holland geflüchtet waren, wurden wir überall aufgenommen, bekamen ein Bett und etwas zu essen. Auf diese Weise haben wir uns durchgeschlagen bis Cognac, ziemlich im Süden. Dort haben wir uns von unseren Nachbarn getrennt, die an die Riviera wollten. Meine Schwiegermutter hatte nämlich Verwandte in Toulouse, da versuchten wir hinzukommen. Inzwischen hatten auch die französischen Streitkräfte kapituliert. Es war wie ein böser Traum.

Überall Aufrufe, daß Ausländer sich bei der Polizei melden sollten. Wir bekamen es mit der Angst, daß sie uns für eine Art „fünfte Kolonne" halten und uns arrestieren könnten. Aber Gott sei Dank hat die Gendarmerie auf unser holländisches Geleitpapier noch einmal das rettende „libre" gestempelt. So kamen wir tatsächlich mit dem Zug nach Toulouse. Da mußten wir uns erneut melden, und nun half nichts mehr: Ich wurde interniert. In St. Cyprien an der spanischen Grenze. Meine Frau, meine Schwiegermutter und unser Sohn durften in Toulouse bleiben. Das Lager war schrecklich. Keine Betten, kaum sanitäre Einrichtungen, nichts. Die Festgenommenen starben wie die Fliegen. Und ich wollte leben! Weil ich wußte, daß mit den Wachmännern zu reden war, hab ich meiner Frau gesagt, sie soll mir beim nächsten Besuch 50 Francs mitbringen. Das Geld hab ich einem der französischen Aufseher gegeben, und der hat mich tatsächlich laufengelassen. Bei Nacht und Nebel. Zurück in Toulouse, bekamen wir von der Präfektur einen Aufenthaltsort angewiesen, residence assignée nannten die Franzosen das. Wir mußten an die spanische Grenze nach Aspèt. Da haben wir uns gemeldet als holländische Flüchtlinge und hatten unsere Ruhe.

Nach ungefähr einem Jahr wurden alle Juden aus Baden nach Vichy-Frankreich deportiert und interniert. Wir wohnten ganz in der Nähe eines Heimes, wo ihre Kinder untergebracht wurden. Der Leiter, ein Franzose, sprach natürlich kein Deutsch, und die Kinder sprachen natürlich kein Französisch. Ein babylonisches Durcheinander. Da ist dieser Franzose, der uns kannte, zu uns gekommen und hat gefragt, ob wir uns nicht mit den Kindern beschäftigen wollten. Das haben wir gerne getan, denn sonst gab es für uns ja doch nichts zu tun, und die Mädchen und Jungen hatten dasselbe Schicksal wie wir, nicht wahr? Später haben sich die Quäker dieser Kinder angenommen, eine amerikanische Organisation.

Die fragten mich, ob ich etwa Geld für meine Arbeit haben wollte. Ich antwortete, nein, das wäre nicht nötig, weil wir schon Geld bekämen aus Amerika von meinem Bruder und meiner Schwester. Wir bräuchten aber Lebensmittel . . . Und die bekamen wir auch, von den Quäkern und den französischen Bauern, die sehr nett zu uns waren. Das war 1941, 42.

Als die Alliierten dann in Afrika landeten, ließ die Petain-Regierung alle ausländischen Juden im unbesetzten Gebiet internieren. „Radio Oranje", der Londoner Sender der holländischen Exilregierung, hatte einen Tag zuvor eine Warnung durchgegeben, aber die hatten wir nicht gehört. Nachts um drei Uhr wurde an unsere Tür gehämmert: „Anziehen und mitkommen!" Alle, die ganze Familie. Sie brachten uns in ein neues Lager. In Noé. Nach einiger Zeit kam eine Delegation der Quäker, zu denen habe ich gesagt: „Hört zu, dort sind die Kinder, ganz allein, und wir sind hier." Da haben die mir in die Hand versprochen: „Sie brauchen keine Angst zu haben, Ihnen passiert nichts. Sie kommen frei!" Aber während wir in diesem Lager waren, begannen auch dort die Deportationen. Viele ahnten wohl, was sie erwartete und verübten Selbstmord. Am Abend vor dem Transport wurden die Namen verlesen, die Aufgerufenen mußten sich melden, und dann kamen die Güterzüge. So haben wir uns eines Tages auch von der Mutter meiner Frau trennen müssen. Sie ist nicht wiedergekommen.

Aber was uns betrifft: Die Quäker hielten tatsächlich Wort. Wir konnten wenig später das Lager verlassen und in unsere Wohnung zurückkehren. Ein halbes Jahr später kam der Befehl, uns in einem anderen Ort zu melden. Aber da haben wir gesagt: „Jetzt oder nie! Wir müssen versuchen, in die Schweiz zu kommen." Vorher hatten wir einmal irgendwo gehört, daß die Schweiz Familien aufnahm, die Nachwuchs erwarteten. Sonst ließen die Schweizer ja nur alte Leute über 60 und Familien mit Kindern unter fünf Jahren ins Land. Und natürlich Leute, die genug Geld hatten. Obgleich wir eigentlich kein zweites Kind haben wollten, dachten wir doch: „Vielleicht hilft's". Von der französischen Untergrundbewegung, dem „Maquis", hatten wir inzwischen durch Beziehungen falsche Papiere bekommen. Um unseren deutschen Akzent zu erklären, hatten sie uns zu Elsässern gemacht. Wir waren zusammen mit einem befreundeten Ehepaar, das ebenfalls in die Schweiz wollte. In unserem neuen Zwangsaufenthalt bekamen wir von der Gendarmerie ein „laissez passer", um mit unseren Frauen zu einem Gynäkologen zur Untersuchung zu gehen. Auf der Bahnfahrt nach Toulouse wurden wir zwar kontrolliert, aber dank unserer Sondergenehmigung passierte nichts. Von Toulouse schickte uns der Widerstand nach Lyon. Wir hatten meinen Neffen bei uns, den vierjährigen Jungen von meiner Schwester und meinem Schwager, die beide – getrennt voneinander – interniert waren. Den Kleinen haben wir an unsere Freunde abgetreten, die selbst keine Kinder hatten. Er wurde als leiblicher Sohn in ihre gefälschten Papiere eingetragen und mußte lernen, seine neuen „Eltern" auch als „Papa" und „Mama" anzureden. So kamen wir, zwei Ehepaare mit Kind, in Lyon an. Das war am 2. Weihnachtstag 1942. Wären wir einen einzigen Tag früher gefahren, wären wir alle verhaftet worden. Da wurde nämlich der Zug durchsucht und alle Juden herausgeholt. Schicksal? Glück?

Am darauffolgenden Tag fuhren wir mit einem Bus Richtung Schweizer Grenze. Die Männer in schwarzen Anzügen und die Frauen in schwarzen Kleidern, denn für den Fall einer Kontrolle sollten wir sagen, daß wir zu einer Beerdigung müßten. Ein Führer brachte uns bis zur Grenze, die mitten durch einen kleinen Bach verlief. Die Kinder hat er eigenhändig hinübergetragen. Dann zog er ein Blatt Papier aus der Tasche, riß es in der Mitte durch und sagte: „Die eine Hälfte behalte ich, die andere nehmen Sie. Wenn Sie gut angekommen sind, schicken Sie sie mir zurück, dann weiß ich, daß alles in Ordnung ist." Denn: Wir waren jetzt zwar in der Schweiz, aber noch lange nicht in Sicherheit. Kurze Zeit später wurden wir von einer Militärpatrouille angehalten, die uns alle festnahm. Wir wurden in ein Zimmer eingesperrt und kurz verhört. Daraufhin wollte man uns und unseren Sohn zurück nach Frankreich schikken, zurück in den sicheren Tod! Meine Frau begann furchtbar zu weinen, und ich bin nach einer halben Stunde oder so zu dem Wachposten gegangen und hab zu ihm gesagt: „So. Seit wann schicken denn die Schweizer schwangere Frauen in den Tod? Schöne Humanität!" Da hat er dann doch noch einmal den Polizeioffizier zurückgeholt. Der Offizier, der alles wohl für eine Notlüge gehalten hatte, befahl daraufhin, meine Frau von einem Schweizer Arzt untersuchen zu lassen und drohte: „Wenn sie nicht schwanger ist, schicken wir Sie auf der Stelle zurück!" Was wir nicht wußten, war die Einschränkung, daß diese Schwangerschaftsregelung nur für Frauen galt, die mindestens im fünften Monat waren. Und sie war doch erst im vierten! Als der Arzt sie nach der Schwangerschaft fragte, sagte sie die Wahrheit. Da meinte er: „Sie täuschen sich, Sie sind im fünften Monat." Sie widersprach noch einmal, aber der Arzt schnitt ihr einfach das Wort ab: „Und wenn ich Ihnen sage, daß Sie im fünften Monat sind, sind Sie auch im fünften Monat!“ Und das hat er auch amtlich gemacht. Erst da waren wir wirklich gerettet.

Wir kamen zuerst in ein Internierungslager bei Genf, und dann sorgte das niederländische Konsulat dafür, daß meine Frau und unser Junge in einer Pension einquartiert wurden. Aber das ist wieder eine neue Geschichte, denn wir waren ja staatenlos und hatten eigentlich überhaupt kein Recht auf die holländischen Pässe, die wir von einem schwedischen Konsul in Frankreich bekommen hatten (Schweden vertrat während des Krieges in Frankreich die niederländischen Interessen). Meine Frau saß also zwei Tag lang in einer Privatpension und ist dann zum holländischen Konsul gegangen, um ihm die Wahrheit zu sagen. Die anderen Flüchtlinge hielten sie für verrückt, aber sie wollte nicht mit dieser Lüge leben. Also ist sie dort hingegangen. Und der Konsul, Herr van Elst, hat sich die ganze Geschichte angehört und zu ihr gesagt: „Sie sind die einzige von den Hunderten, die freiwillig gekommen ist und die Wahrheit sagt. Ich werde Ihnen eine Wohnung zuweisen und persönlich dafür sorgen, daß Ihr Mann freikommt aus dem Lager.“ Das hat er auch gehalten, das Versprechen. Alles wurde geregelt. Sogar Taschengeld bekamen wir, und als das Kind geboren werden sollte, im Juni 1943, bezahlte das Konsulat den Klinikaufenthalt meiner Frau . . . Eines Tages habe ich angefragt, ob ich vielleicht ein Telegramm nach Amerika schicken dürfte, um meinen Bruder um etwas Geld zu bitten. Mit den ersten 20 Dollar, die in der Schweiz ankamen, bin ich zu Mijnheer van Elst gegangen und habe sie ihm gegeben. Der wollte das Geld erst nicht nehmen, aber ich habe gesagt: „Die Holländer haben so viel für uns getan, ich möchte wenigstens etwas davon zurückgeben.“ Wenn wir später gefragt wurden, ob wir irgend etwas bräuchten, haben wir „nein!“ gesagt. Ich weiß, daß damals viele mit dem Kopf geschüttelt haben.

Nach der Befreiung sind wir auf dem schnellsten Weg nach Holland zurück. In Eindhoven wurden wir in Empfang genommen und erst einmal gründlich gegen Ungeziefer behandelt, obschon wir aus der „sauberen“ Schweiz kamen! Von Eindhoven fuhren wir nach Amsterdam, wo wir erst im jüdischen Altersheim untergebracht wurden. Später bekamen wir durch meine Firma eine möblierte Wohnung. Nach einigen Monaten konnten wir wieder nach Middelburg zurück und in ein Haus der Firma einziehen. Unser früheres Haus stand noch, aber die Möbel und alles, was wir besaßen, waren weg. Die Stadt war ja bombardiert worden, und die Leute hatten sich gesagt: „Ach die, die kommen doch nicht wieder zurück. Da können wir das erst einmal nehmen!" Damals gab es ein Gesetz, wonach Menschen, deren Eigentum von den Deutschen gestohlen worden war, eine finanzielle Entschädigung bekamen. Die hab ich auch beantragt. Aber der für diese Dinge zuständige Beamte in Middelburg wies mich ab: „Sie haben kein Recht auf Erstattung, Mijnheer. Ihr Eigentum ist ja nicht von den Deutschen beschlagnahmt worden, sondern von Holländern." Dem hab ich vielleicht was erzählt! Ich habe mich direkt beim Justizminister beschwert und nach einem Jahr auch Recht bekommen.

Unserer jüdischen Glaubenshaltung nach sind wir religiös, aber nicht ultraorthodox, das nicht. Wir halten uns an die Gesetze, so wie das schon unsere Eltern taten. Bei den Kindern ist das heute etwas weniger, unsere Tochter zum Beispiel führt einen koscheren Haushalt, unser Sohn aber nicht. Die Enkelkinder sind da noch freier. Darum haben wir sie aber nicht weniger lieb. Es sind erwachsene Menschen, die selber wissen, was sie tun.

Ich bin gleich nach dem Krieg in meine Firma zurückgegangen. In den Metallhandel. Später haben wir in Rotterdam gewohnt, und jetzt sind wir schon vier Jahre hier in Amsterdam, ganz in der Nähe unserer Tochter. Als wir 1947 Niederländer wurden, haben wir ein großes Fest gefeiert. Ein Jahr zuvor hatte ich geschäftlich in Köln zu tun, aber die Stadt sagte mir nichts mehr. Und die Deutschen? Lassen wir das. Die meisten sind doch hinter Hitler hergelaufen. Soll ich den Nazis verzeihen? Sie haben meine Eltern und alle Geschwister, die hiergeblieben waren, ermordet. Eine meiner Schwestern war in Amsterdam verheiratet. Nachdem ihre vier Töchter gleich zu Beginn deportiert worden waren, hatte das Leben für sie keinen Sinn mehr. Sie sind ihren Kindern hinterhergefahren. Alle tot. Alle. Auch meine zweite Schwester, die mit ihrem Mann in Frankreich lebte. Nur ihren Sohn konnten wir retten. Er war es, den wir mit uns nahmen in die Schweiz. Er ist nach dem Krieg dort bei Pflegeeltern geblieben, die sehr gut zu ihm waren. Er hat studiert, seinen Doktor gemacht und ist heute Direktor einer großen Bank in Basel.

Wissen Sie, das deutsche Wort „Schicksal" läßt sich schlecht ins Holländische übersetzen. Ich glaube an das Schicksal, an das, was vorherbestimmt ist, aber man muß auch ein klein wenig selbst tun. Man darf vor allen Dingen nicht aufgeben. Nie. Hätten wir das damals getan, wären wir heute nicht hier. Auf dem Grabstein meines Schwiegervaters, der

1935 in Aurich starb, habe ich nach dem Krieg eine Gedenkplakette anbringen lassen für die Mutter meiner Frau, die aus Frankreich nach Polen deportiert und dort vergast wurde. Da steht unter ihrem Namen: „Umgekommen wegen ihres Glaubens“. Ich will, daß keiner sagen kann, er hat es nicht gewußt.

Margarethe F.

Befreiung in Tröbitz, April 1945

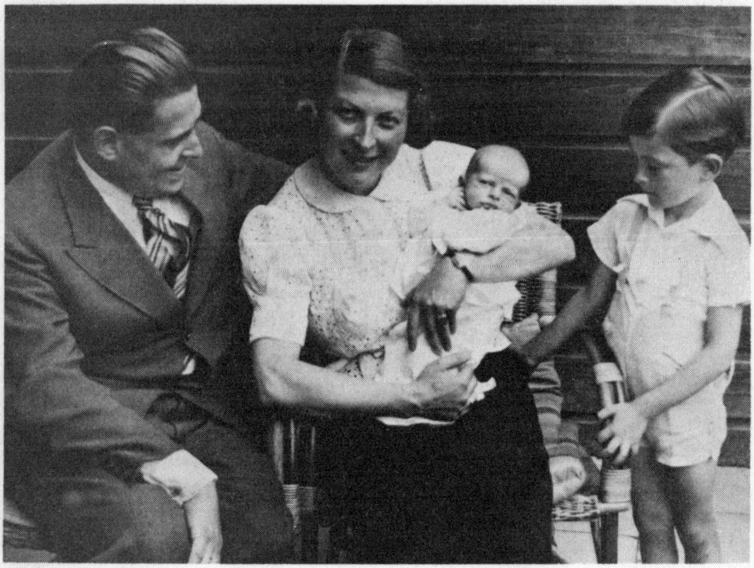

Herbert und Margarethe F. mit ihren Söhnen (1938)

Natürlich bin ich Niederländerin. Obgleich ich noch immer diesen deutschen Akzent habe. Auch der Sprachunterricht hat da wenig geholfen. Ich finde das sehr unangenehm! Wenn ich im Bus oder in der Bahn schon mal gefragt werde: „Wo stammen Sie eigentlich her aus Deutschland?“ Dann antworte ich nur: „Das sollten Sie nicht fragen, denn das ist keine schöne Geschichte.“

Meine Familie lebte seit dem 17. Jahrhundert in Deutschland, und wir waren gute Deutsche. Vater war Winzer und hatte eine Weinkellerei. Das war in Bad Kreuznach an der Nahe. Eigentlich wäre er viel lieber Arzt geworden, aber als sein Vater plötzlich starb, mußte er das Gymnasium in Mainz vorzeitig verlassen. Wie das so manchmal im Leben geht.

Mutter stammte aus Heilbronn. Ich wurde als jüngste Tochter 1907 in Bad Kreuznach geboren, meine beiden Schwestern waren zwei bzw. vier Jahre älter. An den eigenartigen Geruch der Weinkeller erinnere ich mich noch gut – es waren schöne, unbeschwerte Kinderjahre. Als ich fünf war, zogen wir nach Düsseldorf. Das war eine ganz andere Welt. Großstadt eben. Da wurde ich dann eingeschult und hatte sofort das erste antisemitische Erlebnis meines Lebens. Unsere Lehrerin, Fräulein Schnitzler, eine getaufte Jüdin übrigens, behandelte uns ungerecht. Daraufhin wurden alle jüdischen Kinder von dieser Schule genommen. Später kam ich auf das Auguste-Victoria-Lyzeum. Antisemitismus habe ich dort nicht mehr erlebt. Ein Jahr später begann der Erste Weltkrieg. Mein Vater war schon zu alt, um noch Soldat zu werden. Die „Mobilmachung" und die ersten Kriegstage, die ganze Begeisterung damals, habe ich noch deutlich vor Augen. Meine Mutter ist mit uns drei Kindern zu den Kasernen gelaufen, um den ausziehenden Soldaten nachzuwinken. An viel mehr erinnere ich mich eigentlich nicht, nur daran, daß schlechtere Zeiten kamen. Weil ich unterernährt war, wurde ich z. B. ein Jahr zur Familie nach Alzey „zum Aufpäppeln" geschickt. Wann das genau war, weiß ich nicht mehr, nur so viel, daß der 18jährige Sohn des Hauses kurz vorher als Freiwilliger in Frankreich gefallen war und daß ich Onkel und Tante jeden Abend in ihrem Zimmer weinen hörte.

Als ich schließlich 1923 mit der Schule fertig war, wollte ich um alles in der Welt Kinderschwester werden, etwas anderes kam überhaupt nicht in Frage. Zuerst aber durfte ich ein Jahr lang auf Familienreise, so nannte man das damals, nach Frankfurt und Würzburg, Nürnberg, Bad Kreuznach, Alzey und Kirn. Weil mir die Lehre im Krankenhaus auf die Dauer aber doch schwerfiel, holten mich die Eltern nach einem Jahr wieder nach Hause. Die Frau unseres liberalen Rabbiners in Düsseldorf vermittelte mir daraufhin Stellen bei Familien, die eine Säuglingspflegerin suchten.

Die Eltern waren beide traditionell erzogen. Mutter kochte koscher, aber sie probierte doch auch gerne verbotene Dinge. Dann ging sie auf den Balkon, um einmal ein Stück geräucherten Aal oder Schinken zu essen. Und das durften wir auch probieren. Später wurde das „Jüdische" zu Hause in meiner Erinnerung weniger. Wir gingen zwar in die Synagoge und hatten einmal in der Woche jüdischen Unterricht, aber viel habe ich da nicht gelernt. Fasten am Großen Versöhnungstag, das machte ich, ohne darüber nachzudenken. Aber ich fand es langweilig, genau wie die langen Gottesdienste. Ich hatte eine Schulfreundin, eine Zionistin, über die haben wir uns immer ein bißchen lustig gemacht. Deren Ideen lagen so ganz außerhalb unseres Vorstellungsvermögens. Wir waren doch Deutsche und hatten eigentlich nie wirklich schlechte Erfahrungen gemacht. Fräulein Schnitzler vielleicht – aber das war dann ein „Einzelfall". Den Ausdruck haben die Deutschen auch später in den dreißiger Jahren immer gebraucht, wenn wieder irgendwas gegen die Juden unternommen wurde. Das waren dann alles „Einzelfälle"!

Meinen späteren Mann, Herbert, habe ich kennengelernt im Jüdischen Jugendverein in Düsseldorf. Er leitete da den Sprechchor, in dem ich auch Mitglied war. Ich war gerade 20 und sofort in ihn verliebt. Mit dem Chor unternahmen wir Tourneen nach Dresden und München, wo damals große landesweite Versammlungen der Jüdischen Jugend in Deutschland stattfanden. Wir spielten den „Jeremias" von Stefan Zweig. Der Dichter war persönlich anwesend, und Herbert und ich haben zusammen mit ihm in seinem Hotel gefrühstückt, um über die Einzelheiten der Aufführung zu sprechen. Ein unvergeßliches Erlebnis.

Herbert war 26, als wir uns kennenlernten. Er hatte Jura studiert in Heidelberg, München und Berlin. Nach dem Examen war er nach Düsseldorf zurückgekehrt und arbeitete dort am Gericht als Assessor bei der Staatsanwaltschaft. Unter normalen Umständen hätte er sicherlich Karriere gemacht. Nach unserer Verlobung hat er seinen damaligen Chef gefragt, ob er Aussicht hätte, Staatsanwalt zu werden. Als der das unter Hinweis auf seine „mosaische" Glaubenszugehörigkeit verneinte, hat Herbert sofort um seine Entlassung gebeten und mit finanzieller Unterstützung seiner Mutter eine eigene Anwaltskanzlei eröffnet. Das war natürlich alles nicht so einfach, wie es sich jetzt vielleicht anhört. Jedenfalls hat es noch einige Jahre gedauert, bis wir im Jahre 1932 heiraten konnten.

Während seiner Zeit bei Gericht war er mitverantwortlich dafür gewesen, daß ein Nazi, der eine Synagoge mit antisemitischen Parolen beschmiert hatte, ein halbes Jahr Gefängnis bekam. Das sollte nach Hitlers Machtergreifung noch Folgen für uns haben. Einen Tag nach den letzten Reichstagswahlen, am 5. März 1933, rief meine Schwiegermutter mit Panik in der Stimme bei uns an und sagte nur: „Schnell, schnell, Herbert muß weg, frag nicht, er muß sofort verschwinden!" Mein Mann dachte erst gar nicht daran wegzulaufen. Aber als sie nach ein paar Minuten erneut anrief und fragte, ob er schon weg sei, da ist er doch gegangen. Wenig später klingelte es, und die SS stand vor der Tür. Das ganze Haus war umstellt, und zwei von diesen Kerlen kamen rein. Ich war hochschwanger, und Marga, unser Dienstmädchen, versuchte sie noch aufzuhalten. Vergebens natürlich. Sie haben alles auf der Suche nach meinem Mann auf den Kopf gestellt. Unter den Betten, in den Schränken – es gibt keine Stelle im ganzen Haus, wo sie nicht gesucht hätten. Gott sei Dank vergebens! Er war direkt von Düsseldorf nach Aachen gefahren, wo er bei Verwandten unterkam. Und als noch im selben Monat ein Boykott für den 1. April 1933 angekündigt wurde, vor allem gegen jüdische Ärzte, Anwälte und Geschäftsleute, sagte mein Schwager, der gerade 5.000 Mark in der Lotterie gewonnen hatte: „Wißt Ihr was? Wir gehen alle nach Holland!" Dort, in Den Haag, wurde Stefan geboren. Am 16. April 1933. Ein paar Wochen später bin ich mit dem Baby nach Düsseldorf zurückgekehrt, um den Haushalt aufzulösen und alles andere zu regeln. Marga, unser Mädchen, hat mir dabei geholfen. Sie wollte unbedingt mit uns gehen, ist dann aber doch geblieben, als alle sie warnten: „Wenn Du jetzt mit den Juden gehst, dann bist Du geächtet, dann kannst Du nie wieder nach Deutschland zurück!" Wir hätten sie ja auch gar nicht bezahlen können. Als wir uns nach dem Krieg zum ersten Mal wieder trafen, da weinte sie und sagte: „Ich bin so gestraft worden, daß ich Sie damals im Stich gelassen habe . . ." Sie ist jetzt auch 80, genau wie ich. Wir sehen uns jedes Jahr. Sie hat in all den Jahren die Gräber meiner Mutter und meiner Schwester gepflegt und tut das noch heute, die gute Seele.

Weil mein Schwager zusammen mit meinem Mann in Brüssel ein Geschäft aufbauen wollte, sind wir zuerst dorthin gegangen. Daraus wurden dann viereinhalb Jahre. Das war alles nicht so einfach, französisch sprechen und so. Man war ja noch nicht richtig ans Ausland gewöhnt. Außerdem lief das Geschäft nicht so gut. Schließlich bewarben wir uns beide bei einer australischen Firma, die 1938 eine neue Niederlassung in Holland errichtete. Das bedeutete wieder umziehen, diesmal nach Den Haag. Hier habe ich auch im gleichen Jahr meinen zweiten Sohn gekriegt, René. Ich bin heute noch glücklich darüber, daß sie beide in den Niederlanden geboren sind!

So sind wir also nach Holland gekommen, mehr oder weniger durch Zufall. Die Menschen hier fand ich von Anfang an ausgesprochen nett. Holländisch habe ich recht schnell gelernt, von einer Nachbarin übrigens. Damals standen hier sehr viele Wohnungen leer. Wenn man einen Mietvertrag unterschrieb, brauchte man die ersten zwei Monate nichts zu bezahlen. In unserer Gegend wohnten sehr viele geflüchtete Juden, und wir fanden bald Freunde, jüdische und nichtjüdische. Ich weiß noch, daß mein Mann sich furchtbar aufregte über die Holländer, die nicht glauben wollten, daß der Krieg auch für sie immer näher kam. Die waren alle so gutgläubig, und wir hatten die Nazis doch schon erlebt! Er konnte diese Naivität nicht begreifen. Ich sehe ihn noch mitten auf der Straße stehen und auf die Passanten einreden, als für ein Luftabwehrgeschütz gesammelt wurde, sie sollten endlich an ihre Verteidigung denken, sie müßten sich doch wehren! Er hat das wahrscheinlich alles auf deutsch gesagt, denn das Niederländische flog ihm nicht gerade zu. Es war schon eine verrückte Situation, wenn ich heute daran denke.

Und dann, am 10. Mai 1940, war er da, der Krieg. Der Flieder blühte. Wir vermieteten Zimmer mit Frühstück, um wenigstens etwas Geld zu verdienen, denn die australische Firma, für die mein Mann gearbeitet hatte, hatte sich kurz nach dem Überfall auf Polen aus Europa zurückgezogen. Als die deutschen Bombengeschwader über uns hinwegflogen und die Kasernen ganz in unserer Nähe bombardierten, kam einer unserer Untermieter, ein Direktor der holländischen Luftfahrtgesellschaft KLM, nach draußen und meinte ganz naiv: „Das ist doch offensichtlich ein ernsthafter Bruch unserer Neutralität." Worauf mein Mann, rot im Gesicht vor Zorn, rief: „Das ist Krieg!!"

Schon im Oktober 1940 mußten alle deutsch sprechenden Juden die Küstenzone verlassen. Wir sind daraufhin nach Arnhem gezogen und haben da noch zwei Jahre und zwei Monate gewohnt. Herbert gab Unterricht an einem Internat für jüdische Emigrantenkinder aus Deutschland. Ich war fast immer zu Hause. Eigentlich hatten wir es da in Arnhem noch relativ ruhig. Es war die Stille vor dem Sturm. Aber wir sahen es kommen.

Im Dezember 1942 haben sie uns geholt. Mitten in der Nacht. Glücklicherweise war mein Mann gerade nicht zu Hause. Aber die Kinder, die Schwiegereltern, die nach der „Kristallnacht" 1938 zu uns gekommen waren, und mich haben sie mitgenommen. Zwei an Scharlach erkrankte Kinder. Es war schlimm. Wir kamen nach Westerbork.

Ein paar Wochen später, im Januar, hieß es plötzlich: „War alles ein Irrtum!" Da mußten wir nach Amsterdam, wo wir noch ein halbes Jahr in einer Wohnung blieben, deren Inhaber schon deportiert waren. Dann kamen die großen Razzien, und am 21. Juni 1943 brachten sie uns alle wieder nach Westerbork. Hier in den Niederlanden wird ja oft vergessen, daß das ursprünglich ein Auffanglager war für jüdische Flüchtlinge aus Deutschland. Schon vor dem Krieg. Einer der jüdischen Ärzte, Fritz hieß er, war ein Jugendfreund meines Mannes, und Fritz stand sich wiederum gut mit Gemmeker, dem deutschen Kommandanten. Beide waren in derselben Stadt aufgewachsen und hatten dieselben Schulen besucht. Solche Sachen haben ja oft eine große Rolle gespielt. Wir verdanken es jedenfalls Fritz, daß wir noch leben, meine Söhne und ich. Auch für Herberts Eltern hat er viel getan, aber ihre Deportation im September 1943 hat er doch nicht verhindern können. Hätten wir nicht auf sogenannten „Listen" gestanden, wären wir wahrscheinlich auch nach Auschwitz gekommen. Nur aufgrund der Eintragung in die „Vierer-Liste" kamen wir auf einen Transport, der nach Bergen-Belsen ging. Das war Anfang Februar 1944.

Bergen-Belsen war ursprünglich als „Austauschlager" angelegt worden, aber es hat im Laufe des Krieges nur einen einzigen Austausch gegeben. Als wir ins Lager marschierten, sah Herbert mich an und sagte: „Hier komme ich nicht lebend raus." Ich gab ihm zur Antwort: „Aber ich, und die Kinder auch!" Vielleicht hatten Frauen mit Kindern doch einen stärkeren Lebenswillen, ich weiß es nicht ... Vierzehn Monate Bergen-Belsen, „Sternlager". Man kann das nicht mit Worten beschreiben. Eines Tages stand ich meiner besten Freundin gegenüber, nur getrennt durch Stacheldraht. Sie kam aus Auschwitz und war so entsetzlich ausgemergelt, ausgehungert. Ich habe ihr noch ein Stück Brot über den Zaun werfen können. Heute lebt sie in New York.

Das Schlimmste für mich war das ewige „Mama, Hunger! Mama, Hunger" von morgens bis abends, Tag und Nacht, wie eine Grammophonplatte. Der Hunger und die Angst vor Hunger wurde bei dem Jüngsten regelrecht zu einer fixen Idee. Er war doch erst fünf. Später hörte man dann, daß kleine Kinder dieses Elend am schlechtesten haben verarbeiten können. Die Leichenberge in den letzten Monaten – ich habe immer versucht, die Kinder irgendwie abzulenken, so etwas dürfen Kinder doch nicht sehen! Als es sich einmal nicht vermeiden ließ, sagte Stefan, der ältere, tröstend zu mir: „Ach Mama, was ist denn? Das sind doch nur Leichen!" Er war damals noch keine zwölf Jahre alt. Was ist das für eine Welt, in der Kinder solche Bilder normal finden?

Aber je mehr die SS-Leute einen erniedrigten, desto überlegener fühlte man sich. Stärker. Mich haben sie nie geschlagen. Wenn jemand seinen Arm hob, habe ich gesagt: „Schlagen Sie mich ruhig!" Dann waren die meist irritiert, jedenfalls ging der Arm sofort nach unten. Beim zweiten Appell schnauzte mich einmal einer an: „Sie haben hier nichts zu suchen, Ihre Kinder sind alt genug, sofort zur Arbeit!" Da hab ich geantwortet: „Dieses Kind kann ich nicht allein lassen, das zählt für drei!" Das stimmte auch, denn René hatte es besonders schwer. Irgendwie kam ich damit durch. Anders war das, wenn Ausländer deutsch radebrechten ... Dann wurde geschlagen. Obgleich es auch welche bei der SS gab, die manchmal gut waren. Kriegte einer zum Beispiel einen Spitznamen von den Kindern, dann war das ein gutes Zeichen, dann mochten sie ihn. Da gab's mal einen Unterscharführer, der „Popeye" genannt wurde, der hat meinem Mann manchmal eine Sonderration Essen besorgt. Oder „Willem Tell", der hieß bei den Kindern so, weil er uns häufig beim Appell zählen mußte, zählen heißt auf holländisch „tellen". Der war wirklich ein Rätsel. Er schrie und spielte verrückt, wenn seine „Kameraden" in der Nähe waren, aber wenn er allein war, streichelte er die Kinder im Vorübergehen oder unterhielt sich freundlich mit uns. Ich glaube, er war Volksschullehrer. Später, nach der Befreiung, hörten wir dann im Radio, daß er für die Engländer spioniert haben soll. Bevor ich sterbe, möchte ich doch wissen, was aus dem Mann geworden ist. Ein bißchen Menschlichkeit hat damals doch so sehr geholfen.

Wenige Wochen vor Kriegsende, am 30. März 1945, starb mein Mann. An Flecktyphus. Seine letzten Worte, bevor er das Bewußtsein verlor und in die Krankenbaracke gebracht wurde, waren: „Es ist komisch, immer, wenn ich die Augen zumache, dann sehe ich mich auf einem Berg am Rhein sitzen, und ich gucke nach unten, wo die Schiffchen mit ihren Lichtern fahren." Ist das nicht eigenartig? Er hatte vorher nie darüber gesprochen, daß er so ein Heimweh nach dem Deutschland seiner Kindheit hatte.

Dann habe ich auch Flecktyphus bekommen. Im Güterzug nach Osten, nach Theresienstadt. Zwei Wochen lang sind wir todkrank und halb verhungert kreuz und quer durch Deutschland gefahren. Entsetzlich viele Menschen starben während dieser Irrfahrt. Eines Tages, bei Tröbitz in der Niederlausitz, stand der Zug still, und wir hörten Pferdegetrappel. Das waren die Russen – der Krieg war für uns aus. Die Kinder konnten das einfach nicht begreifen – Russen als Befreier! Wir hatten sie nämlich gelehrt, jedes Abendgebet zu beschließen mit „... und laß die Engländer gewinnen!" Also eigentlich hätten uns nur die Engländer befreien dürfen. Aber egal wie: wir waren frei! Nachdem ich mich einigermaßen erholt hatte, bekamen auch die Kinder Flecktyphus. Beide. Ich durfte sie lange Zeit nicht sehen. Als es wieder aufwärts ging, schrieb Stefan mir aus der Quarantäne: „Mama, findest Du es schlimm, daß ich die einzige deutsche Krankenschwester hier am allerliebsten habe? Die bleibt immer bei uns sitzen und erzählt Geschichten.“ (Das russische Personal kümmerte sich nur um das Nötigste, hatte aber auch 48 Stunden hintereinander Dienst!)

Später kamen dann amerikanische LKW's, um uns nach Leipzig zu bringen. Die Zugfahrt von dort quer durch Deutschland war ein großes Erlebnis für die Kinder. Sie haben Luftsprünge gemacht und haben in die Hände geklatscht, als sie die zerstörten Städte und Häuser sahen. Auf dem Bahnhof in Lüttich kaufte eine Frau Kirschen für uns, und René wußte überhaupt nicht, was Kirschen waren. Und dann endlich die holländische Grenze: Maastricht. Wir wurden von einem jüdischen Komitee empfangen. Eine ganz einfache Frau zog ihre Sokken aus und gab sie mir. Das bleibt unvergeßlich.

Wir waren frei. Ja. Aber ich wußte absolut nicht, als Witwe mit zwei Kindern, wie alles weitergehen sollte. Zuerst einmal wurden Stefan und René krank. Tuberkulose. Sie mußten lange ins Krankenhaus und schließlich zur Erholung in die Schweiz. Irgendwann in dieser Zeit schickte mir meine Schwester dann aus Brüssel einen Riesenkoffer mit Kleidung. Sie war mit ihrer Familie in den belgischen Ardennen untergetaucht und ist zehn Jahre später nach Deutschland zurückgegangen. Mutter war noch vor der Verfolgung in Düsseldorf gestorben. Meine zweite Schwester war zusammen mit Vater nach Lissabon geflüchtet. Er starb dort im August 1944. Nach dem Krieg ist sie dann in die Vereinigten Staaten ausgewandert. Nach Florida. Dort lebt sie, schwerkrank, noch heute. In Holland normalisierte sich das Leben ganz allmählich. Ich bin schließlich nach Den Haag zurückgegangen. Ich habe Kurse belegt, holländische Stenografie und Schreibmaschine. Man mußte doch irgendetwas tun. Eine Schreibmaschine bekam ich von einem Verwandten aus England. Ich erhielt wöchentlich so eine Art Kriegsopferunterstützung, aber das war mir auf die Dauer doch unangenehm. Die Leute da waren wirklich nett, aber ich konnte es einfach nicht ertragen, abhängig zu sein. Darum habe ich auch so schnell wie möglich eine Stelle angenommen. 12 Jahre lang war ich berufstätig. Für Stefan und René war das natürlich nicht so schön. Man arbeitete damals ja noch bis sechs Uhr abends und samstags den halben Tag. Als dann die „Wiedergutmachung“ kam, war das doch eine Erleichterung für uns.

Heute fahre ich zwei Mal im Jahr nach Düsseldorf, um die Gräber meiner Mutter und meiner Schwester zu besuchen. Zuerst war es sehr schwierig für mich. Emotional schwierig. Ein Beispiel: Da kommt eine Frau auf mich zu und ruft: „Gretel (so wurde ich zu Hause früher genannt, heute heiße ich Margreet), wo kommst *Du* denn her?“ Das war eine Schulfreundin von früher. Meine erste Frage war: „Was hat Dein Mann im Krieg gemacht?“ Sie wurde knallrot im Gesicht, und ich bin weitergegangen. Sehen Sie, so was würde ich heute nicht mehr tun, obwohl ich Deutschen, die über 60 sind, auch jetzt noch nicht traue. Das wird auch so bleiben, solange ich lebe. Ich möchte um keinen Preis in der Welt in Deutschland wohnen, aber ein, zwei Mal im Jahr fahre ich inzwischen wieder hin, um nach den Gräbern zu sehen. So um 1951 herum sind wir drei Holländer geworden.

Stefan und René sind beide Bar Mizwa geworden, aber sie tun wenig an ihrem Judentum. Alle zwei haben nicht-jüdische Frauen geheiratet, worüber ich anfangs nicht besonders glücklich war. Aber die in Frage kommende Generation jüdischer Mädchen gab es ja nicht mehr. Sie waren doch alle ermordet. Ich selbst gehe auch nur selten in die Synagoge. Und hin und wieder nehme ich einen meiner Enkel mit. Ich möchte doch, daß sie etwas vom Judentum wissen und das alles, was geschehen ist, begreifen lernen.

Kurt L.

Muttersprache ohne Vaterland

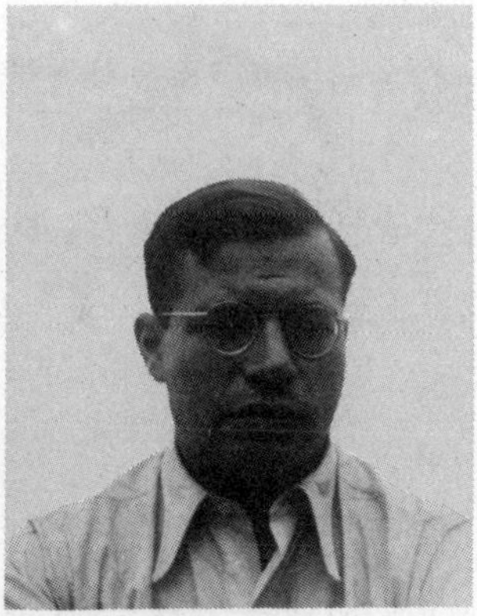

Kurt L. (1938)

„Was haben wir jungen Menschen im Leben gehabt bisher! Als wir zwei oder vier oder sechs Jahre alt waren, kam der Krieg. Hunger, Kohlrüben, Anstehen nach 50 Gramm Butter, Kälteferien (aber zu Hause war es auch nicht warm). Dann war eine Schlacht gewonnen und eine große Schulfeier und dann kam der Brief: Vater gefallen. Und dann war wieder eine Schlacht gewonnen und der ganze Krieg selbstverständlich auch. Und dann ging auch der Krieg selbstverständlich verloren. Drunter und drüber. Weg mit dem Kaiser, her mit der Republik; her mit der Inflation, weg mit dem letzten kleinen Wohlstand. Dann die Scheinblüte. Und dann blühten die Stempelämter. Und dann kam Hitler. Und dann? Weiter abwärts geht der Fahrstuhl nicht."

Das ist in kurzen Worten mein Leben in Deutschland. Bis die Nazis kamen. Und als die da waren, mußte ich raus. Ich war 26, als ich das schrieb. Aber wenn Sie's interessiert, hole ich gern ein bißchen weiter aus:

Ich bin geboren in Berlin Nord. In der Kastanienallee. Vater war Schneider, oder: Schneidermeister, wie meine Mutter immer sagte. Er kam aus Schubin in Ostpreußen, hinter Königsberg, und war der bescheidenste Schneider, den's gab. Gleich 1914 hat er sich für Kaiser Wilhelm totschießen lassen. Ich war da sechs und bin als kleiner Soldat mit 'nem Holzgewehr rummarschiert. Mutter kam aus Stettin. Wir waren ganz kleine Leute. Ich bin das Kind armer jüdischer Eltern, 'n waschechter Berliner. Mein Bruder Arthur war sieben Jahre älter und stets ein Vorbild an gutem Benehmen. Der war so gut erzogen, daß er sich widerstandslos von den Nazis ermorden ließ. Wenn ich ganz weit zurückdenke, sehe ich Vater vor mir, ich war vielleicht drei, meine Mutter war weggegangen, und da hat er sich auf die Treppe gesetzt mit seinem Hut auf, und wir haben gewartet, bis die Mama kam. Daran erinnere ich mich. Das fand der fabelhaft, der kleene Junge, wie der da so saß mit dem Hut auf, und die Mutter kam dann herauf nach 'ner halben Stunde oder so, die ganze Zeit über haben wir gewartet ... Da waren wir schon umgezogen in die Schwedter Straße, eine Seitenstraße von der Schönhauser Allee.

Ein Jahr, nachdem Vater gefallen war, kam ich ins Waisenhaus, denn Mutters Arbeitskraft wurde in der Kriegsindustrie benötigt. Wir haben nichts anderes gekriegt als Kohlrüben, also ich kann sagen, ich bin mit Hunger groß geworden. Ich hatte immer zu viel Hunger und zu viel Fantasie. In allem übrigens. Mit acht Jahren im Schlafsaal des Waisenhauses war ich ein gefragter Märchenerzähler. „Kulle", ich war Kulle, mußte 'ne Geschichte erzählen. Ich war ein Kind, das so viel Fantasie hatte, daß es nie las. Später noch, als Emigrant, bin ich manchmal in Amsterdam zum Hauptbahnhof gegangen, auf den Bahnsteig 2, wo die Züge in Richtung Italien abfuhren. Da ging der Zug nach Mailand, und ich bin in meiner Fantasie nach Mailand gefahren. Manchmal bin ich auch in Gedanken in Berlin gewesen. Sicher.

1918 war der Krieg zu Ende, und die Deutschen versuchten sich an etwas, was ihnen überhaupt nicht liegt: sie machten eine Revolution. Ich hab als Junge mit eigenen Augen gesehen, was da vor sich ging in Berlin. Vor dem Polizeipräsidium am Alexanderplatz standen Soldaten mit ihrem Gewehr überm Bauch. Überm Bauch! Bei Preussens!! Die hatten Gefangene befreit und Offizieren die Achselstücke abgerissen. Das war am 9. November 1918. Einen Tag später haben sie sie ihnen untertänigst wieder angenäht. Das ist deutsche Revolution!

Damals war der Unterschied zwischen Berlin und der Provinz ungeheuer groß. Die Provinz, das war ein Nichts, und meine Stettiner Mutter war eine Provinzlerin. Wie konnte es auch anders sein. Die hatte die krummsten Beine von Berlin, und ich genierte mich als Junge – ich war so sehr auf schöne Frauen aus. Wenn Mutter in mein Zimmer kam, konnte ich kein Gedicht mehr schreiben: die Fantasie streikte, und der ganze schöne Porzellanladen war mit einem Male kaputt ... Also, von ihr stammte die Idee, mich zur Mittelschule zu schicken, als ich zehn wurde. Damit konnte man damals überhaupt nichts werden in Berlin, ich jedenfalls nicht. Kam mit 15 in die Lehre. Textilfach, Spandauer Straße 36. Der Meister war ein schrecklicher Mann, der wollte mich adoptieren, aber das klappte nicht. Gott sei Dank. Das war 1923. Inflationszeit. Ich war so 15, 16 und verrückt nach dem Theater. Das war's, wofür ich lebte. Alles, was ich bekam als Lehrling, waren zwei Schuhkartons voll Papiergeld. Völlig wertlos. Das habe ich dann sofort in Theaterkarten umgesetzt. So hab ich sie alle gesehen, Brecht, Kortner, Reinhardt und wie sie alle hießen. Wenn es mir zu teuer wurde im Zuschauerraum, dann ging ich auf die Bühne. Als Statist. Das war einer meiner fünfzehn Nebenberufe. Jeden Sonnabend um fünfe wurden die Karten verteilt. Als Statist hab ich alle großen Aufführungen damals aus nächster Nähe miterlebt, Alban Bergs Wozzeck, Strawinskys Feuervogel, Richard Strauß. Anschließend traf man dann in der Opernkantine Lotte Lehmann oder Richard Tauber. Die tranken da leibhaftig ihr Bier, und ich saß ehrfürchtig dabei.

Kurz und gut: Ich wollte hoch hinaus, wollte am liebsten die ganze schäbige Realität hinter mir lassen. Dort, wo ich lernte, in der Spandauer Straße, kamen immer die Studenten vorbei auf dem Weg zur Universität. Das wurde dann mein Traum, jeder Junge träumt ja so was, und ich habe mir einen Spazierstock gekauft. Genau so einen, wie ihn die Studenten trugen. Nur – ich war eben keiner! Statt dessen habe ich alles mögliche gemacht. Neben der Statisterei war ich Verkäufer, Vertreter von Marmorwaren, Lagerist, Gelegenheitsarbeiter, Reisender in Konserven usw. usw. Und immer wieder arbeitslos. Arbeit los! Mein wirkliches Leben begann erst, als 1928 das Berliner Abendgymnasium gegründet wurde, eine der ersten richtigen Begabtenschulen in Deutschland. Wenn ich mich recht erinnere, kam die Idee dazu von einem Professor Silbermann, einem protestantisch getauften Juden, der so etwas ähnliches in Amerika kennengelernt hatte. Der große Mäzen in Berlin war der Chef des Kaufhauses Wertheim, Handelsgerichtsrat Haas. Auch ein Jude übrigens. Es war eine fantastische Schule. Großartig auch noch aus heutiger Sicht. Liberal und demokratisch. Das wurde für mich zur Basis meines weiteren Lebens. Ich habe entsetzlich viel gelernt dort. Wir Schüler haben gemeinsame Fahrten gemacht, Autorenlesungen veranstaltet und Ausstellungen organisiert. Und es gab sogar eine Art Schülerkabarett, den „Club der

Irrsinnigen". Da war ich Vorsitzender, und jeden Dienstag hatten wir Vorstellung.

1932 – es war schon Götter- und Götzendämmerung – begann ich, in Berlin Jura zu studieren. Ein paar Monate später kamen die Nazis an die Macht. Ich hatte gerade einen Studentenjob an der Börse, in „Wolffs Telegraphenbüro", und ich glaube, ich war der erste, der am 30. Januar 1933 die Nachricht weitervermittelte: „Hitler ist Reichskanzler!" Sogar am Boykottag, dem 1. April, bin ich noch ohne Belästigung in die Börse reingekommen, da stand die SA in Zweierreihen an den Türen, komischerweise war ich da nicht ängstlich. Und drinnen konnte man sehen, daß all die Leute, die erst so judenfreundlich gewesen waren, plötzlich die rote Hakenkreuzbinde trugen. Damit ließ sich doch mit einem Male prima Geld verdienen! Also, die waren alle wie besoffen. Die Luft schmeckte nach Stacheldraht. Auch wenn ich kein Jude gewesen wäre, hätte ich es in diesem Deutschland nicht länger ausgehalten.

Alle deutschen Juden waren damals Demokraten, und wenn sie keine Demokraten waren, waren sie eben Sozialdemokraten oder Kommunisten. Was anderes gab's gar nicht. Aber auf der Abendschule z. B. war alles vertreten, Juden und Nichtjuden, Nazis und Kommunisten, rote Braune und braune Rote. Das setzte sich an der Universität in Berlin fort, bis Hitler kam. Ich habe damals Carl Schmitt auf dem Katheder erlebt, ein Obernazi, der seine große Stunde gekommen sah. Die wenigen Anständigen nahmen ihren Hut und verabschiedeten sich. Es wurde immer sinnloser und irrsinniger. Der konkrete Anlaß, weshalb ich wegging? Ich kannte damals einen Jungen vom Abendgymnasium, der wollte tatsächlich Hitler ermorden, wie, weiß ich auch nicht. Der hatte sich jedenfalls bei mir ein paar Tage versteckt. Und dann hörte ich, daß sie mich holen wollten, daß ich auf der Liste stand. Da bin ich getürmt. Am 12. Juni 1934. Abfahrt: Bahnhof Alexanderplatz, Berlin-Mitte. Ziel: Holland.

Ich hatte als Student einmal in den Semesterferien eine holländische Gruppe durch den Schwarzwald geführt. Davon war eine Brieffreundschaft übriggeblieben mit einem Mädchen, das dann nach Utrecht heiratete. Na, und die hat geschrieben, ich könnte kommen, ihr Mann würde mich heil über die Grenze bringen. Das hat er auch getan. So bin ich hierher gekommen. Vor mehr als 50 Jahren. Ich mußte irgendwie arbeiten und ging als Knecht zu einem Bauern nach Noord-Holland – Knecht wurde überhaupt mein 16. Beruf. Nebenher habe ich meine Erlebnisse im Hitler-Deutschland niedergeschrieben: „Ein Zeitalter ist tot. Und Hitler ist nur der Totengräber. Aber das ist er. Es bleibt nichts mehr übrig, wenn das braune Kartenhaus eingestürzt sein wird, nicht ein Hund wird uns noch anmachen wollen, so ausgelaugt und armselig sind wir. An jeder Schraube des Gewesenen hat irgendein brauner Lümmel gedreht, aufgebaut ist nichts als Lüge, gemordet und ausgebrannt ist alles. Niemals mehr kann wiederkehren, was vor Hitler war, ein gänzlich Neues muß kommen, davor manchem grauen wird. Wir, die wir nichts zu verlieren haben, wir können nur noch sterben . . ." Ich habe das kleine Manuskript damals an das „Neue Tage-Buch" nach Paris geschickt, und Leopold Schwarzschild hat es tatsächlich veröffentlicht. Im November 1934 war das. „. . . Über diesem verzweifelten Deutschland steht ein Wort, gewaltig. Es ist das Wort Krieg. Die einen wollen ihn, um ihn zu gewinnen, die anderen, um ihn zu verlieren. Ich habe keine Angst vor dem Tode. Aber für Hitler sterben? Eher erschieße ich mich!"

Ich habe mich nicht erschossen damals, aber es war schon ein elendes Leben. Emigrantenleben. Kein Geld und keine Perspektive. Schmutzige Hemdkragen und schiefe Hacken. Arbeitsverbot und Fremdenpolizei. Fremd in einem fremden Land. Aber, auf der anderen Seite, ich war jung, und ich war davongekommen. Irgendwann lernte ich in Den Haag Menno ter Braak kennen. Er war wohl der wichtigste holländische Kritiker dieser Jahre und machte mir Mut, einen Roman zu schreiben. Damit habe ich dann begonnen. Das meiste ist auf der Schreibmaschine von Fritz Lütje entstanden, einem Deutschen, der hatte 'ne Holzhandlung in der Amsterdamer Hurengegend. Oude Kennissteeg. Ein Jahr später war das Buch fertig. Es erschien unter dem Titel „Ein Mensch fällt aus Deutschland" im Querido-Verlag, gewidmet „den Opfern" der Nazis. Ter Braak hat übrigens im Mai 1940, als die Deutschen kamen, Selbstmord verübt. Da fand er das Leben nicht mehr lebenswert.

Das Buch bekam gute Kritiken, und ich schrieb weiter. 1937 entstand gemeinsam mit Fritz Hirsch ein kleines Singspiel, das in Den Haag einen Achtungserfolg erzielte. Fritz Hirsch, ein begnadeter Unterhaltungskomiker, war schon 1929 von Berlin aus nach Holland emigriert. Auch ihn haben die Nazis nachher totgemacht. Unmittelbar vor Kriegsausbruch kam meine Mutter hierher. Wir haben ein kleines Zimmerchen in Amsterdam-Zuid bezogen und da zusammengewohnt. Nach dem deutschen Einmarsch blieb es lange Zeit verhältnismäßig ruhig. Als dann die Razzien begannen, hab ich mal hier, mal da geschlafen. So ging das bis zum

Sommer 1942. Ich hab sie alle noch gesehen: Den dicken Kurt Gerron, mit Gehpelz und Stern, Otto Walburg, Fritz Grünbaum ... große Künstler allesamt. Keiner von ihnen ist aus Auschwitz zurückgekommen.

Eines Tages, im August 1942, treffe ich in der Stadt die Sekretärin des Querido-Verlages. Die sieht mich an, als ob ich schon tot bin, und sagt: „Mein Gott, was machen Sie hier? Wissen Sie nicht, daß die Gestapo hinter Ihnen her ist? Sie müssen sofort verschwinden!" So bin ich am 14. August 1942 untergetaucht. In Ilpendam. Die Witwe des Gärtners, bei dem ich nach meiner Flucht aus Deutschland Arbeit gefunden hatte, hatte mir ein Versteck angeboten. Da saß ich nun. Mutter war in Amsterdam geblieben, die wollte nicht mehr. Sie wußte wohl auch, daß Schluß ist. Da hat sie in aller Ruhe meine Stammkarte unter einem Läufer versteckt (das war wichtig wegen der Lebensmittelkarten) und ist mitgegangen, als sie sie holen kamen. Man hat sie in Auschwitz vergast.

Ich bin in Ilpendam fast drei Jahre lang untergetaucht gewesen. Bei einem Bauern in der Nachbarschaft war noch eine jüdische Frau mit ihrem 12jährigen Kind versteckt. Die haben's auch überlebt. Ich hab jeden Morgen Gymnastik gemacht, Dauerlaufen auf der Stelle, das mache ich noch heute gelegentlich. Tagsüber las ich. Die gesamte Bibliothek des Dorfpastors. Kierkegaard, Goethe, Ibsen, Ignatius von Loyola. Rauf und runter. Alles ernste Sachen, aber das paßte ja in die Zeit. Im September 1944 bekam ich überraschend Verstärkung. Mein alter Freund Fritz Lütje, zeit seines Lebens ein linker Sozialdemokrat, war aus der deutschen Wehrmacht desertiert, nachdem man ihn als deutschen Staatsbürger noch kurz vor Toresschluß eingezogen hatte. Wir erwiesen uns als Weltmeister im Abwaschen und Abtrocknen, Fritz und ich, der Deserteur und der Jude. Dabei haben wir dann die Schallplatten gehört, die er mit nach Ilpendam geschleppt hatte. Bach, Mozart, Schubert ...

Während des Hungerwinters bekam ich von der Illegalität den Auftrag, den englischen Sender abzuhören und aus den Meldungen jeden Tag eine kleine Zeitung zusammenzustellen, die man dann beim Dorffriseur bekommen konnte. Zu diesem Zeitpunkt hatten die Deutschen sich schon rar gemacht. Jedenfalls in Noord-Holland. Und dann kam die Nachricht von der deutschen Kapitulation. Das war am 4. Mai 1945, kurz nach 20 Uhr. Später ist mir eigentlich erst bewußt geworden, daß ich von 1940 bis 1945 tot war. Nur sehr, sehr langsam bin ich wieder lebendig geworden. Geblieben ist ein ganz großes Bedürfnis nach Luft und Sonne.

Nach dem Krieg bin ich Medizinischer Masseur geworden. Während der Ausbildung habe ich meine Frau kennengelernt. Als wir im August 1956 heirateten, war ich 48 Jahre alt und noch immer staatenlos. Ich habe fast 30 Jahre lang als Masseur im Krankenhaus in Purmerend gearbeitet und, gemeinsam mit meiner Frau, in der eigenen Privatpraxis. Es war mein 17. Beruf und mein letzter. Menschen helfen zu können ist etwas sehr Befriedigendes und sehr Schönes. Ich habe in all den Jahren deutsch geschrieben, nur deutsch. Obgleich ich schon lange kein Deutscher mehr bin. Aber ich lebe in der deutschen Sprache, kann meine Wurzeln nicht abschneiden. Deutschland bleibt für mich ein Land, wo man ein sehr schweres „Ja" fühlt und immer zugleich ein sehr schweres „Nein". Es ist schizophren. Hitler hat in meinen Augen Deutschland ermordet. Deutschland ist tot. Die Deutschen wollen das nicht wahrhaben. Immer, wenn ich dort bin, habe ich schwierige Zeiten. Sie tun alle so, als ob nichts geschehen wäre. Dabei ist ihre Welt untergegangen. Hannah Ahrendt hat einmal gesagt, es habe in Deutschland 10 Prozent Nazis und 10 Prozent Antinazis gegeben. Die schlimmsten wären die 80 Prozent dazwischen gewesen. Vielleicht lebe ich so gerne hier, weil die Holländer . . . Also, wenn hier einer nach rechts läuft, dann läuft der andere schon ganz von selbst nach links. Das gefällt mir. Die Holländer, die wären nie hinter so einem wie Hitler hergelaufen. Das ist völlig ausgeschlossen. Irgend etwas muß man in Deutschland immer: Ordentlich angezogen sein, sich anständig benehmen, nicht unangenehm auffallen, fürs Vaterland sterben. Das alles brauchen Sie in Holland nicht. Hier fühle ich mich frei.

Sie fragen, ob ich noch Jude bin? Wenn ja, dann bin ich der schlechteste Jude, den Gott je geschaffen hat. Ich bin Jude, wenn die Juden erschlagen werden. Dann bin ich Jude. Wenn die Juden leben, kann ich kein Jude sein, weil ich in dem Sinne ein Schüler von Lessing bin, der gesagt hat: Ich kann nur an Gott glauben, wenn er ein Gott für alle Menschen ist. Ich weiß, daß es Glauben gibt, aber seine Welt ist mir fremd. Ich kann nicht einmal die vorgeschriebenen jüdischen Gebete sprechen. Dazu fehlen mir die Worte.

Fritz U.
Eine Mischehe

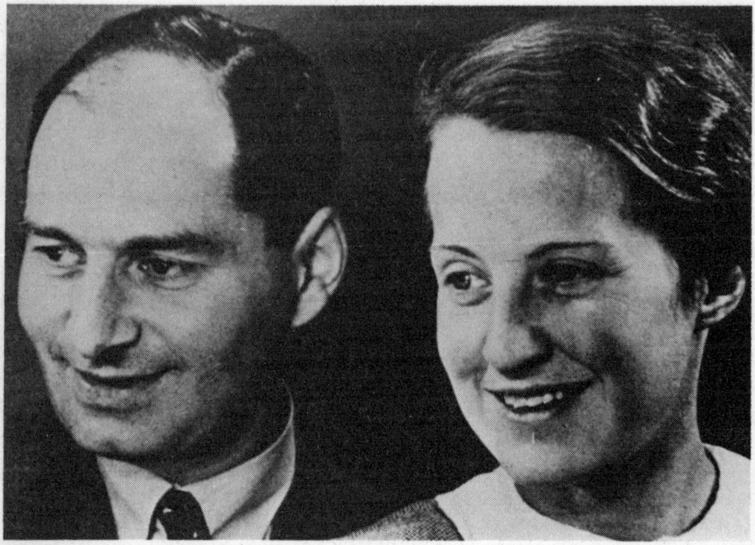

Fritz und Riet U. (um 1945)

Für das Landesamt für Besoldung und Versorgung in Düsseldorf gelte ich als ein in Holland lebender deutscher Beamter außer Diensten. Man hat mich im nachhinein sogar noch rückwirkend zum Oberlandesgerichtsrat gemacht, obgleich ich nicht einen einzigen Tag meines Juristenlebens als ordentlicher Richter oder Staatsanwalt in Deutschland tätig war. Diese späte Beförderung verdanke ich einer guten Personalakte und einer fristlosen Kündigung, einem Rausschmiß.

Ich stamme aus dem Rheinland, bin in Köln 1909 als zweiter Sohn eines deutschen Vaters und einer dem Ursprung nach holländischen Mutter geboren. Vater handelte in großem Stil mit Stoffen, Seide und derartigem. Artikel, die oft im Ausland, vor allem in Frankreich, gekauft wurden. Vor 1914 existierten sogar eigene Niederlassungen in Paris und Brüssel. Obgleich die nach dem verlorenen Krieg wegfielen, blieben doch zahlreiche Kontakte in diese Länder bestehen. Wir waren keine reiche, aber doch in jeder Hinsicht gutbürgerliche deutsch-jüdische Familie.

Als der Erste Weltkrieg ausbrach, war ich fünf. Ich erinnere mich z. B. noch sehr deutlich an Fliegeralarm und an einen Bombenabwurf im Kölner Volksgarten, an dessen Rand wir damals wohnten. Die Eltern haben mich in diesen Jahren häufig zu Verwandten nach Holland geschickt, denn die Versorgung mit Lebensmitteln verschlechterte sich zusehends. In Holland habe ich ordentlich zu essen bekommen und, im Wortsinne, spielend die Sprache gelernt. Dann war der Krieg aus. Erst kamen die revolutionären Matrosen nach Köln und ein paar Tage später die Engländer, die gemeinsam mit Franzosen und Belgiern das Rheinland besetzten. Das war für uns insofern bedeutsam, als auch wir damals englische Offiziere zur Einquartierung bekamen. Dadurch war mir das Englische schon ein wenig vertraut, als ich 1919 die Sexta des Gymnasiums in der Kreuzgasse bezog. Der Direktor dieser Schule stand nicht in der üblichen humanistischen Tradition, sondern kam von den romanischen Sprachen her. Er machte aus seiner Liebe zu Frankreich und zur französischen Kultur kein Geheimnis. Wir hatten darüber hinaus auch familiäre Kontakte nach Frankreich, denn ein Bruder unserer Mutter lebte in Paris, wo wir ihn in den Ferien regelmäßig besuchen durften. Das ganze Rheinland war damals überhaupt vergleichsweise international. Es gab ja auch spürbare separatistische Tendenzen.

Auf der anderen Seite war ein starker Nationalismus gerade bei der Jugend unverkennbar. Das Ideol der „Rechten" war Albert Leo Schlageter, der 1923 von den Franzosen als Terrorist erschossen wurde. Damals bildeten sich auch an unserer Schule solche nationalistischen Zirkel. Wenn ich mich recht erinnere, handelte es sich vor allem um Jungen aus protestantischen Beamten- und Offiziersfamilien, die sich so engagierten. Sie waren nicht offen antisemitisch, hielten sich aber doch von jüdischen Mitschülern fern. So etwas wurde eigentlich nicht recht ernst genommen. Die Eltern hatten keine ausgeprägten politischen Interessen. Sie standen der Demokratischen Partei nahe und haben später vermutlich, wie viele ihrer Freunde und Bekannten, sozialdemokratisch gewählt. Friedrich Sollmann, der sozialdemokratische Reichstagsabgeordnete und Chefredakteur der *Rheinischen Zeitung*, war ein häufiger und gern gesehener Gast in unserem Hause. Das Jüdische spielte in unserer Familie eine ganz untergeordnete Rolle und beschränkte sich auf gelegentliche Synagogenbesuche an den hohen Festtagen.

1927, nach meinem Abitur, begann ich Jura zu studieren. Zuerst in Köln, dann vier Semester in Freiburg. In Köln habe ich nebenher noch Nationalökonomie gehört und in Freiburg Kunstgeschichte. Gegen Ende der zwanziger Jahre machte sich der Antisemitismus an den deutschen Universitäten schon ausgesprochen stark bemerkbar. Die jüdischliberale Verbindung, der ich angehörte, wurde von den Corps und Burschenschaften geschnitten. Da gab es kaum Kontakte. Also, wir waren doch ziemlich isoliert. Nach dem Universitätsexamen wurde ich Referendar und habe nebenher bei Hans Kelsen in Köln über einen Aspekt der reinen Rechtslehre promoviert. Das war 1932. Als Hitler im Januar 1933 Reichskanzler wurde, machte ich gerade bei einer damals recht bekannten Sozietät in Berlin, Fischer, Friedländer & Preuss, mein Praktikum als Anwalt. Die Kanzlei lag in der Nähe des Lehrter Bahnhofs, schräg gegenüber vom Reichstag. Von meinem Fenster aus sah ich einige Wochen später die rauchende Kuppel des Reichstagsgebäudes . . . Einen Tag nach den Märzwahlen, die Hitler an der Macht bestätigten, bin ich nach Köln zurückgekehrt, um mich auf das Assessorexamen vorzubereiten. Dort erhielt ich 14 Tage vor dem anberaumten Termin einen Brief, daß man mich als Juden nicht zur Prüfung zugelassen hätte.

Nachdem ich den Schock einigermaßen überwunden hatte, habe ich mich zuerst einmal in der Schweiz und in Frankreich um ein Stipendium für internationales Recht bemüht. Vergeblich. Ein Auslandsstudium für deutsche Juristen war unter den damaligen Umständen fast unmöglich geworden. Da mir auch die Eltern nicht weiterhelfen konnten (die Geschäfte begannen deutlich zurückzugehen), bin ich erst einmal über Holland nach Paris gegangen. Dort lernte ich eine Reihe interessanter Leute kennen, deutsche Juden zumeist, Emigranten, die hier auch irgendwie gestrandet waren. Aber es war doch ein kümmerliches Leben.

Anfang 1935 habe ich mich in den Zug gesetzt und bin nach Holland zurückgefahren, nachdem alle Versuche gescheitert waren, in Frankreich weiterzustudieren oder eine Arbeitserlaubnis zu bekommen. Da kam mir die Familie zur Hilfe. In Utrecht konnte ich mit einem ziemlich bescheidenen Gehalt bei meinem Onkel anfangen, der dort eine Möbelfabrik besaß. Um den Export ein bißchen anzukurbeln und natürlich auch, um ein Stückchen von der weiten Welt zu sehen, ging ich 1936 für drei Monate nach Südafrika. Später, 1938, folgte ein zweiter Aufenthalt von acht Monaten. Es ist ein interessantes und schönes Land, und ich habe viel gelernt in dieser Zeit, aber nach meinen Erfahrungen in Deutschland hatte ich von jedweder Rassenpolitik entschieden genug! Außerdem hatte ich in der Zwischenzeit in Utrecht meine spätere Frau kennengelernt.

1935/36 waren auch meine Eltern nach Holland gekommen. Sie hatten das Geschäft weit unter Wert verkauft, als sie merkten, daß ein Verbleib in Deutschland sinnlos war. Mutter besaß keinen niederländischen Paß mehr, aber als gebürtige Holländerin bekam sie recht schnell eine Aufenthaltsgenehmigung. Beide wurden erst nach Ende des Krieges naturalisiert. Mein älterer Bruder war aus geschäftlichen Gründen schon 1931 nach Amsterdam gegangen, so daß unsere engere Familie im – wie es schien – sicheren Holland war, als Hitler in Polen einmarschierte. Jeder hoffte ja, daß Holland neutral bleiben würde.

Der 10. Mai 1940 zeigte uns allen, wie illusionär wir gewesen waren. Utrecht war Festungsstadt, und ich half dabei, Menschen aus den Außenbezirken ins Zentrum zu evakuieren, weil man glaubte, daß sie dort sicherer waren. Der große Platz um die Janskirche glich einem riesigen Zeltlager. Vier Tage später kam das Bombardement auf Rotterdam. Wir sahen in Utrecht von Westen her schwarze Rauchwolken herüberziehen. Es war damals starker Westwind, herrliches Frühlingswetter. Ich erinnere mich deshalb so genau, weil meine Verlobte in Rotterdam wohnte. Können Sie sich meine Gefühle vorstellen? Gleich nach der Kapitulation bin ich dorthin gefahren, um sie nach Utrecht zu bringen. Gott sei Dank war ihr nichts passiert. Ein Onkel von mir hatte mit seiner Familie noch im letzten Augenblick nach England fliehen können, aber wir saßen in der Falle. Die Deutschen hatten uns eingeholt, und niemand wußte, wie es weitergehen würde.

Die allgemeine Depression wurde durch private Probleme noch verstärkt. Denn die (christliche) Familie meiner künftigen Frau war prodeutsch eingestellt. Ihr Vater, ein angesehener Professor der Zahnheilkunde, weigerte sich, einen jüdischen Schwiegersohn zu akzeptieren. Damals schrieb das holländische Gesetz noch vor, daß junge Frauen bis zum 27. Lebensjahr für die Eheschließung eine Einverständniserklärung des Vaters vorlegen mußten. So haben wir erst im letzten Moment heiraten können, 1941, als jüdisch-christliche Mischehen von der deutschen Besatzungsmacht eigentlich schon verboten waren. Ohne die nicht ganz legale Hilfe eines Freundes, der bei der Stadtverwaltung beschäftigt war, wäre es sicherlich nicht geglückt. Mein Schwiegervater hat sich später der NSB, den holländischen Nationalsozialisten, angeschlossen. Das ist eine sehr tragische Geschichte. Ich habe ihn erst 1946 kennengelernt. Er war nach der Befreiung von den eigenen Landsleuten als Kollaborateur verhaftet und eingesperrt worden. Später haben wir keinen Kontakt mehr mit ihm gehabt. Auch ein Bruder meiner Frau, der zusammen mit mir in Köln studiert hatte, stand als Mitglied der faschistischen „Schwarzen Front“ auf seiten der Deutschen. Es war eine wirkliche Familientragödie. Um so mehr bewundere ich die Unerschrockenheit und den Mut meiner Frau, ohne die ich hier heute nicht sitzen würde.

Man brauchte kein Völkerrecht studiert zu haben, um zu sehen, wie die Nazis die Menschenwürde mit Füßen traten. Ich weigerte mich von Anfang an, ihren Gesetzen und Verordnungen zu gehorchen und schwor mir, so lange wie es irgend möglich war, durchzuhalten und nur im äußersten Notfall unterzutauchen. Doch ein unglücklicher Zufall machte diesen Vorsatz nur allzu bald zunichte. Als ich eines Tages ohne Judenstern und mit einem falschen Ausweis (danach hieß ich „van Aken“ und war Deutschlehrer von Beruf) durch die Stadt radelte, wurde ich auf der Straße von einem holländischen Polizisten angehalten. Er kannte mich von früher unter meinem richtigen Namen und zerriß den gefälschten Ausweis, bevor er mich im Hauptkommissariat ablieferte. Man brachte mich sofort nach Amsterdam, wo ich von der SS in der Euterpestraat drei Mal verhört wurde. Nach achtwöchiger Untersuchungshaft kam ich in das berüchtigte holländische Strafgefangenenlager Amersfoort. Das war 1942.

Amersfoort stand unter deutscher Aufsicht, diente aber in erster Linie als Ausbildungslager für die holländischen SS-Leute. Die lernten dort ihr „Handwerk“: demütigen, quälen, morden. Wir mußten arbeiten, Steine schleppen und Stubben roden. Stundenlange Appelle. Es wurde viel geschlagen. Ich habe mit eigenen Augen gesehen, wie Menschen zu Tode geprügelt wurden. Jeder, der sich dem Stacheldraht mehr als sieben Meter näherte, wurde unweigerlich erschossen. Das habe ich selbst mit ansehen müssen ... Nach weniger als vier Wochen wurde ich aus unbekannten Gründen Anfang November 1942 aus Amersfoort nach Westerbork geschickt, und zwar nicht in das Durchgangslager, sondern in das sogenannte Verlängerte Untersuchungsgefängnis, das unter Aufsicht der holländischen Gendarmerie stand. Hier wurde ich korrekt behandelt, konnte viel lesen und mich von dem Terror in Amersfoort einigermaßen erholen. Ich hatte innerhalb eines Monats schätzungsweise 20 Kilogramm abgenommen.

Als meine Eltern erfuhren, daß man mich verhaftet hatte, sind sie sofort untergetaucht. Sie haben den Krieg überlebt mit Hilfe eines anständigen holländischen Polizisten, der für alles sorgte. Im März 1945 sind sie zwar noch aufgegriffen worden, aber zu diesem Zeitpunkt fanden keine Deportationen mehr in den Osten statt. Sie konnten das Gefängnis nach der Befreiung Amsterdams durch die Kanadier unbehelligt verlassen. Mein Bruder war mit seiner Frau, einer holländischen Jüdin, ebenfalls untergetaucht. Auch sie wurden gerettet. Nach dem Krieg sind sie zusammen mit ihrem Sohn in die Vereinigten Staaten ausgewandert.

Nach vier vergleichsweise ruhigen Wochen kam ich im Dezember 1942 als „Straffall" ins eigentliche Lager Westerbork. Meine Frau, die gerade unser erstes Kind geboren hatte, war verzweifelt, denn es war bekannt, daß „Straffälle" unverzüglich und ausnahmslos im Viehwaggon nach Auschwitz geschickt wurden. Sie hat sich an eine meiner holländischen Nichten gewandt, die, fragen Sie mich nicht wie, einen SS-Hauptsturmführer kannte, der eine sehr hohe Position bei der Sicherheitspolizei in Den Haag bekleidete. Diesem Nazifunktionär, Dr. Willy Zöpf, verdanke ich offenbar mein Leben, denn er schickte augenblicklich ein Fernschreiben nach Westerbork, wodurch ich im letzten Moment von der Deportationsliste gestrichen wurde. Es war ein Wunder. Auf Betreiben meiner Frau und nach erneutem Einspruch dieser Nichte ist später auch das „S" (für „Straffall") aus meiner Personalakte entfernt worden. Ich bin noch fast acht Monate in Westerbork gewesen, durfte außerhalb des Lagerzaunes arbeiten und konnte regelmäßig Lebensmittelpakete empfangen, die meine Frau mir schickte. Ich habe sie in dieser Zeit sogar zweimal sehen dürfen.

Und dann geschah etwas Entsetzliches. Im April 1943 kam Hauptsturmführer Aus der Fünten persönlich nach Westerbork, um die dort inhaftierten Juden, die mit einer nichtjüdischen Frau verheiratet waren, zu überreden, sich sterilisieren zu lassen. Selbstverständlich würde niemand gezwungen werden, hieß es, aber wer sich weigerte, der sollte die Reise nach Polen antreten ... Diejenigen, die sich bereit erklärten, könnten direkt nach dem Eingriff als „freie" Männer ohne Stern nach Hause gehen. Dieses Ansinnen hatte einen ungeheuren emotionalen Ausbruch vor allem bei den jüngeren der etwa 100 bis 120 Betroffenen zur Folge. Ich gehörte zu der Minderheit, die sich kategorisch weigerte, diesen Schritt zu tun. Obgleich ich ahnte, was im Osten geschah, stand meine Entscheidung fest: NEIN! Und dann, die „Ja-Sager" waren zum Teil schon nach Amsterdam gebracht worden, kam völlig überraschend unsere Entlassung!

Den 5. Juli 1943 werde ich zeit meines Lebens nicht vergessen. Es ist der Tag, an dem ich nach Hause zurückkehren durfte. Sechs Monate lang konnte ich mich um meine Frau und unseren Sohn kümmern. Dann kam ein erneuter Aufruf, diesmal zum Arbeitseinsatz nach Havelte, ganz in der Nähe von Westerbork. Die Deutschen wollten dort einen Flugplatz bauen. Wir, jüdische und nichtjüdische Zwangsarbeiter, lebten zusammen in Baracken, verdienten etwas Geld und bekamen sogar Urlaub. Es war alles in allem erträglich. Ich bin in Havelte bis zum 6. Juni 1944 geblieben, als in der Normandie die alliierte Invasion begann. Plötzlich war kein Deutscher mehr zu sehen. Ich habe kurzerhand ein Fahrrad genommen, bin zum nächsten Bahnhof gefahren und habe ein Billet nach Utrecht gelöst. Drei Wochen war ich zu Hause. Dann bekamen wir Briefe aus Havelte, in denen ich zur Rückkehr auf die Baustelle aufgefordert wurde. Daraufhin bin ich sofort untergetaucht, bei einem Bahnbeamten ganz in der Nähe unseres Hauses. Hier blieb ich während der folgenden zwei Monate, bis im September 1944 der große Bahnarbeiterstreik begann und wir beide, mein Gastgeber und ich, wohlbegründete Angst vor Hausdurchsuchungen hatten. Nach reiflichem Überlegen sind meine Frau und ich zu dem Schluß gekommen, daß es das beste wäre, einfach wieder nach Hause zurückzukehren. Dort, in den eigenen vier Wänden, habe ich dann im Mai 1945 die Befreiung erlebt.

Als der Krieg zu Ende war, fragte mich mein Onkel, ob ich Interesse hätte, wieder bei ihm zu arbeiten. Die Möbelfabrik war restlos geplündert, da der deutsche Verwalter alles, was in irgendeiner Weise verwertbar war, auf eigene Rechnung an die Deutsche Reichspost verkauft hatte, die die Beute ihrerseits in letzter Minute nach Deutschland hatte schaffen wollen. Eines der mit dem Inventar und den Maschinen beladenen Schiffe lag zum Zeitpunkt der Kapitulation noch in holländischen Gewässern, das zweite war bis nach Aurich in Ostfriesland gekommen. Um die Formalitäten der Rückführung in die Wege zu leiten, bin ich sehr früh, schon Ende 1945, wieder in Deutschland gewesen. Ohne Haß übrigens. Das Gefühl, dorthin zurückkehren zu können, hat mich in gewisser Hinsicht durchaus bewegt, aber die deutsche Identität war mir nach allem, was ich seit 1933 erlebt hatte, abhanden gekommen. Ich bin 1947 holländischer Staatsbürger geworden, ganz unproblematisch. Meine Heimat, meine Familie ist heute hier. Wir haben nach dem Kriege noch zwei weitere Söhne bekommen.

Dennoch. Es klingt nach dem Gesagten vielleicht merkwürdig, aber eine schwer zu beschreibende Zuneigung zu Köln, zum Rheinland, ist doch geblieben. Wenn ich irgendwo Kölsch sprechen höre, fühle ich etwas, das mich an die Kindheit erinnert. Mein Vaterhaus in Köln steht noch.

Hans K.

Leid ist nicht meßbar

Hans K. (1937/38)

Im Dezember 1909 kam ich in Bad Freienwalde an der Oder zur Welt. Im Herbst 1936 emigrierte ich aus Deutschland in die Niederlande, ein Jahr, nachdem meine drei Jahre ältere Schwester nach Palästina gegangen war. Die Eltern blieben allein in Berlin zurück, wohin wir nach dem Konkurs des väterlichen Geschäfts in den zwanziger Jahren gezogen waren. Die Eltern kamen beide aus einem gutbürgerlichen jüdischen Haus, Mutter aus Schlesien, Vater aus Ostpreußen. Sie waren völlig assimiliert und angesehen in dem kleinen brandenburgischen Landstädtchen, in dem ich meine Jugend verbrachte. Die Landschaft des Oderbruchs, das „Mark Brandenburgische" überhaupt, übt noch immer eine seltsame Faszination auf mich aus. Eine Landschaft kann man nicht hassen.

Auf der Schule, dem Gymnasium, hatte ich die ersten antisemitischen Erlebnisse. Es muß in der Unterprima gewesen sein, ich war der einzige Jude in der Klasse. Ein neuer, jüngerer Deutschlehrer, wohl ein Sozialdemokrat, gab uns eine Aufgabe: Wir sollten einen Prosatext vortragen oder irgend etwas Lyrisches, jeder nach seinem Geschmack. Danach sollte die Klasse darüber diskutieren. Ich wählte „Die schlesischen Weber" von Heine, ein wunderbares Gedicht: „Deutschland, wir weben dein Leichentuch, wir weben hinein den dreifachen Fluch – wir weben, wir weben!" Als ich geendet hatte, schwieg die Klasse. Der Lehrer fragte: „Wollen Sie sich bitte äußern?" Da stand der Klassensprecher auf und sagte: „Die Klasse weigert sich, hierüber zu sprechen. Das Gedicht beschmutzt das eigene Nest!" Setzte sich wieder hin, und ich war zwei Jahre im „Klassenschiß", so nannte man das damals. Diese Erfahrung erzeugte schon früh ein Gefühl des Nichtdazugehörens.

In Freienwalde habe ich übrigens schon vor 1933 Goebbels erlebt, er sprach anläßlich einer großen SA-Versammlung auf dem Marktplatz, direkt gegenüber unserer Wohnung. Ein Rattenfänger. Aber wir dachten damals noch: Sie werden es nicht wagen . . . Gegen Ende meiner Schulzeit habe ich in einem Schülerwettbewerb des Börsenvereins des deutschen Buchhandels einen Dritten Preis gewonnen; mein Beitrag wurde auch in einer kleinen Broschüre gedruckt, worauf ich sehr stolz war. Eines der Bücher, das ich damals von dem Geldpreis kaufte, war Sigmund Freuds „Vorlesungen". Ich besitze es noch heute, eine Dünndruckausgabe, schweinsledern eingebunden.

1928 habe ich das Abitur gemacht, studierte danach Medizin und erhielt an der Preußischen Hochschule für Leibesübungen in Spandau eine Ausbildung als Turn-, Sport- und Schwimmlehrer, die mir nach 1933 sehr zustatten kam. Ein Onkel von mir, der in Hamburg Arzt war, zahlte die Kolleggelder. Den Rest mußte ich selbst verdienen. Anfangs gab ich Nachhilfeunterricht, später habe ich Musik gemacht, saß als Trompeter und Geiger in verschiedenen „Bands". Man sagt, daß Berlin damals der Mittelpunkt der Welt war. Wir spielten zu allen möglichen Gelegenheiten, von kleinen Vereinsfesten um den Alexanderplatz herum bis zum Presseball im Zoo-Restaurant, zum Filmball in der Krolloper, zum Ball der Technischen Hochschule. Wenn ich eine Nacht durchspielte, hatte ich 25 Mark verdient, viel Geld zu der Zeit. Das war gegen Ende der berühmten zwanziger Jahre. Ich habe zuerst hinter dem Anhalter Bahnhof gewohnt, in der Großgörschenstraße. Später bin ich hin- und hergezogen; Bayrisches Viertel, Steglitz, Südwestkorso, zum Schluß Bamberger Straße und Fehrbelliner Platz. Tagespolitisch war ich wenig interessiert, ich glaube, ich habe damals sozialdemokratisch gewählt.

Irgendwann begann ich zu schreiben. Es war eine Art Selbstanalyse, meine eigene Geschichte und die meiner Eltern in Freienwalde. Das Schicksal, der Untergang eines kleinen Selbständigen und seiner Familie in der unsicheren Zeit der Weimarer Republik. Ein Roman. Im Herbst 1932 konnte ich Gottfried Bermann Fischer persönlich das Manuskript übergeben. Drei Monate später rief Oskar Loerke an, der berühmte Lyriker und Fischer-Lektor, und sagte, daß der Roman angenommen sei.

Von dem ersten Honorar, ich glaube 600 oder 800 Mark – das war damals furchtbar viel Geld – bin ich Skilaufen gegangen. Als ich aus dem Engadin zurückkam, brannte der Reichstag. Im Frühjahr 1933 erschien also mein Roman „Das Leben geht weiter“ beim legendären S. Fischer. Ich habe dem alten „Samy“ noch die Hand gedrückt. Bei einem Empfang in seinem Hause sah ich Leonhard Frank, Richard Huelsenbeck, Alfred Döblin, Joachim Maass und Karl Jacob Hirsch, all die großen Namen. Ich war gerade 24 und wohl der letzte jüdische Autor, der bei „S. Fischer“ literarisch debütierte. Ein Jahr später, 1934, stand auch mein Buch auf der Verbotsliste.

Und das Leben ging tatsächlich weiter. Nachdem ich im Januar 1934 mein ärztliches Staatsexamen abgelegt hatte, durfte ich als Jude meinen Beruf nicht ausüben. Ich unterrichtete zunächst einmal als Sportlehrer am Landschulheim Caputh. Dort waren jüdische Kinder aus ganz Deutschland untergebracht, deren Eltern verzweifelt nach Ausreisemöglichkeiten und einer neuen Bleibe irgendwo auf der Welt suchten. Dann folgten Tätigkeiten an anderen jüdischen Schulen in Berlin. Die politische und allgemeine Situation für uns deutsche Juden wurde ja immer gespannter. In der Zeit nach dem Röhm-Putsch wurde mir eigentlich zum ersten Mal bewußt, daß es keinen Rechtsstaat mehr in Deutschland gab. Vor allem meine „illegale“ Frau, die ich – sie war Nichtjüdin – aufgrund der Nürnberger Rassengesetze damals nicht heiraten durfte, hatte ein unglaubliches Gespür für das, was später kam. Im Frühjahr 1936 ging sie allein in die Niederlande, knüpfte einige wichtige Kontakte und kam zurück mit einer Schallplatte holländischer Kinderlieder. Sie sagte zu mir: „In Holland gibt es auch Kinder, für die Du arbeiten kannst. Ich gehe!“ Ein halbes Jahr später verließ ich Deutschland mit nur einem Koffer in der Hand. Der holländische Grenzpolizist, ein kleiner beleibter Mann mit rötlichem Haar, musterte mich bei der Zugkontrolle genau und fragte: „Was wollen Sie denn hier?“ Ich antwortete, daß ich meine Ferien in Holland verbringen wollte. Da schrieb er mir in meinen Paß „Nach sieben Tagen melden!“ Sobald ich wieder allein war im Abteil, habe ich die Seite herausgerissen. Das war natürlich Wahnsinn, aber durch Freunde aus den Montessori-Kreisen in Naarden erhielt ich dennoch eine Aufenthaltsgenehmigung.

Die erste Zeit war alles andere als einfach. Ich habe von 75 Cent am Tag leben müssen, was selbst damals ein Kunststück war. Das größte und dringendste Problem aber war die Sprache – ich mußte Holländisch lernen, wollte ich je die Chance haben, hier zusammen mit meiner Frau vorwärts zu kommen. Die ersten Wörter, die sich mir einprägten, waren „netjes“ (ordentlich) und „zuinig“ (sparsam). Nach einiger Zeit verließ ich Amsterdam, das damals voll war von deutschen Emigranten, und ging nach Naarden, einer kleinen Stadt nördlich von Utrecht, wo ich schließlich auch in das Bevölkerungsregister eingetragen wurde. Ich begann mich um psychisch gestörte Kinder zu kümmern. Im Jahre 1938, nach dem Novemberpogrom, konnte ich meine Eltern nachkommen lassen. Viele Verwandte waren schon früher aus Deutschland weggegangen, andere mußten bleiben, weil sie nicht wußten, wohin.

Als die Deutschen im Mai 1940 die Niederlande überfielen, habe ich nach dem ersten Schock eigentlich ganz normal weitergearbeitet. Wie das möglich war, wird wohl immer ein Rätsel bleiben, wenn sich auch verschiedene Erklärungen anbieten. Vielleicht wollte niemand wahrhaben, was mit den Juden geschah. Vielleicht widersprach es auch dem „nüchternen“ holländischen Charakter, sich solchen Vorstellungen extremer Grausamkeit hinzugeben. Klammerte man sich immer noch an die Hoffnung, zu so etwas seien die Deutschen nicht fähig, selbst dann noch, als schon die Deportationszüge gen Osten rollten?

Ich bin erst im März 1943, anderthalb Jahre nach der Geburt unserer Tochter, definitiv untergetaucht. Ohne die Hilfe von holländischen Freunden wäre dies nie möglich gewesen. Ungefähr zur gleichen Zeit wurden auch meine Eltern deportiert. Sie hatten aufgrund der Bemühungen meiner Schwester eine Einreiseerlaubnis für Palästina erhalten und kamen auf eine spezielle Austauschliste. Erst nach dem Krieg erfuhren wir, daß diese Liste „geplatzt“ war. Meine Frau blieb mit unserer kleinen Tochter in Naarden, bis auch sie für einige Zeit untertauchen mußte. Ich ging zuerst zu einem Freund, der eine Anstalt in der Nähe der deutschen Grenze leitete, später nach Delft. Hier kam ich dann in Kontakt mit der Widerstandsgruppe „Vrije groepen Amsterdam“, für die ich unter einem Decknamen als Arzt arbeitete. Das hieß in erster Linie: Menschen versorgen, die untergetaucht waren und keine Identität mehr hatten, Lebensmittelkarten verteilen und, das war das Schwierigste, Konflikte lösen zwischen Untergetauchten und Gastfamilien. Alles keine Heldentaten, keine Aktionen mit der Waffe in der Hand. Dafür wäre ich auch nicht geeignet gewesen. Ich war einfach viel unterwegs, immer mit falschen Papieren. Aber die waren offenbar so gut, daß mir nie etwas passiert ist.

Irgendwann, nach einer Ewigkeit, war dann der Krieg aus. Allen, die damals die Befreiung miterlebt haben, wird sie unvergeßlich bleiben. Als ich damals zu meiner kleinen Familie zurückkehrte, hat mich unsere kleine Tochter zuerst nicht erkannt. Das JOINT, eine große amerikanische Hilfsorganisation, begann schon 1945, die schwer getroffene jüdische Gemeinschaft in den Niederlanden, vor allem in Amsterdam, wieder neu aufzubauen. Man suchte jemanden, der mit den jüdischen Waisenkindern arbeiten konnte, die Krieg und Verfolgung im Versteck überlebt hatten oder die in kleiner Zahl aus den Konzentrations- und Vernichtungslagern zurückgekehrt waren. Die meisten dieser Kinder hatten ja keine leiblichen Angehörigen mehr und standen ganz allein. Ihre Versorgung wurde zu einer meiner Hauptaufgaben. Zusammen mit anderen überlebenden Juden gründete ich dann die jüdische Kriegswaisenorganisation „Le Ezrat Hajeled", das heißt auf deutsch „Zur Hilfe des Kindes". Es handelte sich um eine psycho-soziale Einrichtung, die ich bis etwa 1970 leitete. Hier ging es in erster Linie darum, geeignete Pflegemilieus zu finden, um diesen Kindern ein neues Leben zu ermöglichen. Bald zeigte sich, daß die Zeit der Verfolgung bei vielen Kindern tiefe seelische und psychosoziale Verstörungen hinterlassen hatte. Sie mußten ja mit ihren Erfahrungen in einer Gesellschaft weiterleben, die selbst durch Krieg und Verfolgung schwer getroffen war. Ich hoffe, daß ich manchen von ihnen habe helfen können.

Aufgrund meiner Arbeit im Widerstand erkannte die niederländische Regierung nach dem Kriege den größten Teil meiner deutschen Examina an, und Ende 1947, nach einigen kurzen klinischen Praktika, war ich dann mit 38 Jahren auch formal holländischer Arzt. Ich machte eine Zusatzausbildung als Psychiater und Psychoanalytiker und wurde 1967 Mitarbeiter an der Kinderpsychiatrischen Universitätsklinik Amsterdam. Dort habe ich zwölf Jahre später mit einer Untersuchung über das Schicksal der jüdischen Kriegswaisen in den Niederlanden promoviert. Vielleicht verstehen Sie, daß das für mich mehr war als nur eine wissenschaftliche Arbeit.

Literarisch habe ich mich während all dieser Jahre vergleichsweise wenig betätigt. In der Vorkriegszeit waren noch einige deutsche Gedichte unter dem Pseudonym „Alexander Kailand" in der holländischen Literaturzeitschrift *De Gemeenschap* erschienen. Als ich untergetaucht war, arbeitete ich an einer Erzählung, die unter dem Titel „Komödie in Moll" 1947 im Querido-Verlag in Amsterdam herauskam. 1959 folgte der Roman „Der Tod des Widersachers“. Er thematisiert das Leben eines jungen Juden in der Konfrontation mit dem Nationalsozialismus und gipfelt in der Auseinandersetzung mit dem Verfolger, dem Bösen schlechthin. Das Buch ist seit langem vergriffen. Ich hoffe sehr, daß es auch in Deutschland noch einmal sein Lesepublikum finden wird. Der Fischer-Verlag hat 1984 meinen Erstling „Das Leben geht weiter“ 50 Jahre nach seiner Veröffentlichung noch einmal als Taschenbuch neu erscheinen lassen. Und eben erst ist in Gießen eine kleine Gedichtsammlung unter dem Titel „Sprachwurzellos“ herausgekommen.

Von Leo Vroman, einem bekannten niederländischen Dichter, der den Krieg in einem japanischen Konzentrationslager überlebte und danach in die Vereinigten Staaten ging, stammt das ins Deutsche übertragene Wort „Lieber Heimweh als Holland“. Ich habe diese These einmal ganz bewußt umgedreht und geschrieben „Lieber Holland als Heimweh“. Das war lange, nachdem ich Holländer geworden war. Was ich hier auch heute noch als so befreiend empfinde, ist die Tatsache, daß man in den Niederlanden durchaus mehrere Identitäten haben kann, ohne daß die Loyalitätsfrage gestellt wird. In Deutschland war das – wie meine Geschichte mit dem Heine-Gedicht zeigt – zumindest damals nicht möglich. Diese calvinistische Toleranz gilt auch und gerade gegenüber den Juden. Man respektiert sich irgendwie und läßt einander leben. Das, was nach 1933 in Deutschland geschah, hätte hier niemals passieren können. Es gibt ein berühmtes Gedicht des holländischen Theologen und Lyrikers Revius (1587–1658), das in der deutschen Übersetzung mit den Worten beginnt: „Es sind die Juden nicht, Herr Jesus, die dich kreuzigten, und die dir schmählich spuckten ins Gesicht . . .“

Nach dem Kriege bin ich übrigens sehr früh wieder in Deutschland gewesen. Die Mutter meiner Frau wohnte damals noch dort, in einem kleinen Barockstädtchen im Odenwald. Auch meine zweite Frau stammt aus dem deutschen Sprachraum. Als unsere Tochter zum ersten Mal die Formulierung las: „deutschsprachige Autoren im Ausland“, fragte sie erstaunt: „Ja, leben wir denn im Ausland?“ Nein. Natürlich nicht. Aber in der jüdischen Mystik heißt es irgendwo: „Jedes Sein ist ein Sein im Exil“. Es will mir scheinen, daß dieser Satz für unsere Zeit mehr Gültigkeit hat denn je zuvor.

Rosemarie S.

Jugend in Pommern

Rosemarie S. (ca. 1928)

Meine Eltern hatten ein Geschäft für Putz- und Modewaren in Stralsund. Ein großes Geschäft in bester Lage, sechs Schaufenster. Meine Mutter saß an der Kasse, und beide gingen oft auch abends noch einmal hinunter ins Geschäft, um Rechnungen zu schreiben oder die Korrespondenz zu erledigen. Typische Geschäftsleute.

Wir Juden in Stralsund hatten es nicht leicht. Die Gutsbesitzer aus der Umgebung und die sogenannten „besseren" Leute in der Stadt machten aus ihrer Abneigung keinen Hehl. Pommern galt schon in den zwanziger Jahren als eine „Hochburg des Antisemitismus" in Deutschland. Aber in unser Geschäft kamen sie doch – trotz Annoncen in der Zeitung zu Weihnachten: „Kauft nicht bei Juden!" Meine Eltern haben sich jedenfalls große Sorgen gemacht. Mein Bruder, der sechs Jahre älter war, hat besonders unter antisemitischen Mitschülern gelitten. Er verschlechterte sich in der Schule so sehr, daß er, obgleich eigentlich ein guter Schüler, schließlich das Gymnasium vor dem Abitur verlassen hat.

Es war irgendwie die ganze Atmosphäre dort. Mein Vater hatte uns immer eingebleut: „Wenn du Jude bist, mußt du deinen Mund halten. Paß' dich an und behalte deine Meinung für dich!" Ich fand es furchtbar, diese Ängstlichkeit, diese Untertänigkeit, wenn er die Kunden zur Ladentür begleitete und dabei seine Diener machte. Wir waren nicht religiös zu Hause. Das Geschäft blieb auch an den hohen Feiertagen immer geöffnet. Wenn wir dann in die Synagoge gingen, ließ Vater seinen Zylinder in einem Köfferchen von einem Ladenmädchen voraustragen, damit ihn um Gottes Willen niemand sah. Wer ein Geschäft hat, hieß es zu Hause, muß sich arrangieren. Auch politisch haben sie sich arrangiert. Von der Reichsfahne schwarz-weiß-rot wurde die rote Bahn abgetrennt, so erhielten wir die preußischen Farben schwarz und weiß, mit denen bei jeder sich bietenden Gelegenheit geflaggt wurde. Wir waren ja soooo deutsch. In der Schule gab ich während des Ersten Weltkriegs, wie alle meine Mitschülerinnen, „Gold für Eisen" und war furchtbar stolz. Nur: als ein Onkel – er war in Berlin Direktor bei den Charlottenburger Wasserwerken – erklärte, daß er die Deutschnationale Volkspartei wählte, die offen mit einem antisemitischen Wahlprogramm warb, da fanden die Eltern das nun aber doch unmöglich. Unerhört! Ich weiß noch, wie außer sich alle waren! Nein, meine Eltern wählten treu die Deutsche Demokratische Partei.

Es muß nach der Inflationszeit gewesen sein, da sind wir für zwei Jahre von Stralsund nach Stettin gezogen. Mein Vater hatte in Stralsund einen Geschäftsführer eingesetzt und übernahm in Stettin selbst die Abteilung „Hüte" im dortigen Kaufhaus seines Bruders. Ich trug immer Hüte, wenn ich zur Schule ging. Denn Vater war der Meinung: „Wenn Du keinen Hut trägst, wer soll dann einen kaufen bei uns?" In Stettin habe ich aufgeatmet. Ich fühlte mich freier und irgendwie dazugehörig. Die jüdische Gemeinde war viel größer, und es gab gleichaltrige jüdische Freundinnen, mit denen ich spielen konnte. In Stralsund war es so gewesen, daß ich von vielen christlichen Mitschülerinnen als Jüdin nicht eingeladen wurde. Später verwehrte man mir dort auch die Mitgliedschaft im einzigen Tennisklub der Stadt. Ja, so war das. Das Gefühl des Ausgeschlossenseins ist mir auch heute noch gegenwärtig, wenn ich an diese Zeit zurückdenke.

Übers Judentum haben wir in der Familie eigentlich nie geredet. Mein Großvater sprach am jüdischen Neujahrsabend den Kidduschsegen, daran erinnere ich mich noch, aber nach seinem Tod 1920 war's damit vorbei. Statt dessen wurde bei uns Weihnachten gefeiert, so richtig deutsch. Mutter und ich, wir haben vierhändig Klavier gespielt und mein Bruder Geige: Weihnachtslieder.

Mit 16 Jahren wäre ich am liebsten von der Schule abgegangen. Ich träumte davon, im Berliner Lettehaus Handarbeiten zu lernen und später in Stettin oder Stralsund eine entsprechende Abteilung im Familiengeschäft aufzubauen. Aber Mutter hielt nicht viel von der Idee; sie fand, daß ich noch zu jung wäre, so ganz alleine in der Großstadt. Außerdem war ich eine recht gute Schülerin, und so überredeten sie mich, das Abitur zu machen. Nach der Reifeprüfung begann ich Medizin zu studieren. Ich wollte Kinderärztin werden. Das erste Semester in Hamburg, wo wir Familie hatten. Dann kam eine unvergeßliche Zeit in München und Freiburg. Nach dem Physikum bin ich nach Hamburg zurückgegangen und habe dort meinen ersten Mann kennengelernt.

In den Weihnachtsferien 1932, kurz bevor Hitler kam, haben wir geheiratet in Stralsund mit einer richtigen Chuppah, einer jüdischen Hochzeit also. Die halbe Stadt kam zugucken. Viele der christlichen Gäste, die die Eltern eingeladen hatten, haben dann nach der Machtergreifung nicht mehr gegrüßt. Ich wollte ursprünglich mein Studium in Hamburg beenden, aber nach dem Boykott Anfang April 1933 merkte ich bald, daß es sinnlos war. 1934 habe ich aufgehört, und im Juli 1935 wurde unser Sohn geboren. Mein Mann, Eigentümer einer alten Großhandelsfirma in Hamburg, dachte frühzeitig an Auswanderung. Eine Schiffsreise führte uns 1935 von London über Amsterdam und Casablanca bis Freetown in Sierra Leone. Drei Wochen lang. Diese Kreuzfahrt diente vor allem dem Zweck, Devisen für einen Neubeginn ins Ausland zu schaffen, was damals offiziell schon verboten war. Während dieser Fahrt lernten wir eine Dame kennen, die in England eine Konservenfabrik besaß. Sie gab uns ein Empfehlungsschreiben für den Leiter ihrer holländischen Zweigniederlassung in Rotterdam. Der sagte nur, als mein Mann dort vorsprach: „Sie sind herzlich willkommen, ich stelle Ihnen ein kleines Büro zur Verfügung, und mein Buchhalter wird Ihnen, so gut es geht, behilflich sein.“ Das war natürlich eine fantastische Chance für uns, und im Februar 1937 saßen wir im Flugzeug nach Holland. Unser kleiner Sohn war noch nicht einmal zwei Jahre alt.

Das Geschäft in Rotterdam ließ sich über Erwarten gut an. Wir hatten beide schon in Hamburg holländischen Sprachunterricht genommen und kamen auch so gut zurecht. Nach einer kurzen Übergangszeit in einer Pension in Scheveningen mieteten wir in einem Vorort von Den Haag ein Häuschen. Es war nicht sehr teuer, wurde renoviert und entsprach genau unseren Vorstellungen. Wir haben dort zuerst noch eine angenehme Zeit gehabt, Reisen gemacht und neue Freundschaften geschlossen. Meine Eltern ließen wir kurz vor dem Novemberpogrom von 1938 nach Holland kommen. Sie bezogen eine bescheidene Wohnung ganz in unserer Nähe, aber waren sehr unglücklich dort. Vor allem, weil mein Vater krank war und Mutter sich nach ihren Schwestern sehnte, die sie in Stralsund hatte zurücklassen müssen. Man hat sie später deportiert.

Die Flugzeuge am 10. Mai 1940 – wir wußten erst nicht, ob es deutsche waren oder englische. Mein Mann wollte am Morgen nach Rotterdam fahren, um einige wichtige Papiere aus seinem Büro zu holen, wurde aber bei der Gelegenheit von der holländischen Polizei als staatenloser Ausländer auf der Straße verhaftet. Von der im Radio angeordneten Ausgangssperre hatten wir nichts gehört, jedenfalls blieb ich bis zur Kapitulation mehr oder weniger allein mit dem Jungen zu Hause. Als mein Mann dann wiederkam, brachte er die Nachricht mit, daß das Büro beim deutschen Bombardement auf Rotterdam völlig ausgebrannt war. In den folgenden Monaten hat er versucht, die Buchhaltung so gut es ging zu rekonstruieren. Diese Arbeit war noch nicht beendet, da mußten wir – wie alle deutschen Juden – die holländische Küstenzone innerhalb von drei Tagen verlassen. Es war ein völliges Durcheinander. Wir sind nach Hilversum gegangen, weil dort ein Neffe meiner Mutter lebte. Anfangs haben wir wieder in einer Pension gewohnt, bevor wir ein möbliertes Haus fanden, gemeinsam für meine Eltern und uns. Eine merkwürdige Zeit, zwischen Angst und Hoffnung. Auf der einen Seite wurde damals das Tragen des Sterns („Jood" stand darauf) zur Pflicht gemacht, auf der anderen Seite klammerten wir uns an den Gedanken: „Na ja, in Dänemark benehmen sie sich ganz ordentlich, es soll wohl auch hier nicht so schlimm werden." Ich erinnere mich noch, wie wir damals Silvester feierten. Es war ein Tanz auf dem Vulkan, wir wußten ja nicht, was uns noch alles bevorstand.

Dann kam der Augenblick, daß wir auch Hilversum verlassen mußten. Alle Juden sollten in Amsterdam versammelt werden. Wir hatten außer der Reihe einen kleinen Aufschub bekommen, weil mein Vater so krank war. Unsere Möbel sowie unser gesamtes Hab und Gut wurden genau registriert. Zu einem früheren Zeitpunkt hatten wir schon einen sogenannten „Antrag auf Auswanderung" stellen müssen und den Fragebogen bei der Gestapo in der Euterpestraat eingereicht mit genauen Angaben, wieviel Einkommen und Vermögen wir besaßen. Es war sehr aufregend, wenn man dann so einem deutschen Beamten gegenübersaß. Manchmal wurden die sogar etwas freundlicher, wenn sie feststellten, daß man aus derselben Stadt kam.

In Amsterdam, wo wir drei Zimmer bei einer jüdischen Dame zugewiesen bekommen hatten, begannen wir ernsthaft nach Versteckmöglichkeiten zu suchen. Wir hatten uns entschlossen, den inzwischen siebenjährigen Peter getrennt untertauchen zu lassen, weil uns das sicherer schien. In Amsterdam kamen wir über den Jüdischen Rat in Kontakt mit einem einfachen, christlichen Gefängniswärter, der aus reiner Menschlichkeit Briefe befördert hatte zwischen gefangenen jüdischen Eheleuten. Der war daraufhin fristlos gekündigt worden. Er kam von Zeit zu Zeit zu uns, um Einkäufe zu erledigen und so ein paar Gulden zu verdienen. Wir selbst durften nämlich damals schon nicht mehr mit der Straßenbahn fahren. Eines Tages haben wir ihn einfach gefragt, ob er denn keine Adresse wüßte für unseren Peter. Er sprach mit seiner Frau darüber und sagte dann: „Wir werden ihn selbst zu uns nehmen. Unser eigener Sohn ist im letzten Jahr gestorben, und meine Frau will das gerne tun." So ist er zu diesen Leuten in die Haarlemmermeerstraat gekommen, die auch noch anderen holländischen Juden auf engstem Raum ein Versteck boten. Es waren enorm tapfere Menschen, die ganz aus ihrem Glauben heraus handelten. Peter bekam also einen holländischen Namen und hat sich ganz und gar an seine christliche Umgebung angepaßt. Jeden Morgen ging er zu einer christlichen Schule und jeden Sonntag zusammen mit seinen „Eltern" zweimal in die Kirche. Zu uns, seinen wirklichen Eltern, mußte der kleine Kerl Onkel und Tante sagen. Aus Peter war Piet geworden . . .

Im April 1944 hat man sie dort verraten. Sie hatten abgesprochen, daß er im Fall von Gefahr nicht nach oben kommen sollte. Aber da kein Überfallauto vor der Tür stand, hat er's wohl nicht begriffen, als seine „Untertauchmutter" rief: „Piet, ich kann Deinen Besuch heute nicht gebrauchen!" Sie haben ihn gleich mitgenommen. Ihn und die anderen. Er war nur kurz in Westerbork. Dort traf er seine frühere jüdische Lehrerin und ihren Verlobten, die sich sehr um ihn gekümmert haben. Zusammen haben sie Bergen-Belsen überlebt und sind in Tröbitz befreit worden. Tröbitz in der Lausitz. Zum Schluß hat er sich von Hühnerfutter ernährt. Als wir die Nachricht bekamen, was passiert war . . . das war furchtbar. Wir hörten zwar aus Westerbork, daß man ihn nicht nach Auschwitz, sondern nach Bergen-Belsen geschickt hatte, aber diese Angst, diese Sorge . . . Wahrscheinlich lag in Westerbork ein Palästina-Zertifikat für ihn vor, das dort lebende Familienmitglieder rechtzeitig für alle Fälle besorgt hatten und das ihn jetzt vor der Deportation in ein Vernichtungslager bewahrte.

Wir selbst waren mittlerweile in unserem sechsten (und letzten) Versteck angekommen, in einer kleinen Pension in Voorburg, wo ich in der Küche mithelfen mußte. Und wenn ich dann alleine am Herd stand, habe ich so sehr geweint, daß die Tränen, eine nach der anderen, in den Suppentopf fielen. Kam jemand, habe ich mich zusammengenommen, so gut es ging. Denn es war klar, daß niemand etwas merken durfte, sonst hätten wir auch noch diesen letzten Platz verloren.

Unser erstes Versteck hatten wir 1943 in 's Gravenland gefunden. Der Mann, der regelmäßig unsere Wäsche abholte, hatte uns dort eine Adresse besorgt. Aber dann kam es in der Nachbarschaft zu verschiedenen Verhaftungen, und die Menschen, die uns aufgenommen hatten, bekamen Angst. Daraufhin sind wir am folgenden Morgen früh um sechs Uhr quer durch die Felder nach Hilversum gelaufen und sind von dort mit dem Zug nach Amsterdam gefahren. Zu dem Ehepaar, das unseren Sohn bei sich aufgenommen hatte. Zu diesem Zeitpunkt besaßen wir noch keine gefälschten Personalausweise ohne das verräterische „J", aber wir wußten einfach nicht mehr wohin. Und hier konnten wir tatsächlich bleiben für's erste, obwohl alles so eng und primitiv war. Zwei Zimmer, Küche und WC auf halber Treppe. Fünf Personen! Wenn Peters „neue" Mutter einkaufen ging, mußten wir im Bett bleiben oder still sitzen, damit die Nachbarn keinen Verdacht schöpften. Schließlich wurde der Zustand unhaltbar, so daß wir uns nach einiger Zeit an unseren alten Hausarzt wandten, der uns schon früher seine Hilfe angeboten hatte. Er wurde in diesen kritischen Jahren unser Helfer in der Not, der immer zur Stelle war, wenn wir ihn brauchten, bis er am Ende selbst verhaftet wurde. Zuerst verschaffte er uns ein Unterkommen bei einer früheren Nachbarin, deren beide Kinder im Widerstand aktiv waren. Ihr Sohn besorgte uns falsche Papiere und übermittelte Nachrichten von meinen Eltern, die bis zu ihrer Deportation in Amsterdam wohnten. Er ist später mitsamt seiner ganzen Gruppe verraten worden. Nach ihrer Verhaftung wurde diese Bleibe zu gefährlich, da täglich Hausdurchsuchungen drohten. Wir schliefen aus Vorsicht auf Matratzen in einem niedrigen Keller unter dem Wohnzimmer, wo auch das Radio versteckt war. Wir haben dort Codenachrichten empfangen und über den Sohn an den Widerstand weitergegeben.

Der Arzt hat uns dann für eine kurze Zeit in der früheren Wohnung meiner Eltern untergebracht, die inzwischen an ein vertrauenswürdiges Ehepaar vermietet worden war. Schließlich kamen wir in die Pension in

Voorburg. Dort hatte er unter seinem Namen ein Zimmer gemietet. Mein Mann hat ihm auf wissenschaftlichem Gebiet geholfen, und ich habe in der Küche gearbeitet. Außer dem Arzt kannte nur die Besitzerin unsere wahre Identität. Wir haben ein einziges Mal eine Hausdurchsuchung erleben müssen. Nur weil wir rechtzeitig gewarnt wurden, konnten wir uns noch verstecken. Sie liefen mit ihren Stiefeln direkt über uns hinweg . . . Es war alles nicht leicht, vor allem nicht während des Hungerwinters, als wir uns von Zuckerrüben und Tulpenzwiebeln ernährt haben. Zum Schluß wog ich noch 86 Pfund.

Als dann endlich die Befreiung kam und alle Menschen auf der Straße ausgelassen feierten, habe ich nur geheult. Wir hatten ja noch immer nichts von unserem Sohn gehört. Er stand auf keiner der Listen der Überlebenden. Erst am 13. Juni 1945, mehr als einen Monat nach der deutschen Kapitulation, bekamen wir die Nachricht, daß er noch am Leben war. Ich hätte ganz Den Haag umarmen können. Da niemand wußte, was aus uns geworden war, hatte man Peter erst einmal zu seiner früheren Lehrerin gebracht, wo wir ihn Anfang Juli begrüßen konnten. Er war beinahe zehn Jahre alt und schaute mit seinem kurzgeschnittenen Haar sehr ernst in die Welt.

Später sind mein erster Mann und ich auseinandergegangen und haben beide wieder geheiratet. Mein zweiter Mann ist von Holland aus 1943 über Belgien nach Frankreich geflüchtet und hat dort den Krieg überlebt. Seine und meine Eltern sind am selben Tag in Sobibor vergast worden. Es fiel ihm anfangs entsetzlich schwer, mit diesem Verlust fertig zu werden. Erst die Geburt unserer Kinder hat seinem Leben wieder einen Sinn gegeben. Wir bekamen damals die Möglichkeit, eine feinmechanische Firma zu übernehmen, die wir später weiter ausgebaut haben. So bin ich – ähnlich wie meine Mutter – doch noch Geschäftsfrau geworden. Nach dem Tode meines Mannes habe ich alles verkauft. Heute mache ich einmal in der Woche die Buchhaltung der Internationalen Gesellschaft für christlich-jüdische Zusammenarbeit (ICCJ). Das ist in meinen Augen eine sehr wichtige Sache, und ich hoffe, daß die Arbeit, die dort geleistet wird, zu mehr Verständnis zwischen den Religionen und zu einem Abbau des Antisemitismus führt.

Mein Bruder hat noch rechtzeitig nach Israel emigrieren können, aber er hat sich dort sehr quälen müssen. Ungefähr 1958 ist er dann nach Deutschland zurückgegangen, wo er in seine alte berufliche Stellung zurückkehren konnte. Überhaupt Deutschland. Als ich zum ersten Mal wieder nach Hamburg kam und mit dem Autobus zu meiner früheren Wohnung fuhr, stieg plötzlich ein Kontrolleur ein. Ich bekam panische Angst, die ich mir erst im nachhinein erklären konnte. Auf dem Weg zu unserer ersten Untertauchadresse hatte ich nämlich eine ähnliche Erfahrung gemacht, als die Sicherheitspolizei unseren Bus anhielt und die Personalausweise sehen wollte, die wir nicht besaßen. Wir hatten großes Glück damals, aber solche Dinge vergißt man nicht.

Und meine Kinder? Peter ist jetzt 52 Jahre alt. Nach einem Chemiestudium an der Technischen Universität in Delft ist er heute kaufmännischer Direktor einer großen holländischen Chemiefirma. Der älteste seiner fünf Söhne studiert zur Zeit in Jerusalem. Mein zweiter Sohn hat sich während des Sechstagekrieges 1967 als Freiwilliger nach Israel gemeldet. Im Anschluß daran hat er Politik- und Sozialwissenschaften hier in Amsterdam studiert und lebt seit nunmehr 16 Jahren als holländischer Rundfunkkorrespondent in Jerusalem. Er schreibt auch für verschiedene holländische Zeitungen. Ich bin glücklich, wenn ich ihn gelegentlich im Radio höre oder im Fernsehen sehen kann. Meine Tochter, die jüngste, ist in England verheiratet und hat zwei Kinder. Sie führt einen koscheren Haushalt. Ihr Studium hat sie mit einer wissenschaftlichen Arbeit über die Kinder der jüdischen Überlebenden des Holocaust abgeschlossen. Das Thema beschäftigt sie auch heute noch.

Obwohl ich mich selbst ganz und gar als Holländerin betrachte, bleibe ich doch auch Emigrantin. Wenn mich hier jemand auf meinen Akzent anspricht, sage ich, daß ich in Deutschland geboren bin, aber schon seit 50 Jahren in Holland lebe. Meine Kinder haben sich früher häufig geniert für ihre „deutschen" Eltern mit so anderem Geschmack und anderen Gewohnheiten. Wir haben versucht, sie zweisprachig zu erziehen, aber das war kurz nach dem Krieg nicht so ganz einfach. Ich habe immer sehr darunter gelitten, daß die ganze ältere Generation unserer Familien umgekommen ist und daß die gleichaltrigen Freunde und Bekannten über die ganze Welt verstreut leben. Es ist ein großer Verlust für Kinder, wenn sie ohne Großeltern aufwachsen müssen. Aber schließlich habe ich gelernt, mit diesem Verlust zu leben. Ich glaube, daß ich gerettet worden bin, um wieder eine Familie aufzubauen, und ich denke, daß mir das als Mutter von drei Kindern und als Großmutter von sieben Enkelkindern auch gelungen ist.

Herman Z.
„Aber Fußball spielen darfst Du noch mit uns!"

Herman Z. (stehend rechts) (vor 1933)

Der Ort, wo ich herkomme und aufgewachsen bin, heißt Gildehaus. Das liegt noch keine zwanzig Kilometer entfernt in Deutschland, gerade hinter der Grenze. Hier in Hengelo lebe ich seit 50 Jahren, hier lebt auch meine Frau, hier leben meine Kinder und Enkel. Dort, das ist Deutschland.

Ich bin 1910 in Gildehaus geboren. Mein Vater war Schlachter, Großvater auch. Der war aus den Niederlanden, aus Losser, nach Deutschland eingewandert. Das wußten wir gar nicht, das kam erst raus, als meine Schwester 1934 nach Brasilien auswandern wollte. Da mußten die ganzen Papiere vorgelegt werden, und da sahen wir, daß wir eigentlich Holländer waren. Die Nazis haben uns sofort für staatenlos erklärt, obwohl Vater von 1914 bis 1918 deutscher Soldat gewesen war. Seine Orden haben wir noch irgendwo.

Richtig fromm waren wir zu Hause eigentlich nicht, na ja, so'n bißchen vielleicht. Vater hat zwar Schweine geschlachtet und verkauft, aber wir selbst haben nie Schweinefleisch gegessen. Als wir noch klein waren, mußten wir Kinder – ich hatte einen älteren Bruder und eine jüngere Schwester – mit den Eltern in die Synagoge nach Bentheim. Nach der Bar Mizwa, das gehörte einfach dazu, das wurde mit der ganzen Familie gefeiert, da kamen Onkel und Tante aus Dortmund mit den Kindern, danach war für mich Schluß mit dem Judentum. Hat mich einfach nicht mehr so sehr interessiert. Mit 13 Jahren war ich mit der Volksschule fertig, die Mittelschule habe ich noch angefangen, hab dann aber keine richtige Lust mehr gehabt. Auf der Schule wurde ich nicht anders behandelt als die anderen auch. Es gab zwar Leute, von denen man wußte, daß sie Antisemiten waren, aber das spielte damals eigentlich keine Rolle. Nach der Schule bin ich bei meinem Vater in die Lehre gegangen. Das war 'ne schöne Zeit. Ich war Mitglied im Fußballklub, im Turnverein, überall. Wir gehörten richtig dazu. Als ich ausgelernt hatte, bin ich zuerst als Geselle nach Köln gegangen, in eine Großschlachterei und Wurstfabrik. Dann kam ich, das war so um 1930, nach Hameln. Da begann das schon mit den „Hittis", so nannten sie die Nazis damals. Mein Chef dort, ein Christ, der war eigentlich ganz in Ordnung, der bekam schon Angst. Niemand sollte wissen, daß er einen Juden beschäftigte. Einmal haben mich Jungs aus Gildehaus in Hameln besucht, die haben da auf Platt gefragt: „Mensch, gibt's hier denn auch schon Hittis?"

Schon vor 1933 waren viele zur SA gegangen. Auch welche vom Fußballklub. Gildehaus hatte ungefähr 1.500 Einwohner, darunter vielleicht sechs jüdische Familien und vielleicht 100 Leute, die politisch gegen die Nazis waren. Mein Vater hat immer die Demokraten gewählt. Ich war Sozialdemokrat, von Beginn an, nicht direkt in der Partei, aber auf jeden Fall links. Lieber stimm' ich kommunistisch, hab ich gesagt, als für die Nazis!

Als die dann an die Macht kamen, 1933, mußten wir überall raus. Keiner wollte mit uns noch was zu tun haben. Helga, meine Schwester, ist über Amsterdam nach Brasilien gegangen. Auch mein Bruder ist damals über die Grenze. Hat sich hier in Hengelo später als Buchhändler niedergelassen. Das war ja auch kein Leben mehr in Deutschland. Am Boykott-Tag stand die SA vor unserem Geschäft, so daß niemand mehr rein kommen konnte. Alle Kunden haben sie verjagt. „Kauft nicht bei Juden", hieß das. Da war einer dabei, den ich aus unserem Verein gut kannte, der stand draußen in Uniform, Gewehr über der Schulter, und flüsterte: „Herman, du spielst doch morgen wieder mit Fußball?" Das vergeß ich nicht.

Wir sind noch bis 1936 geblieben. Die Großeltern waren damals schon tot. Vater hat unser Haus verkauft, aber das Geld dafür hat er nie bekommen, das blieb auf der Bank. Und 1940, gleich nach dem Überfall, kam der, der das Haus gekauft hatte, in seiner Naziuniform mit einem SS-Mann zu uns nach Hengelo. Da mußte Vater die Abtretung unterschreiben, sonst hätten sie ihn sofort mitgenommen. Solche Kerle war'n das. Seit 34 wußten wir ja, daß wir noch Holländer waren. Unser Sohn hat den Brief noch: „Mijnheer Z. is nog altijd Nederlandse staatsburger." So kriegten wir sofort Papiere und Arbeitserlaubnis. Die meisten anderen Juden in Gildehaus, die sind geblieben. Wo sollten sie auch hin. Die sind fast alle umgekommen. Vater und ich haben gleich wieder in einer Schlachterei gearbeitet. Mit der Sprache hatten wir keine großen Schwierigkeiten, der Dialekt ist auf beiden Seiten der Grenze gleich. 1937 sagte der Meister, bei dem ich Geselle war: „Herman, ich geh nach Amerika, Du kannst den Laden übernehmen, wenn Du willst." Das hab ich dann getan. Wir fühlten uns ja sicher hier. Wir haben die Deutschen doch nicht gerufen.

Als hier der Krieg begann, am 10. Mai 1940, war ich morgens gerade in der Schlachterei. Da kamen all die Flugzeuge hier rüber. Da hab ich mich verabredet mit einem Belgier, einem Tschechen und noch einem anderen jüdischen Jungen. Wir wollten uns nach Amsterdam durchschlagen. Wir dachten nämlich, die Deutschen kommen nur bis zur „waterlinie". Wenn sie die fluten, dachten wir, kommt da keiner mehr durch. Na, erst kamen wir an die IJssel mit unseren Rädern. Alle Brükken waren schon von den Holländern gesprengt. Also sind wir mit 'nem Ruderboot rüber, direkt in die Arme der holländischen Soldaten. Die glaubten natürlich, daß wir Deutsche waren – bei dem Akzent, den wir alle hatten! Aber nach einem Verhör ließen sie uns laufen. Dann kamen wir nach Amsterdam, es war schon dunkel, und ich kannte in der Stadt niemand und die anderen Jungs auch nicht. Da wurden wir bei einer Kontrolle festgenommen, weil wir alle verschiedene Nationalitäten hatten, und ab ging's zur Wache. Nachdem sie unsere Papiere geprüft hatten, ließen sie uns wieder frei. Um Mitternacht! Die ganze Stadt war ja verdunkelt. Unsere Fahrräder waren natürlich schon längst geklaut; die haben wir nie wiedergesehen. Ich hatte keinen Pfennig, nichts. Da hab ich mich zwei Tage später freiwillig gemeldet als Soldat. Ich wollte nach England. „Englandfahrer" nannte man die Jungs damals. Wir standen schon in der Schlange, um uns einzuschreiben, aber als wir an der Reihe waren, hieß es plötzlich – Schluß, Holland hat kapituliert! Sonst wäre ich nach England gekommen, vielleicht wär ich dann als englischer Soldat irgendwo gefallen.

Ich bin noch 14 Tage durch Amsterdam gelaufen. Irgendwelche Leute haben mich aufgenommen und mir zu essen gegeben. Schließlich bin ich wieder zurück nach Hengelo. Meine Eltern wußten ja nicht, wo ich war. Weil keine Züge mehr in Richtung Osten gingen, sind wir erst mal gelaufen, mein Freund und ich. Dann nahm uns einer im Auto mit, ein ganz großer Nazi aus Hengelo, den der Freund, der bei mir war, kannte. Der hatte einen Sonderausweis und kam überall durch. Sonst wären wir wahrscheinlich nie nach Hause gekommen. Das war ein hohes Tier in der holländischen Partei, der wußte, daß ich Jude bin, aber das machte dem wohl nichts aus. Jedenfalls hat er uns in Hengelo abgesetzt.

Direkt nach der Kapitulation kam die Wehrmacht und hat unser Geschäft beschlagnahmt. Wir kriegten einen deutschen Verwalter, Koldenberg hieß der, der nahm sich erst mal alles, was wir auf der Bank hatten. 1.300 Gulden immerhin. Dieser Koldenberg ist nach dem Krieg, glaube ich, von den Holländern erschossen worden, und das Geld haben wir nie wiedergesehen. Zuerst konnte ich noch als einfacher Arbeiter in der eigenen Schlachterei bleiben, da gaben mir die anderen schon mal heimlich ein Stück Fleisch oder Speck. Aber zum Schluß durfte ich auch dort nicht mehr arbeiten. Dann haben wir uns ungefähr noch ein Jahr so durchgeschlagen. Bis die Aufforderung kam, wir sollten nach Westerbork ... Alle die anderen jüdischen Jungs in Hengelo sagten: „Mensch, laßt uns doch zusammen gehen, das ist dann doch nicht so schlimm, wir arbeiten da eben und können abends auch mal 'n schönen Skat dreschen!" Zu denen hab ich gesagt: „Geht ihr man! Ich laß mich lieber hier totschießen, als daß ich mitgehe!"

Ich war nämlich ein paar Tage vorher auf einem großen Bauernhof hier in der Nähe gewesen, um Vieh zu kaufen. Da sag ich zum Bauern: „Ich hab'n Aufruf gekriegt, wir müssen nach Westerbork." „Du willst ins Lager?", sagte der, „bist Du verrückt, meinst Du, die Moffen haben mit den Juden was Gutes vor? Komm Du man zu uns!" „Ja", sag ich da, „aber was passiert mit Vater und Mutter, die kann ich doch nicht alleine lassen?" „Die bringen wir auch noch unter, und Deine Tante, die kommt zu unserer Tochter in die Stadt!" Königin Wilhelmina hatte nämlich, bevor sie nach England ging, in ihrer letzten Radioansprache gesagt: „Denkt an unsere jüdischen Mitmenschen!" Das hat den so beeindruckt, daß er sagte: „Jetzt muß jeder tun, was er kann. Ich bin 70. Wenn wirklich was passiert, sollen die lieber mich mitnehmen, als all die jungen Menschen." Das ist später mein Schwiegervater geworden, ein ganz feiner, anständiger Mann. Also der hat uns das Leben gerettet.

Ich bin zwei Jahre und acht Monate untergetaucht gewesen. Auf dem

Bauernhof, zusammen mit meinem Vater. Mutter und die Tante saßen in der Stadt. Wir konnten auf dem Hof nur manchmal bei Dunkelheit ein bißchen an die frische Luft. Die Deutschen kamen nämlich oft, auch nachts. Mal nahmen sie Fahrräder mit, mal 'n Pferd und mal das Vieh. Oder sie suchten Radios. Und immer mußten wir uns verstecken. Ich habe trotzdem die ganze Zeit hindurch Schweine geschlachtet. Schwarz natürlich. Und auch sonst mitgeholfen auf dem Hof, was so anfiel. Ja, da war mal so 'ne Hausdurchsuchung. Die Soldaten vorne rein und wir hinten aus dem Fenster 'raus, zwischen den hohen Grünkohl. Keiner hat uns gefunden. Nur die Nachbarsfrau, die hat das gesehen, aber der konnte man vertrauen.

Meine Tante ist im Versteck in Hengelo gestorben. An Leberkrebs, sie war über 80. Da hat mein späterer Schwager, der war Tischler, einen Sarg gezimmert und sie im Garten begraben. Mitten in der Nacht, das durfte ja keiner wissen und keiner hören, da mußte der Sand Hand für Hand auf den Deckel gelegt werden, sonst wären die Nachbarn wach geworden. Nach 1945 ist sie auf einen ordentlichen Friedhof gekommen. Dann kam bald auch Dr. van Haren mit Frau und Kind auf den Hof, ein Arzt, seine Praxis in Hengelo war ausgebombt. Der hat vielen geholfen, auch englischen Piloten, die über Deutschland abgeschossen waren und über die Grenze kamen.Die hat er versteckt. Aber das war natürlich auch gefährlich. Bei Bombenalarm konnten wir nicht mit in den Luftschutzkeller, weil da auch die Nachbarn reingingen. Also blieben wir während der Angriffe oben. Als wir gleich nach der Befreiung 45 zum ersten Mal wieder in die Stadt kamen, wir hatten Holzschuhe an, riefen uns die Leute hinterher: „Scheißbauern, jetzt könnt Ihr endlich keine Wucherpreise mehr nehmen!“ Dabei stimmte das überhaupt nicht, wir kriegten doch nicht einmal Lebensmittelkarten vom Widerstand. Absolut nichts. Über die politische Lage waren wir eigentlich von Anfang an auch ohne Radio gut informiert. Wir bekamen regelmäßig die illegalen Zeitungen. Und das kam so: Eines Tages war ich in der Scheune zugange, und da guckte plötzlich Gendarm Pupjes durchs Fenster, weil der Hund so bellte. Der erkannte mich natürlich, und von dem Tag an brachte er uns, ohne ein Wort zu sagen, die Untergrundblätter. Als der Krieg aus war, hab ich für Pupjes ein Extraschwein geschlachtet. Da war'n wir wieder quitt.

Ja, ja, im Mai 1945, da war hier schon was los. Als meine Mutter wieder ans Tageslicht kam, hatten die Engländer in 'nem Hühnerstall so an die zehn deutsche Landser eingesperrt. Da stellte Mutter sich ganz triumphierend vor die hin und sagte: „Alle Juden sind noch nicht tot! Ich bin noch da!“ Das war wirklich schön. Und als sich die Eltern zum erstenmal nach fast drei Jahren wiedersahen, meinte Vater kopfschüttelnd so auf Platt: „Ach, wat büs Du doch old worrn!“ Mutter ist auch bald danach gestorben, das war wohl doch alles zu viel gewesen. Und Vater starb ein paar Jahre später, gerade als seine „Wiedergutmachung“ durch war.

1946 habe ich geheiratet. Ich habe am Anfang noch einige Zeit als Lohnschlachter auf dem Schlachthof gearbeitet. Unsere Schlachterei und das Geschäft waren total zerstört, die mußten wir erst wieder aufbauen. Langsam ging es dann bergauf. Heute steht einer unserer Söhne im Geschäft. Irgendwann später hab ich mal 3.000 Gulden aus Deutschland gekriegt, das war das sogenannte „Sterngeld“ für das Tragen des Judensterns.

Meine Frau und ich leben in Mischehe – sie ist protestantisch. Ihre Familie hatte zuerst Bedenken: „Zwei Glauben auf einem Kissen, da schläft der Teufel zwischen“, sagt man hier bei uns. Aber wir haben, glaub' ich, das, was man eine ideale Ehe nennen kann und sind immer noch glücklich miteinander. Unsere drei Kinder, sie sind alle nicht getauft, fühlen sich komischerweise sehr stark jüdisch, obwohl ich mich nie in der Gemeinde hier betätigt habe. Nur wenn sie manchmal anrufen und sagen, daß ihnen der zehnte Mann zum Gottesdienst fehlt, dann setz' ich meine Mütze auf und geh' in die Synagoge. Das mach' ich eigentlich nicht so sehr als Jude, sondern um denen einen Gefallen zu tun. Ich kann einfach schlecht nein sagen. Seh'n Sie, das ist ja so, als Jude, da muß man immer aufpassen, was man sagt und was man tut. Ich bin mal in Israel gewesen, wo noch zwei Nichten von mir wohnen. Da begegnet man mit Sicherheit keinem Nazi, aber ich habe mich da doch nicht so wohl gefühlt. Deutschland? Nach dem Krieg hab ich zuerst gesagt, da geh' ich nie wieder hin. Aber dann, so nach drei Jahren, bin ich doch mal wieder rüber. Heute, im Ruhestand, fahr' ich regelmäßig die alten Freunde von früher besuchen. So mal auf 'ne Tasse Kaffee.

Aber was bleibt, ist doch 'ne Art Unbehaglichkeit, wie soll ich sagen, Mißtrauen gegenüber Fremden, die man nicht kennt. Nun kenn' ich alle in Gildehaus, die so alt sind wie ich, und ich weiß genau, was die damals gemacht haben. Die alten Nazis sind ja gar nicht bestraft worden in Deutschland, die liefen ja nach 1945 so schnell schon wieder rum mit ihrem großen Maul. Kürzlich war ich in Bentheim, und da kommt mir jemand entgegen, der sagt: „Mann, Z.!“ Und ich: „Ja“, sag ich, „nun mußt Du mir erst mal sagen, wer Du bist.“ Da nannte er seinen Namen. Ich sag: „So. Damals wolltest Du mich totmachen. Da bist Du durchs ganze Dorf marschiert und hast gebrüllt: ‚Wenn's Judenblut vom Messer spritzt, dann geht's noch mal so gut.‘ Und jetzt willst Du mich küssen? Aber jetzt will ich mit Dir nichts mehr zu tun haben.“ Da sagt der: „Ich hab' doch überhaupt nichts getan, das war mein Schwiegervater.“ „Ja“, sag ich, „den kenn' ich auch noch, der war Sturmführer. Aber Du warst genauso.“ Und ich hab' ihm meine Hand nicht gegeben.

Hans B.

Nachwuchs zu unrechter Zeit

Hans und Liesel B. (1934)

Wir waren bereits ein Jahr untergetaucht, lebten versteckt, da wurde meine Frau schwanger. Es war zum Verrücktwerden. Denken Sie, was das für eine Gefährdung bedeutete. Man kann doch einem Baby nicht den Mund verbieten. Als dann der Geburtstermin näher kam, stellten sich Komplikationen ein. Über unsere Gastfamilie bekamen wir Kontakt zur Illegalität, und die schickte einen Arzt vorbei. Er untersuchte meine Frau gründlich und sagte: „Das gefällt mir gar nicht. Sie müssen sofort ins Krankenhaus!" Was sollten wir machen? Der Krankenwagen kam und holte vor den Augen der Nachbarn eine Schwangere ab, die dort überhaupt nicht hingehörte. Die Geburt verlief dann ohne Komplikationen. Mutter und Kind (ein Mädchen) waren wohlauf. Nur: Am zweiten Tag kam die „Grüne Polizei" und durchsuchte das ganze Krankenhaus vom Keller bis zum Dachboden. Und meine Frau dachte, daß sie ihretwegen gekommen waren. Stellen Sie sich die Angst vor!

Also gut, weil sie unmöglich mit dem Kind zu uns ins Haus zurückkehren konnte, haben wir verzweifelt nach einer neuen Adresse gesucht. Meine Frau hat sich Tag für Tag mit dem gerade geborenen Säugling durch die größte Sommerhitze gequält, um eine Bleibe für das Kind zu finden. Das ging fast zwei Wochen so. Umsonst. Schließlich hat sich die Schwester des Mannes, bei dem wir selbst untergetaucht waren, bereit gefunden und das Kind zu sich genommen. Ich habe meine Tochter zum ersten Mal gesehen, als sie etwa vier Wochen alt war. Man hat sie zu uns gebracht und nach einer Stunde wieder mitgenommen. Sie ist bis nach der Befreiung dort geblieben. Heute ist sie bereits älter als wir damals waren.

Ich war vier, als der Erste Weltkrieg ausbrach. Wir lebten damals in Königsberg, in Ostpreußen, wo mein Vater als leitender Beamter bei der preußischen Eisenbahnverwaltung tätig war. Als die Russen damals, 1914, in das Land einfielen, wurden die Familienangehörigen vorübergehend evakuiert. So kamen wir, meine Mutter, mein jüngerer Bruder und ich, für ein halbes Jahr zu einem meiner Onkel nach Berlin. Vater hat als Bahnbevollmächtigter den deutschen Aufmarsch bei Tannenberg mitgeleitet. Wie groß sein Anteil an diesem Sieg war, weiß ich nicht, aber ich denke doch, daß er sich um das „deutsche Vaterland" verdient gemacht hat. Jedenfalls erhielt er das Eiserne Kreuz Erster Klasse.

Ich bin in Königsberg groß geworden, einer Stadt, an die ich die allerbesten Erinnerungen habe. Im Jahre 1925 wurde Vater nach Halle an der Saale versetzt. Als 15jähriger habe ich den Unterschied in der Atmosphäre hier und da deutlich wahrgenommen. Gemessen an der liberalen und modernen Großstadt Königsberg erschien mir Halle als dunkelste Provinz. Die Sprache dort, die Menschen, die Umgangsformen, das hat mir überhaupt nicht zugesagt. Auf mich machte die Stadt einen engherzigen, konservativen und antisemitischen Eindruck, wobei ich das Letztere wahrscheinlich erst retrospektiv erfahren habe. Ich habe dort fünf Jahre zu lange gelebt. Vater wurde, inzwischen zum Oberregierungsrat befördert, 1930 erneut versetzt. Nach Frankfurt am Main, an die dortige Reichsbahndirektion. Aber da studierte ich schon.

Am 10. Juni 1933 habe ich in Frankfurt das juristische Staatsexamen abgelegt. Vor dem Gerichtssaal standen SA-Männer, die hemmungslos herumpöbelten, und nach der mündlichen Prüfung sagte einer meiner Kommilitonen und Mitexamenskandidaten, ein begeisterter Nazi, zu mir: „Alles Gute für Dich. Denk daran, wenn Du in zehn Jahren wieder am Ruder bist, daß Du mich genauso anständig behandelst wie ich Dich jetzt." Das war ein hochintelligenter Mann, der anschließend sofort seinen Platz im Goebbels-Ministerium fand. Ich habe ein ganz ordentliches Examen gemacht und mich anschließend als Gerichtsreferendar beworben. Daraufhin erhielt ich ein Schreiben, daß ich nach eigenen Angaben „nichtarischer" Abstammung sei und deshalb nicht zum Referendar ernannt werden könnte. Meine juristische Karriere war zu Ende, bevor sie eigentlich begonnen hatte.

Meine Eltern waren beide jüdisch und beide sehr assimiliert. Gehobenes jüdisches Bürgertum. Ihr Freundeskreis war groß und verband Juden und Nichtjuden in gleichem Maße. Religion spielte in diesem gesellschaftlichen Zusammenhang einfach keine Rolle. Vater war durch und durch preußischer Beamter, er liebte Pünktlichkeit, Zuverlässigkeit und Ordnung. Im ganzen ein eher unpolitischer Mensch. Die Revolution von 1918 paßte kaum in sein Weltbild. Aus seiner jüdischen Herkunft hat er zu keiner Zeit einen Hehl gemacht, und sie ist seiner Karriere offensichtlich auch nie hinderlich gewesen. An den hohen Feiertagen besuchten wir die Synagoge, aber den jüdischen Ritus habe ich erst durch einen Onkel kennengelernt, der in Königsberg Vorstandsmitglied der dortigen Gemeinde war. Der Sederabend z. B. wurde nicht bei meinen Eltern, sondern im Hause dieses Onkels gefeiert.

Aber diese Welt ist 1933 für immer zerbrochen. Vater mußte schon am 1. April seinen Schreibtisch räumen, meinem Bruder, der in Frankfurt eine kaufmännische Lehre absolvierte, wurde ohne Angabe von Gründen gekündigt, und ich, ich wußte ebensowenig, wie es weitergehen sollte. Für kurze Zeit bin ich in eine jüdische Privatbank eingetreten, bis sich auch diese Tür mit der Bemerkung schloß: „Heute morgen haben sie dem Chef verboten, sein eigenes Haus zu betreten. Ich glaube, Sie brauchen auch nicht mehr hierher zu kommen!“

Mein Bruder hatte ein Angebot, bei der holländischen Niederlassung der Firma, bei der er als Angestellter in Frankfurt tätig gewesen war, in Rotterdam neu zu beginnen. Und er hatte es angenommen. Zu seinem 20. Geburtstag im Juli beschlossen Vater und ich, ihn dort zu besuchen. Damit begann meine Emigration, denn ich bin nicht mehr zurückgekehrt. Irgend ein Bankier, den Vater kannte, vermittelte mir eine Stelle als Laufbursche bei einer holländischen Firma, die mich dann in Gnaden aufnahm. Das war natürlich, gemessen an den etwas verwöhnten Erwartungen eines 23jährigen jungen Mannes aus gutem Hause, alles wahnsinnig deprimierend. Ich verdiente 30 Gulden im Monat. Zum Leben brauchte man vielleicht das Doppelte, und um richtig zu LEBEN . . . Schweigen wir davon. Wenn Vater nicht in den Jahren zuvor aus ersparten Devisen bei Auslandsreisen ein kleines Kapital nach Holland geschafft hätte, von dem ich monatlich 30, 40 Gulden abheben konnte, wäre ich kaum über die Runden gekommen. Zwei Dinge waren es, die mich psychologisch über Wasser hielten. Zum einen sah ich um mich herum so viele Leute, denen es noch schlechter ging als mir. Die Armut war hier doch unbeschreiblich groß, gerade auch unter den holländischen Juden. Zum anderen kam meine ebenfalls jüdische Freundin aus Frankfurt hierher.Das war im März 1934.

Zwei Monate zuvor hatte ich zufällig auf der Straße in Amsterdam einen Emigranten getroffen, den ich noch aus Halle kannte, Herrn Tannenbaum. Er versuchte, in Holland eine Kofferfabrik aufzubauen und brauchte noch einen Buchhalter. Ich sagte zu, obgleich er anfangs nur 25 Gulden bezahlte. Später wurde es etwas mehr. Man wurde einfach ausgenutzt, weil das Damoklesschwert der Arbeitsgenehmigung über einem hing. Die bekam nämlich der Arbeitgeber. Meine Freundin schaffte es irgendwie, eine Anstellung als Redaktionssekretärin bei einem früher recht bekannten Journalisten aus Berlin zu bekommen. Wir verdienten also beide, und langsam ging es bergauf. Gemeinsam bauten wir einen Freundeskreis auf, Emigranten aus Deutschland, aber auch Holländer. Ein ziemlich großer und interessanter Kreis von Gleichaltrigen. Mein Bruder war Anfang 1936 nach Südafrika ausgewandert, und Ende dieses Jahres haben wir geheiratet. Untereinander sprachen wir immer noch deutsch. Das sollte sich erst nach dem Überfall Hitlerdeutschlands auf Holland ändern.

Nach der sogenannten „Kristallnacht“ kamen meine Eltern und Schwiegereltern mit ihrer jüngsten Tochter hierher. Es war eigentlich die letzte Möglichkeit. Wir hatten von hier aus ihre Einreise beantragt, und dem wurde auch stattgegeben. Vater war am 10. November 1938 verhaftet und glücklicherweise am darauffolgenden Tag wieder freigelassen worden. Mein Schwiegervater hingegen ist tagelang nicht zu Hause gewesen, ist durch Frankfurt geirrt und hat sich schließlich in die Halle gerade jenes Hotels gesetzt, das die Nazis als Hauptquartier beschlagnahmt hatten. In der Höhle des Löwen, dachte er wohl, ist man immer am sichersten. Also die Schwiegereltern kamen mit so gut wie nichts hier an. Hatten nur ihr Handgepäck bei sich. Sie spielten mit dem Gedanken, weiter in die Vereinigten Staaten auszuwandern, aber solche Überlegungen scheiterten von vornherein daran, daß die Amerikaner von jedem Einwanderer ein Gesundheitsattest verlangten. Die jüngere, im übrigen sehr intelligente Schwester meiner Frau, die bei ihren Eltern lebte, sah und hörte sehr schlecht. Es war aussichtslos. Aber so wurden damals Schicksale entschieden.

Meine Schwiegereltern hatten insofern Glück, als sie eine Stelle bei einem wohlhabenden älteren Herrn fanden, der aus Stuttgart nach Amsterdam geflohen war. Sie haben sich dort sehr wohl gefühlt. Was meinen Vater betraf, mußte ich eine erstaunliche Beobachtung machen. Er, der eigentlich immer recht konservativ und wenig flexibel gewesen war, hat sich hier, in diesem für ihn fremden Land, unglaublich gut einleben können. Trotz der Tatsache, daß er eigentlich alles, was er sich aufgebaut hatte im Leben, verloren hatte, daß er abhängig geworden war von den Almosen seiner Kinder, ist er nicht daran zerbrochen. Meine Mutter, die viel weicher war, hat, glaube ich, die Tragweite ihrer Situation kaum erfaßt ... Sie sind alle, alle ermordet worden. Man hat sie von Amsterdam nach Westerbork gebracht und dann über Theresienstadt nach Auschwitz deportiert. Dort verliert sich ihre Spur. Vater, der sein ganzes Berufsleben in den Dienst der Reichsbahn gestellt hatte, wurde mit ebendieser Reichsbahn in den Tod gefahren ...

Heute weiß ich, wie teuflisch das organisiert war. Damals, ohne das Wissen um den Holocaust, standen wir dem Ganzen völlig hilflos gegenüber. Es begann alles langsam, Schritt für Schritt. Zuerst durften die Juden dies nicht mehr, dann jenes nicht mehr. Dabei wurde das Netz immer enger. Und eines Tages war es zugezogen, niemand konnte mehr legal entkommen. Am Anfang waren es nur individuelle Schikanen gewesen, am Ende stand die mörderische Hetzjagd auf uns alle. Schließlich waren die Opfer müde und mürbe. Wie gejagtes Wild, das auf den Gnadenschuß wartet. Der Aufruf zum Transport ins Lager bedeutete für manche eine Erlösung aus einem entmenschlichten Dasein voller Angst; sie wußten ja nicht, was ihnen noch bevorstand. So sind nicht nur unsere Familien weggegangen, sondern auch zahlreiche Freunde und Bekannte. Niemand von ihnen ist zurückgekehrt. Uns hat die Schilderung von deutschen Freunden meines Vaters das Leben gerettet, zwei Brüdern, die nach dem Pogrom 1938 in einem Konzentrationslager gewesen waren und später nach Holland einreisen konnten. Sie haben meiner Frau und mir so plastisch von dem erzählt, was sie dort gesehen hatten und mitmachen mußten, daß wir uns schon im Mai 1940 sagten: „Was auch immer kommen mag, freiwillig gehen *wir* niemals mit!“

Am 10. Mai 1940, morgens um halb sechs, klingelte das Telefon. Meine Schwiegermutter war am Apparat und sagte nur: „Die Stuka's sind da!“ Dann hörten wir ein paar Bomben fallen und wußten, daß es soweit war. Vierzehn Tage vorher hatte Ministerpräsident Colijn noch versichert: „Geht ruhig schlafen, ihr braucht keine Angst zu haben ..." Wie so viele andere haben wir noch versucht, via IJmuiden zu entkommen, aber das war alles vergeblich. Ich habe weitergearbeitet, bis die „Arisierungen" begannen. Die beiden deutsch-jüdischen Eigentümer hatten ihre Firma rechtzeitig an einen großen holländischen Konzern verkauft. Als wir Juden dann eines Tages nicht mehr arbeiten durften, hat der neue holländische Direktor einfach die Gehälter weiter ausgezahlt. So etwas hat uns natürlich sehr geholfen. Auch emotional.

Wir haben von Anfang an nach einer Möglichkeit zum Untertauchen (was damals noch nicht so hieß) gesucht. Ich habe gelegentlich die Kollegen gefragt, und dann kam eine unserer Arbeiterinnen zu mir und sagte: „Wenn Du willst, kannst Du zu dem Bruder meiner Mutter gehen, der hat zusammen mit seiner Freundin eine große Wohnung hinter dem ‚Concertgebouw' und vermietet Zimmer." Da sind wir also hingegangen, und die meinten: „Ja, ohne weiteres, wir halten Euch das große Zimmer frei, das kostet 25 Gulden im Monat. Ihr könnt kommen, wann Ihr wollt." Und so ist es dann auch geschehen.

Die Deportationen begannen im Juni 1942, und wir gehörten wohl zu den ersten, die den Aufruf zum „Arbeitseinsatz" bekamen. Ich glaube, wir sollten uns am Montag der darauffolgenden Woche am Amsterdamer Hauptbahnhof melden. Da wußten wir, was die Stunde geschlagen hatte. Also sind wir zu dieser Adresse gegangen. Das war sehr genau vorbereitet und mußte auch in großer Vorsicht geschehen, denn die Menschen, die sich bereit erklärten zu helfen, waren ebenso gefährdet wie wir auch. Unsere Gastgeber haben uns von Beginn an eingeschärft, daß niemand in der Nachbarschaft etwas merken dürfte. Denn die Untertaucher wurden meist nicht aus Haß oder Rachsucht verraten, sondern durch Klatsch und Tratsch. Der einzige, der außer einigen wenigen Familienmitgliedern Bescheid wußte, war ein Gemüsehändler aus der Albert Cuypstraat. Der hatte einen Schlüssel, kam ein, zwei Mal in der Woche und brachte Gemüse, Kartoffeln, alles, was eben so da war. Dort haben wir also mit kleinen Unterbrechungen zwei Jahre und zehn Monate gelebt.

Im nachhinein läßt sich das alles leicht erzählen. Die Tatsache, auf unbestimmte Zeit irgendwo versteckt zu sein, hat etwas zutiefst Menschenunwürdiges. Man war damals ja absolut wehrlos, vollständig abhängig von anderen, konnte nicht mehr frei entscheiden. Eine sehr große seelische Belastung. Zudem blieben wir bei uns im Haus nicht die einzigen Untertaucher. Bald kam ein junges Mädchen von 15, 16 Jahren, das, nachdem seine Eltern deportiert worden waren, niemanden mehr hatte. Sie ist auch noch nach Ende des Krieges bei unseren Untertaucheltern geblieben. Dann war da noch ein Ehepaar mit einem Kind. Unglücklicherweise sind sie auf der Suche nach einer neuen Bleibe von den Deutschen verhaftet und deportiert worden ... Da das Paar, das uns versteckte, berufstätig war, haben wir in ihrer Abwesenheit den Haushalt gemacht. Einmal kam eine polizeiliche Hausdurchsuchung, und wir mußten von dem vorbereiteten getarnten Versteck auf dem Dachboden Gebrauch machen. Meine Frau war hochschwanger damals. Es ging irgendwie alles gut. Man wollte nur die Einwohnerregister kontrollieren. Aber genausogut hätten sie in unser Versteck hineinschießen können. Auch so etwas ist vorgekommen. Es war eine Zeit großer Hoffnung und großer Trauer. Durch das regelmäßige Abhören der englischen Sender konnte ich die Wendung des Kriegsglücks verfolgen. Zugleich erfuhr ich auf diesem Wege schon früh, was im Osten mit den Juden geschah. Während des Hungerwinters 1944/45 haben wir Tulpenzwiebeln essen müssen. Was Hunger ist, kann man nicht beschreiben ...

Das erste halbe Jahr nach der Befreiung war für mich persönlich sehr schwer, schwerer vielleicht, als die Zeit davor. Die Wirklichkeit nach dieser langen Isolation war ernüchternd. Darüber hinaus kamen bald die Nachrichten vom Schicksal unserer Eltern, Verwandten und Bekannten. Wir waren zwar frei, aber man hatte uns in keine schöne Welt entlassen.

Langsam ging es dann doch aufwärts. Ich fand Arbeit, wir bekamen eine eigene Wohnung, wurden 1950 naturalisiert. Ein Jahr später machte ich mich selbständig mit einem kleinen Betrieb, der Taschen produzierte. Nebenher liefen jahrelang Wiedergutmachungsprozesse in Deutschland, die schließlich vor dem Bundesverfassungsgericht zu unseren Gunsten ausgingen. Im Dezember 1972 starb meine Frau, ich habe mein Geschäft 1973 aufgelöst. Punkt aus.

Deutsch spreche ich auch heute noch besser als alle anderen Sprachen, und ich mache im Gegensatz zu vielen anderen keinen Hehl daraus, daß ich in Deutschland geboren und aufgewachsen bin. Ich hab's mir nicht ausgesucht und brauche mich dafür nicht zu schämen. Aber wenn ich ab und zu nach Deutschland komme – meine zweite Frau ist Deutsche, Nichtjüdin übrigens –, meine ich, immer noch etwas von diesem hysterischen Antikommunismus zu spüren, der damals den Nationalsozialismus erst ermöglicht hat. Diese bürgerliche Intoleranz gegenüber den Sozialisten zum Beispiel, so ein Feindgefühl im eigenen Volk, das wäre in Holland ganz undenkbar. Hier geht man anders miteinander um. Die Leute hier sind nüchterner, kritischer, selbstbewußter und glauben nicht alles, was sie in der Zeitung lesen, während der Autoritätsfimmel bei großen Teilen der deutschen Bevölkerung noch immer vorhanden ist. Ich habe die deutschen Klagen noch im Ohr über die Grausamkeit des Bombenkrieges, die zerstörten Städte oder den verlorenen Osten. Immer waren die Alliierten schuld oder die Russen. Daß sie das ihrem geliebten Führer verdanken, ist vielen von ihnen offenbar nie aufgegangen.

Gert R.

Ein Holländer aus Preußen

Gert R. (1937/38)

Wenn Sie erlauben, möchte ich mit dem Ende beginnen. Obwohl ich nach dem Kriege beruflich viel mit Deutschland zu tun hatte, habe ich lange Zeit Berlin gemieden, die Stadt, in der ich geboren und aufgewachsen bin. Als ich dann vor einigen Jahren eine Einladung bekam, bin ich entgegen meiner ersten Skepsis doch gefahren. Mein Elternhaus suchte ich vergebens, es war den Bomben zum Opfer gefallen. Aber ich sah im Grunewald meine alte Schule wieder. Sie trug den Namen des Vetters meines Vaters, der ganz in ihrer Nähe 1922 ermordet worden war: Walther Rathenau – Industrieller, Schriftsteller und, nicht zuletzt, deutscher Reichsminister des Äußeren.

Im Herbst letzten Jahres fand in Berlin aus Anlaß seines 120. Geburtstages eine Gedenkveranstaltung, verbunden mit einer Ausstellung, statt, zu der man meine Frau und mich geladen hatte. Ich muß sagen, daß wir beide sehr beeindruckt waren, nicht nur von der Würde der Feier, sondern auch von der demokratischen Offenheit, die da zum Ausdruck kam. Das hat mich sehr berührt und in gewisser Hinsicht mit der Vergangenheit versöhnt.

Meine Familie war seit dem Beginn des 18. Jahrhunderts in Prenzlau, dann in Berlin ansässig. Bestes jüdisches Bürgertum, kann man ohne Übertreibung sagen. Emil Rathenau, Walthers Vater, hatte die AEG gegründet und zu Deutschlands Elektrifizierung einen entscheidenden Beitrag geleistet. Wir waren ganz selbstverständlich preußisch, deutsch und kaisertreu. So fühlten die Eltern, und so wurden die Kinder erzogen. Ich erinnere mich, daß ich eines Tages, es muß während des Ersten Weltkriegs gewesen sein, der Kaiserin sogar die Hand geben durfte. Ja, „Kaisers“ kamen gelegentlich zu Mitgliedern der Familie zum Tee.

Mein Vater ist 1875 in Berlin geboren. Er studierte Jura und trat nach seiner Heirat mit einer Bankierstochter in den Staatsdienst ein. Er war zuletzt als Ministerialrat im Preußischen Innenministerium tätig. Die Eltern wohnten anfangs in der Meineckestraße in Charlottenburg. Sie sind dann später rausgezogen in den Grunewald. Vater war der jüdischen Sache sehr zugetan und ging an den hohen jüdischen Festtagen auch regelmäßig in die Synagoge, aber er hat eine Reihe von religiösen Vorschriften wohl eher als Formalität betrachtet. Einmal z. B. kam er am jüdischen Neujahrstag verspätet aus dem Ministerium und ließ sich vom Chauffeur ein paar Straßen von der Synagoge entfernt absetzen – hier muß ich hinzufügen, daß den Juden Autofahren an den hohen Festtagen strengstens verboten ist. Oder ich habe es erlebt, daß er während des Gottesdienstes einschlief und dann nachher von uns wissen wollte, worüber der Rabbiner gesprochen hatte. Wir Kinder, ich hatte zwei ältere Brüder, Hans und Hermann, sind zwar Bar Mizwa geworden und haben ein bißchen Hebräisch gelernt, aber das alles blieb, jedenfalls bei mir, doch ziemlich oberflächlich.

Es waren einigermaßen elitäre Verhältnisse, in denen wir lebten, und die schufen vielleicht auch auf der Schule eine gewisse Distanz. Die sozialen Unterschiede waren damals ja viel stärker als heute. Das heißt aber auf die Schule bezogen nicht, daß ich etwa ein Außenseiter gewesen wäre. Nein, ich hatte meine Freunde und war sogar eine Zeitlang Klassensprecher, obgleich auch an unserer Schule vereinzelt antisemitische Überzeugungen sichtbar wurden.

Ich bin 1911 geboren, war also ein Kind, als drei Jahre später der Erste Weltkrieg ausbrach. Je länger der Krieg dauerte, desto bescheidener wurden die Mahlzeiten. Auch bei uns. Mit der Niederlage kam dann die sogenannte Revolution, das heißt, der Kaiser mußte gehen. Sonst blieb vieles beim alten, es entwickelte sich keine echte Liebe zur Republik und zur Demokratie in Deutschland. Jedenfalls lief schon damals irgendwie manches schief. So lag auch der Mord an Walther Rathenau ganz im Zug der Zeit. Ich erinnere mich nur undeutlich an ihn. Als ich später in Holland den großen Physiker Pieter Zeeman kennenlernte, fragte er, als wir auf Walther Rathenau zu sprechen kamen: „Er war doch ein sehr vielversprechender Physiker. Was ist eigentlich aus ihm geworden?" Ich entgegnete: „Er ist ermordet worden, 1922, als deutscher Außenminister." „Was", meinte er darauf, „ermordet? Außenminister? Verstehe ich nicht. So ein guter Physiker!" Ich bin übrigens ganz Zeemans Meinung, er war tatsächlich ein hochbegabter Naturwissenschaftler.

1929 habe ich Abitur gemacht. Ich wußte nicht recht, wie es weitergehen sollte. Hans, mein ältester Bruder, der Maschinenbau und Elektrotechnik in Berlin studiert hatte, riet zur Technischen Hochschule in Charlottenburg. Ich habe mich also dort eingeschrieben, und ich muß sagen, es gefiel mir nur sehr bedingt. Ich begriff von den Grundlagen mancher Vorlesung einfach zu wenig, und als es mir eines Tages zu bunt wurde, fragte ich einen von Vaters Bekannten, der Direktor bei Siemens war, um Rat. Er meinte, ich sollte sowohl an der Universität als an der Technischen Hochschule studieren und einfach mit dem beginnen, was mir Spaß macht. So kam ich an die Universität und zum Hauptfach Physik. Das fand ich enorm. Nach ein paar Semestern empfahl mir einer der Professoren, nach Göttingen zu gehen. Göttingen – das war damals das Mekka der Physik in Deutschland. Hier kam ich zu James Franck, der 1925 den Nobelpreis bekommen hatte. Er ist dann mein Doktorvater geworden.

Die Semester in Göttingen gehören mit zu den schönsten Erinnerungen meines Lebens. Auch heute noch stehe ich in Kontakt mit Universitätslehrern und Kommilitonen von damals. Ich hatte eine herrliche Bude mit einem großen Balkon im Haus einer Professorenwitwe. Dort ist während des Sommers 1933 meine Dissertation entstanden. James Franck war ein großer Wissenschaftler und ein wunderbarer Mensch. Er war Jude, fiel aber als gewesener Offizier des Ersten Weltkriegs nicht direkt unter das „Gesetz zur Wiederherstellung des Berufsbeamtentums" vom April 1933, das die meisten „Nichtarier" aus dem Staatsdienst entfernte. Dennoch hat er seine Professur wenige Tage nach dessen Bekanntgabe unter Protest niedergelegt. Das, was er damals dem amtierenden Rektor der Universität schrieb, ist eines der seltenen Beispiele von Zivilcourage in dieser Zeit: „Ich habe meine vorgesetzte Behörde gebeten, mich von meinem Amt zu entbinden. Ich werde versuchen, in Deutschland weiter wissenschaftlich zu arbeiten. Wir Deutschen jüdischer Abstammung werden als Fremde und Feinde des Vaterlandes behandelt. Man fordert, daß unsere Kinder in dem Bewußtsein aufwachsen, sich nie als Deutsche bewähren zu dürfen. Wer im Krieg war, soll die

Erlaubnis erhalten, weiter dem Staat zu dienen. Ich lehne es ab, von dieser Vergünstigung Gebrauch zu machen." Er ist noch so lange in Deutschland geblieben wie es ging und hat vielen Leuten geholfen. Wenn mich jemand für mein weiteres Leben geprägt hat, dann ist es dieser Mann gewesen. Bei wichtigen Entscheidungen habe ich mich später oft gefragt: Was hätte er an deiner Stelle getan?

Sicher als einer der letzten Juden wurde ich Ende 1933 promoviert. Ich hatte inzwischen Bob Smend kennengelernt, den Sohn des damaligen deutschen Botschafters in Rom. Der mußte aus familiären Gründen in die SS. Eines Abends kam er zu mir in seiner schwarzen Uniform. Ich sagte „Mein Gott, zieh das Zeug aus, Bob, ich kann es nicht mehr sehen!" Da hat er statt dessen einen Bademantel angezogen, und wir haben lange diskutiert. Übrigens ist mir dieser Freund ein paar Monate später mit seiner Uniform zu Hilfe gekommen, als mir nämlich von einer Nazizeitung vorgeworfen wurde, ich hätte zusammen mit einem anderen jüdischen Studenten kommunistische Flugblätter in die Bücher der Universitätsbibliothek gelegt. Daraufhin ist er gestiefelt und gespornt in die Redaktion dieser Zeitung gegangen und hat dafür gesorgt, daß dies keine gefährlichen Folgen für mich hatte. Das gab es auch.

Politisch war ich überhaupt nicht engagiert. Ich hatte wohl so vage linke Ideen, über die sich Vater immer lustig machte, aber ernsthaft beschäftigt hat mich das nicht. Vater stand weiter rechts als die meisten deutschen Juden. Er war Mitglied der liberalkonservativen Deutschen Volkspartei. Vielleicht ist das mit ein Grund, weshalb er nicht gleich 1933 entlassen wurde. Ich glaube, daß er noch bis 1936 im Dienst geblieben ist. Die Eltern sind erst im letzten Augenblick, 1939, hierher gekommen, während meine Brüder Deutschland schon sehr viel früher verlassen hatten. Der eine hat später in der französischen Fremdenlegion, der andere in der französischen Armee gegen Nazideutschland gekämpft.

Nach der Promotion bin ich zuerst einmal ins Elternhaus nach Berlin zurückgegangen, habe morgens lange geschlafen und viel mit meinen Freunden unternommen. Was meine Zukunft betraf, war ich unentschlossen. Ich wußte nicht recht, was ich wollte. Da gab es etwa die Möglichkeit, an eine türkische Universität zu gehen – die Türken bemühten sich damals sehr um verfolgte Wissenschaftler aus Deutschland. Ich hätte auch nach Cambridge gehen können, wo Rutherford arbeitete. Und dann kam noch ein Angebot aus Groningen. Vater, dem dieses Sich-nicht-entscheiden-können irgendwann zuviel wurde, sprach eines

Tages ein Machtwort: „So, jetzt ist Schluß, Du gehst nach Holland. Basta!“ Als ich dann nach Groningen schrieb, war die Stelle dort schon besetzt. Man gab mir aber in der Antwort zu verstehen, ich sollte trotzdem ruhig kommen. Arbeit für mich gäbe es genug, und das Weitere würde sich finden. Damit war die Entscheidung gefallen. Mein Leben in den Niederlanden begann, wenn ich mich recht erinnere, mit 50 Gulden monatlich aus einem holländischen Unterstützungsfonds und einem zusätzlichen Beitrag von zu Hause. Das zusammen war auch damals nicht viel Geld.

Zwischen Berlin und Groningen lagen Welten. Ich kam dort an, nahm ein Zimmer im besten Hotel am Platze und machte am folgenden Tag meinen Antrittsbesuch bei Professor Coster. Als er hörte, wo ich abgestiegen war, gab er zuerst einmal den Auftrag, für mich eine angemessene Bleibe zu suchen. Die wurde schnell gefunden. Ich schlief in einem winzigen Zimmer in einem Haus am Westerbinnensingel, das auch als Packhaus diente. Dort fand gerade ein Bett Platz. Meinem Wohnzimmerchen gegenüber hatte ein Hufschmied seine Werkstatt, und so roch es auch. Als Vater dann einmal seinen Jüngsten besuchen kam, konnte er seine Tränen nicht verbergen. Aber ich fand es herrlich, habe viel gearbeitet und wurde in meiner freien Zeit von Freunden zum Reiten oder Segeln mitgenommen. Obendrein habe ich in diesen Jahren viel über mich selbst gelernt und über die Holländer. Alles war offener hier und freier. Eines Tages kam ein Verbot der deutschen Regierung, weiter Geld ins Ausland zu transferieren, es sei denn, der Empfänger konnte nachweisen, daß sein Auslandsaufenthalt einer „kulturpolitischen Notwendigkeit“ entsprach. Was passierte? Der Rektor der Universität, Professor van der Leeuw, ein Theologe, der später Erziehungsminister wurde, ließ eine prachtvolle Urkunde entwerfen mit Initialen und Stempeln, die meiner wissenschaftlichen Arbeit äußerste Wichtigkeit bescheinigte (ich war damals ein Junge von 23, 24 Jahren)! Die wurde also nach Berlin geschickt, und ich erhielt tatsächlich noch lange den Zuschuß meiner Eltern aus Deutschland.

1936 kam ich an das in den Niederlanden damals angesehene physikalische Laboratorium der Teylerstiftung in Haarlem. Haarlem wurde aber auch in ganz anderer Weise für mein weiteres Leben bedeutsam. Man besorgte mir nämlich eine Sprachlehrerin, die mein miserables Holländisch verbessern sollte. Diese junge Studentin, keine Jüdin übrigens, ist dann bald meine Frau geworden. Da das Teyler-Stipendium (ich glaube, es waren weniger als 2.000 Gulden im Jahr) kaum ausreichte, um ein junges Ehepaar zu ernähren, bewarb ich mich um eine Stellung beim Philips-Konzern, die ich 1938 auch bekam. Ein Jahr später wurde unser ältester Sohn geboren, Jan, und 1940 kam dann der Krieg auch nach Holland.

Als die Verfolgung der Juden begann, faßte das Philips-Direktorium in Eindhoven alle jüdischen Arbeitnehmer, die im Dienste des Konzerns standen, in einer Spezialabteilung zusammen, dem „Sonderbüro" (SOBU). Hier wurden Meßinstrumente entwickelt und gefertigt sowie Forschungsprojekte durchgeführt. Aber die Hauptaufgabe der SOBU bestand darin, die etwa 100 jüdischen Mitarbeiter dem deutschen Zugriff zu entziehen und ihr Leben zu retten. Das ganze geschah unter den mißtrauischen Augen der deutschen Wirtschaftsführer, die die Aufsicht über den Konzern hatten. An der Spitze der SOBU stand ein kaufmännischer Leiter des Philips-Konzerns, ein früherer holländischer Kolonialoffizier namens Hans Maarschalk, der aussah wie ein alter General und auch genauso kommandieren konnte. Die organisatorische Leitung lag bei Ab Goudeket, einem der Philips-Direktoren, während ich nach einiger Zeit mit der wissenschaftlichen Aufsicht betraut wurde. Wahrscheinlich dachte man, daß ein ehemaliger deutscher Jude, dem Sprache und Mentalität der Besatzer vertraut waren, für diese Aufgabe besonders geeignet war.

Der Druck auf die Juden nahm ständig zu. Je mehr SOBU-Leute in ihrer Verzweiflung untertauchten, desto mißtrauischer wurden die Deutschen. SS und Gestapo verlangten schließlich, alle nicht in Mischehe lebenden Juden mit ihren Familien ins Konzentrationslager Vught zu bringen. Philips betonte dagegen immer wieder die kriegswichtige Bedeutung der SOBU und warnte davor, daß eine solche Maßnahme den Arbeitsfrieden bei Philips und damit die Kriegsproduktion stören würde ... Eines Tages wurde die SOBU durch den Deutschen Sicherheitsdienst überfallen und ein großer Teil der jüdischen Arbeitnehmer mit ihren Frauen und Kindern in das berüchtigte Lager Vught eingeliefert. Es gelang Philips aber, dafür zu sorgen, daß sie als Sondergruppe weiter unter einem gewissen Schutz des Konzerns blieben. Täglich wurden sie von Hans Maarschalk und anderen Philips-Angestellten besucht. Wir schmuggelten bei jeder sich bietenden Gelegenheit zusammen mit dem notwendigen Arbeitsmaterial Lebensmittel etc. ins Lager, um ihnen ihr Schicksal zu erleichtern. Elf Monate vor Kriegsende ist die Gruppe doch noch nach Polen deportiert worden. Es scheint, daß sie auch dort als „Philipsjuden“ noch einen gewissen Schutz genossen. So haben die meisten von ihnen den Krieg überlebt und konnten nach der Befreiung nach Holland zurückkehren.

Trotz aller Bemühungen sind schon in Vught einige gestorben. Die Lager-SS schickte dann die Asche im Tausch gegen Schnaps ins Haus. Das klingt vielleicht in Ihren Ohren makaber, aber wir haben sie in unserem kleinen Garten hinterm Haus beigesetzt. In Marmeladengläsern, mit einem Korken und Paraffin luftdicht verschlossen. Diese Gläser wiederum wurden in passende Blechdosen gesetzt und anschließend im Garten vergraben. Es war ein regelrechter Friedhof, und wir hatten einen ziemlich genauen Belegungsplan. Auch Freunde von uns haben solche Urnen bei sich vergraben. Ich habe mit einem Suppenlöffel die Gläser gefüllt ...

Es war im nachhinein eine unwirkliche Zeit. Wir waren ausgebombt, meine Frau erwartete das zweite Kind, und ich mußte mich neben Beruf, SOBU und der Sorge um das Überleben von uns allen auch noch um meine Eltern kümmern, die sich standhaft weigerten unterzutauchen. Vater hatte entschieden: „Ich tauche nicht unter!“ Es war furchtbar schwer, ihnen zu helfen, und es gelang nur durch Beziehungen, daß ihre Namen auf eine Transportliste nach Theresienstadt kamen. Sie haben die Zeit dort vergleichsweise gut überstanden, nicht zuletzt dank der Pakete, die ihnen meine Frau schickte und die sie auch tatsächlich erreichten. Beide kamen 1945 zurück. Vater ist 1950 gestorben und Mutter, 91jährig, 1973.

Im Mai 1944, ein paar Monate vor der Befreiung von Eindhoven, mußte ich doch noch untertauchen. Ich bin am hellichten Tag mit dem Zug nach Friesland, die Provinz im Norden, gefahren, wo ich eine sichere Adresse bekommen hatte. Meine gefälschten Papiere lauteten auf den Namen Rademakers. Da saß ich also auf einem friesischen Bauernhof in Oldetrijne bei einer streng christlichen Familie. Die waren alle mutig, klug und felsenfest davon überzeugt: Gott wird uns helfen! Man erzählte mir später, daß während einer – vergeblichen – Razzia der deutschen „Grünen Polizei“ bei uns auf dem Hof das ganze Dorf für uns gebetet hat. Während dieses letzten Kriegsjahres war ich dort auch damit beschäftigt, Pässe zu fälschen. Dafür hatte ich ganz offensichtlich eine gewisse Begabung. Später, als der Krieg endlich aus war, bekam ich von der Untergrundbewegung in Friesland ein Papier, worauf schwarz auf weiß stand, ich hätte mich als guter Holländer bewährt. Darauf bin ich auch heute noch ein bißchen stolz. Im Jahre 1946, also sehr früh, hat man mich naturalisiert. Aber ob ich wirklich ein „guter“ Holländer geworden bin, das sollten Sie lieber meine Frau fragen. Sicher gibt es da noch ein paar preußische Überbleibsel wie Pflichtbewußtsein und Perfektionismus. Solche Dinge bleiben eben.

Ich habe lange Zeit nach Kriegsende meine Muttersprache einfach nicht mehr hören können. Selbst wenn meine Mutter mit mir deutsch sprach, habe ich holländisch geantwortet. Ich konnte es nicht sprechen und wollte es nicht hören, vor allem nicht von meiner eigenen Mutter. Meine (holländische) Frau hat mit ihr deutsch gesprochen. Sie war durch unsere Heirat Deutsche geworden und mußte es paradoxerweise, auch als man mir die deutsche Staatsbürgerschaft aberkannte, vorerst bleiben – Mutter eines deutschen und eines staatenlosen Kindes. Eines Tages während des Krieges zitierte die deutsche Botschaft sie nach Den Haag, um ihr als „deutscher Frau“ klarzumachen, daß sie auf keinen Fall länger mit einem minderwertigen Juden verheiratet bleiben durfte. Ja, es war so ungeheuer irrsinnig. Ich glaube, daß die, die das alles mitmachen mußten, zeit ihres Lebens nicht mehr ganz davon loskommen.

Vor mehr als 60 Jahren habe ich im jüdischen Religionsunterricht gelernt, daß der größte Unterschied zwischen dem Judentum und dem Christentum darin besteht, daß die Juden davon ausgehen, daß der Mensch gut ist, während die Christen behaupten, er sei ursprünglich schlecht. Ich würde gerne glauben, daß er gut ist, aber die Wirklichkeit sieht wohl anders aus. Als ich 1934 nach Groningen kam, hat mir der alte Professor Coster einmal folgendes gesagt: „Mein Lieber, denken Sie daran, in Deutschland sind die Juden in der Regel intelligenter als die Nichtjuden. Das ist bei uns anders. Wir halten mit den Juden mit, wir holländischen Christen sind ebenso intelligent wie die holländischen Juden, und deshalb gibt es hier keinen Antisemitismus!“ So ungefähr. Ich erzähle diese Geschichte nicht, weil sie mich in allen Einzelheiten überzeugt, sondern weil sie die Offenheit verdeutlicht, mit der man hier damals über die Juden sprach. Die alten deutschen Ressentiments, ich habe sie hier nie kennengelernt.

Und wissen Sie, wie meine Wiedergutmachung aussah? Ich habe eine Eisenbahnkarte, einfache Fahrt Berlin–Groningen, in Rechnung gestellt, 17 Gulden und 50 Cent oder so. Das Geld habe ich auch bekommen.

Margit K.
Zwei ungarische Pässe

Margit K. (1938)

Aus dem Protokoll für die Wiedergutmachung: „Elsa Bertha F., geb. Stern, geboren am 11. Februar 1881 zu Frankfurt am Main, Tochter des Kaufmanns Fritz Adolf Stern und seiner Frau Sophie Stern geb. Fontheim, Tochter des Dr. med. und Chirurgen Louis Fontheim. Bis Ende 1943 war sie wohnhaft in Berlin. Sie besuchte das jüdische Lyzeum in Frankfurt am Main und erhielt das Zeugnis der Reife. Bis zu ihrer Heirat wohnte sie bei der Familie, und als ihr Vater starb, eröffnete sie in der Wohnung einen Modesalon. Im Jahre 1913 heiratete sie den Kaufmann Sigmund F., der in Berlin in der Friedrichstraße ein bekanntes Briefmarkengeschäft hatte. Durch ihre Mitgift wurde sie Mitinhaberin der Firma S. F., worin sie vom ersten Tage an tätig war. Die schwache Gesundheit ihres Mannes veranlaßte später die Aufgabe des Ladengeschäfts. Statt dessen richteten sie in ihrer Privatwohnung einen internationalen Briefmarkenversand ein. Im November 1924 starb Sigmund F. an den Folgen einer Erkrankung, die er sich während des Ersten Weltkriegs in Ungarn zugezogen hatte. Frau Elsa Bertha F. führte das Geschäft als Alleininhaberin weiter. Sie hatte damals eine neunjährige Tochter." Die Tochter war ich.

Meine Großeltern väterlicherseits hatten ein Juweliergeschäft in Budapest, der zweiten Hauptstadt der K.u.K.-Monarchie Österreich-Ungarn. Vater war eines von 13 Kindern. Er verließ seine Heimat als junger Mann, weil er den Antisemitismus in Ungarn schon vor der Jahrhundertwende als unerträglich empfand. Zuerst hat er sein Glück mit einem Briefmarkengeschäft in London versucht. Nachdem er zweimal vollständig ausgeraubt worden war, verließ er England und ging nach Berlin, um dort erneut ein Geschäft zu eröffnen. Ein Jahr vor dem Mord in Sarajewo heirateten meine Eltern; bei Kriegsausbruch 1914 wurde Vater eingezogen, und als ich im zweiten Kriegsjahr geboren wurde, lag er, ein kleiner, zarter Mann, an irgendeiner der zahllosen Fronten. Ich war neun, als ich Halbwaise wurde. Mutti hat die Firma selbständig weitergeführt. Sie war eine gescheite und tüchtige Geschäftsfrau, sehr selbstbewußt. Bis zum Lyzeum bekam ich Privatunterricht. Anschließend besuchte ich die Chamisso-Schule. Wir gehörten zur liberal-jüdischen Gemeinde. Ich sehe noch sehr deutlich Leo Baeck als Rabbiner vor mir. Er machte einen großen Eindruck auf mich. Wir gingen zu allen hohen jüdischen Feiertagen in die Synagoge in der Lützowstraße. Bis 1937.

Meine Mutter hätte es gerne gesehen, wenn ich studiert hätte, aber als ich die Schule beendete, hatte sich die politische Situation in Deutschland schon so geändert, daß daran nicht mehr zu denken war. Ich habe nach dem Abitur zuerst einmal Zeichenunterricht an der Reimannschule genommen, der damals besten Akademie in Berlin. Ich wollte Modezeichnerin werden. Das war mein Traumberuf, und ich brachte wohl auch eine gewisse Begabung mit. Meine Lehre absolvierte ich bei der Firma Max Haar in der Kronenstraße, deren Inhaber 1937 nach Holland gingen. Danach war ich bis zur Emigration noch anderweitig beschäftigt.

Seit der Machtergreifung der Nazis hatte sich Muttis geschäftliche Situation verschlechtert. Der Druck nahm zu. Unsere Kontakte beschränkten sich mehr und mehr auf jüdische Bekannte. Wir wollten raus. Ein Onkel wohnte schon seit der Jahrhundertwende in Holland. Zwar hatten wir auch andere Auswanderungsmöglichkeiten geprüft, an Neuseeland erinnere ich mich, aber leider hatten wir nicht genug „Vorzeigegeld“, um dort hereingelassen zu werden. Holland dagegen war nahe und uns von Verwandtenbesuchen her bekannt. Mutti hat versucht, in Amsterdam ein Briefmarkengeschäft zu eröffnen, aber der Markt war schon übersättigt. Als ich mir dann – es muß 1938 gewesen sein – selbst ein Bild machen wollte, haben die Holländer mich schon nicht mehr ins Land gelassen mit dem „J“ in meinem deutschen Paß. Onkel stand an der anderen Seite der Grenze in Oldenzaal und erwartete mich. Er mußte unverrichteter Dinge nach Amsterdam zurückkehren.

Es war Nacht, und ich hatte nur die erlaubten zehn Reichsmark, und meine Rückfahrkarte war erst nach drei Wochen gültig. Also konnte ich darauf nicht direkt zurückfahren. Da hat mich ein sehr netter deutscher Grenzbeamter in ein Hotel gebracht, und irgend jemand lieh mir sogar Geld. Ich habe mich wirklich mehr als elend gefühlt. Mutterseelenallein.

Es gab nur eine Möglichkeit: Ich mußte versuchen, mit meinem alten, aber noch gültigen ungarischen Paß (ohne „J") nach Holland einzureisen. Wir waren nach Vaters Tod zwar wieder Deutsche geworden, hatten die ungarischen Pässe aber behalten. Und so ist es tatsächlich geglückt. Meine Cousine besorgte mir eine Stelle als Dienstmädchen – das war die einzige Arbeit, die Flüchtlinge noch verrichten durften. Meine Erinnerungen an diese Zeit sind sehr traurig. Ich hatte Liebeskummer, da ich meine große Jugendliebe zurücklassen mußte, Heimweh, Sprachschwierigkeiten und kam auch mit der Arbeit nicht gut zurecht. Zu allem Unglück gab es da ein Gesetz, wonach Dienstmädchen bei der „Herrschaft" wohnen mußten. Ich habe oft die Stellungen gewechselt und viele Tränen vergossen!

Aber da war schon Krieg. Und eines Tages, im Jahre 1942, da kamen sie mich holen. Ich hatte mich auf der Toilette versteckt, und die Vermieter – sehr anständige Leute – haben einfach gesagt, ich wäre nicht zu Hause. Sie haben es wohl geglaubt und sind gegangen. Aber ich mußte sofort weg, sie sind ja immer wieder gekommen. Fast ein Jahr lang habe ich mal hier, mal da gewohnt. Ich lebte im Untergrund, immer auf dem Sprung. Ich brauchte zwar als ungarische Jüdin keinen Stern zu tragen, aber die Angst wuchs ständig. Freunde rieten mir, nach Ungarn zu gehen, das war damals, 1943, noch möglich. Aber Vaters Geburtsland war mir fremd, ich verstand nicht einmal die Sprache. Außerdem war ich so gut wie verlobt mit einem holländischen Juden, und wir hatten Pläne, zusammen unterzutauchen. Ein Brief von Mutti aus Berlin stellte mich vor die Wahl: Entweder bei meinem Verlobten zu bleiben oder mich für meine Mutter zu entscheiden. Sie schrieb: „Geh' nach Ungarn. Von dort kannst Du mir helfen, es geht hier nicht mehr lange gut!" Man hatte sie inzwischen in Berlin zum Arbeitseinsatz kommandiert, als Uniformnäherin, und niemand wußte, wie lange sie durch ihren ungarischen Paß noch geschützt sein würde. Sie sah tagtäglich, was mit den Berliner Juden um sie herum geschah, wie es immer weniger wurden. Die Entscheidung zwischen Holland und Ungarn, zwischen zwei Gefühlen, ist mir sehr schwer gefallen. Am 17. August, dem Tag, an dem der Transport nach Budapest ging, stand ich mit meinem Gepäck auf dem Hauptbahnhof in Amsterdam. Mein Freund ist allein untergetaucht. Er gehörte zu den vielen, die es im Versteck nicht haben aushalten können. Bis sie ihn dann eines Tages auf der Straße aufgegriffen haben. Er ist nicht zurückgekommen.

Unser Abteil wurde an einen Wehrmachtszug angehängt und von außen verriegelt. Etwa 20, 25 Menschen, Ungarn, viele mit Kindern. Jeder sprach ungarisch gefärbtes Deutsch. Deutschsprechen gehörte im Vorkriegsungarn zum guten Ton. Bei unserem letzten Besuch dort hatte Mutti noch gesagt: „Meinen Lebensabend will ich in Budapest verbringen!" Das war ihr Traum. Nach dem Krieg war dieser Traum ausgeträumt. Wir fuhren quer durch Deutschland und Österreich. Nach zwei langen Tagen kamen wir in Budapest an. Am 19. August 1943. Vaters Familie half, so gut sie konnte. Damals war die Lage in Ungarn noch vergleichsweise ruhig. Die Regierung des Reichsverwesers Horthy stand zwar auf der Seite ihrer deutschen Verbündeten, aber vom Krieg selbst war im Lande eigentlich wenig zu spüren. Kein ungarischer Jude brauchte einen Stern zu tragen. Gerade weil hier die Juden von Verfolgung frei waren, waren Tausende aus Polen, Deutschland und Österreich ins Land gekommen, um hier Schutz zu suchen.

Inzwischen wurden Muttis Briefe aus Berlin immer verzweifelter. Ihr ungarischer Paß war nämlich mittlerweile ungültig geworden. Er wurde in Budapest nicht mehr verlängert, und die Deutschen weigerten sich, sie ohne Paß ausreisen zu lassen. Da hat ein Vetter, dem es noch relativ gut ging, einen Beamten in der Paßabteilung des Innenministeriums mit viel Geld bestochen. Auf einmal wurde ihr Paß innerhalb von einer Woche doch verlängert. Mutte hat keinen Tag gezögert und ist sofort gefahren. Es war gerade Jom Kippur, wo auch wir liberalen Juden sonst nicht reisen – aber wenn das Leben bedroht ist, darf man alle Gebote außer acht lassen; denn das Leben ist unser höchstes Gut.

In Budapest fanden wir eine kleine Wohnung. Um Geld zu verdienen, ging ich als Erzieherin und Deutschlehrerin zu einer gräflichen Familie in Buda. Nebenher half ich einer Cousine, die ein kleines Geschäft dort hatte, beim Maschenaufnehmen von Seidenstrümpfen. Es reichte kaum zum Leben, aber wir waren zufrieden. Alles blieb einigermaßen normal, bis zum März 1944. Da begann die Verfolgung der Juden auch hier. Berlin und Amsterdam hatten uns eingeholt.

Am 19. März 1944 hatten die faschistischen „Pfeilkreuzler" die

Macht in Ungarn übernommen. Gestapo und SS führten dabei Regie. Dann ging alles sehr schnell. Wir bekamen den gelben Stern, durften nicht mehr arbeiten und wurden in sogenannte „Judenhäuser“ eingewiesen. Sehr bald fingen die Razzien an. Wir wurden aus den Häusern geholt und mit erhobenen Händen durch die Straßen getrieben. Angst. Schläge von Gewehrkolben. Schmerzen. Wir mußten die Nacht auf einem freien Feld außerhalb der Stadt verbringen, in der Nähe einer Ziegelei. Es war die Hölle. Neben mir verübte jemand Selbstmord. Am nächsten Morgen war das Feld mit Toten übersät. Warum sie uns dann wieder in die Stadt zurückschickten, weiß ich nicht. Aber ich vermute, daß wir es dem legendären Raoul Wallenberg zu verdanken haben, jenem schwedischen Diplomaten, der so viel für die ungarischen Juden getan hat.

Eine kurze Zeit lang waren wir geschützt. Durch ein Papier aus der Schweiz oder aus Schweden, das hatte uns jemand besorgt. Im September 1944 begannen die Deportationen der Budapester Juden nach Auschwitz. Wir wurden getrennt. Mutti kam ins Ghetto nach Pest, und ich mußte zum Arbeitseinsatz. Panzergräben ausheben gegen die Russen. Es war Schwerstarbeit, und wir hatten Hunger. Der einzige Lichtblick war der Rückzug der demoralisierten deutschen Truppenverbände, die nach Westen flohen. Es konnte nicht mehr lange dauern!

Eines Tages stand auch mein Name auf der Transportliste. Auf dem Weg zur Sammelstelle in Pest wurde ich zusammen mit einem anderen Mädchen durch vorbeifahrende Autos vom Gros der Gruppe getrennt. Wir nutzten unsere Chance und liefen weg. Das Mädchen war getauft und kannte die Adresse eines katholischen Geistlichen, der uns für eine Nacht in seinem Pfarrhaus aufnahm. Am folgenden Morgen schickte er uns weiter, zu einem Versteck in Buda. Der Pfeilkreuzler, der unsere Papiere an der Donaubrücke kontrollierte, sagte zu seinem Kameraden: „Das sind keine Jüdinnen, die können passieren!“ Er hatte meinen Paß verkehrt herum „gelesen“. Ein Analphabet.

Wir tauchten bei einer ganz armen Frau unter. Es war unbeschreiblich schmutzig, und wir bekamen Läuse. Unser nächstes Versteck war zwar sauberer, aber dafür . . . Lassen wir das. Während die Jagd auf Juden unvermindert fortging, begannen die russischen Bombenangriffe auf die Stadt. Wir vegetierten in Ruinen und Kellern wie die Ratten dahin. Wenn wieder einmal Razzien waren, habe ich mich oft in einer der vielen katholischen Kirchen versteckt. Da fühlte ich mich am sichersten. Es war früh dunkel im Winter, das war ein Glück, und es war kalt. Ich habe sehr gefroren. Eines Abends folgte mir ein Mann in Uniform und sprach mich leise an: „Margitka, Margitka!" Ich flüchtete in eine Kirche, aber er kam mir nach. Es war der Vetter, der Mutti und mir sehr geholfen hatte und jetzt ebenfalls untergetaucht war. Er hat mir wortlos Geld zugesteckt und ist wieder verschwunden. So vergingen Tage und Wochen. Ich weiß heute nicht mehr, wie ein Mensch das alles ertragen konnte.

Und dann wurde Buda im Januar 1945 befreit. Es gab wohl noch eine Schlacht, denn ich erinnere mich, daß wir lange gewartet haben, bis wir uns aus unseren Kellerlöchern nach oben trauten. Überall lagen tote Pferde. Nachdem ein paar Tage später auch Pest befreit war, bin ich ins Ghetto gegangen. Dort waren Elend, Hunger und Krankheiten noch viel schlimmer als in der übrigen Stadt. Im Hof der Synagoge lagen Berge von Leichen. Ich habe Mutti gesucht und gefunden. Sie lebte noch! Sie hatte noch weniger zu essen bekommen als die anderen, denn sie sprach kaum ungarisch und galt als „die Deutsche". Aber sie hatte überlebt, und sie war ungebrochen.

Nein, die Befreiung durch die Russen war kein Fest. Sie hatten uns vor den Deutschen gerettet, um uns danach wieder unserem Hungerschicksal zu überlassen. Wir mußten noch beinahe ein Jahr bleiben. Mit den letzten Sachen, die wir noch besaßen, bin ich aufs Land gefahren und habe getauscht gegen alles, was eßbar war. Einmal, erinnere ich mich, kam ich mit einem lebenden Huhn nach Hause. Das haben wir dann in unserem Zimmer angebunden, weil wir nicht wußten, wie wir es schlachten sollten. Endlich, endlich kamen wir auf eine Ausreiseliste. Ein französischer Lastwagenkonvoi brachte uns nach Wien. Von dort ging es mit der Eisenbahn über Luxemburg nach Holland.

Der Neuanfang in den Niederlanden war nicht einfach. Es begann damit, daß sie Mutti wieder zurückschicken wollten nach Ungarn. Ihr Antrag wurde von jeder Instanz mit der Begründung abgelehnt, sie habe nie in Holland gelebt. Ich bin schließlich mit dem Mut der Verzweiflung bis ins Ministerium vorgedrungen, und da wurde mir dann gesagt: „Also, juffrouw, Sie sind doch ziemlich dreist. Sie sind selbst eine Fremde und bringen jetzt noch eine Fremde mit!" Worauf ich nur erwidern konnte: „Aber es ist doch meine Mutter!" Sie wurde erst im Juli 1946 aus dem Durchgangslager entlassen, nachdem das Gesetz über die Familienzusammenführung in Kraft getreten war.

Wir bezogen zusammen eine kleine Wohnung in Amsterdam-Oost. Ich hatte das Glück, wieder bei meinem alten Chef, Herrn Haar, als Modezeichnerin anfangen zu können. Aber sonst mußten wir sprichwörtlich bei Null beginnen. Alle Wertgegenstände und meine ganze Aussteuer, die ich 1943 in Amsterdam zurückgelassen hatte, waren weg. Die Leute, denen ich sie damals anvertraut hatte, hatten sie getauscht oder verkauft. Nur ein paar sperrige Möbelstücke waren noch da. Schadenersatz habe ich nie bekommen.

Irgendwann in den fünfziger Jahren habe ich mich selbständig gemacht mit einem kleinen Atelier für Baby- und Kinderkleidung. Eines Tages bekam ich von einem großen Kaufhaus den Auftrag, eine Kollektion Kommunionkleider zu entwerfen und herzustellen. Zuerst habe ich abgelehnt und gesagt, ich könnte das als Jüdin wohl kaum, aber dann hab ich's doch gemacht und mich später sogar darauf spezialisiert. Mutti hat mir immer geholfen.

In den sechziger Jahren überfielen mich urplötzlich schwere Depressionen, an denen ich beinahe zehn Jahre litt. Kein Arzt, kein Psychiater konnte helfen ... Das waren die Spätfolgen des Krieges. Mutti konnte diese Depressionen nicht begreifen, bis auch sie kurz vor ihrem Tode von der Vergangenheit eingeholt wurde. Sie starb mit 92 Jahren. Ich habe erst danach geheiratet.

In Deutschland war ich oft auf Fachmessen. Vor allem in Frankfurt und Köln. Da hieß es dann immer: „Gott, was sprechen Sie gut deutsch!" Meist habe ich dann geantwortet: „Na ja, als Ungarin ..." Es fiel mir schwer zuzugeben, daß ich in Deutschland geboren wurde. Als mein Mann und ich im vergangenen Jahr auf Einladung des Senats in Berlin waren, war dies für mich doch eine recht große Enttäuschung, da ich nichts mehr aus Kindheit und Jugend wiedergefunden habe. Berlin ist für mich eine fremde Stadt geworden.

Carlotta M.
Wir lebten auf einer deutschen Insel

Carlotta M. (1942)

Ich trage einen italienischen Vornamen und einen französischen Nachnamen, bin in Brüssel zur Welt gekommen und lebe seit 1923 in den Niederlanden, in Den Haag. Meine Eltern waren deutsche Juden.

Vater stammte aus Uedem am Niederrhein, Mutter aus Danzig, dem heutigen Gdansk. Während die Großeltern mütterlicherseits relativ wohlhabend waren (sie besaßen ein großes Wäschegeschäft), kam Vater aus einer sehr einfachen Familie. Er war das jüngste Kind. Da seine Eltern früh starben, konnte er keine weiterführenden Schulen besuchen, sondern mußte in die Lehre bei einem Buchbinder. In der Freizeit hat er sich vieles selbst beigebracht, Sprachen, Mathematik, Naturwissenschaften. Später ist er nach Italien und Frankreich gegangen und hat alles mögliche gemacht, z. B. hat er als Reisebegleiter englische Touristen durch Flandern geführt – er hatte sich nämlich inzwischen in Brüssel niedergelassen. Das war noch vor dem Ersten Weltkrieg. Auch meine Mutter war für die damalige Zeit ziemlich unternehmungslustig. Sie war als junges Mädchen nach Lyon gegangen, um französisch zu lernen. Später zog sie nach Brüssel und hat dort, im englischen Club glaub ich, meinen Vater kennengelernt, der sie partout heiraten wollte. Er war damals 30, sie zehn Jahre älter. Mutter wollte eigentlich absolut nichts wissen von Haushalt und Kindern und so, aber er hat sie doch überreden können. 1916 haben sie geheiratet, mitten im Krieg. Die Deutschen hatten

Belgien überfallen, und da beide ausgezeichnet französisch sprachen, wurden sie direkt 1914 als nützliche Zivilisten „requiriert". Im Zweiten Weltkrieg fanden die Nazis sie dann nicht mehr so nützlich ... da haben sie sie einfach vergast. Aber das war später. Also, weil sie beide Deutsche waren und obendrein noch für die Besatzer arbeiteten, verloren sie viele belgische Freunde. Mutter hat meiner Schwester und mir später oft erzählt, wie schlecht und unfreundlich die Belgier damals zu ihnen gewesen seien, und wir haben sie dann noch im nachhinein bedauert. Heute sehe ich das natürlich mit anderen Augen, denn ich habe im Zweiten Weltkrieg selbst erfahren, wie tief der Haß auf die Unterdrücker sein kann.

Gut. Im Februar 1918 wurde ich geboren, und im November war der Krieg aus. Alle Deutschen wurden aus dem Land gejagt und flüchteten gen Osten. Mein Vater hat im letzten Augenblick noch eine Kutsche organisieren können, und damit fuhren wir dann – ich in den Armen meiner Mutter – zwischen all den Militärverbänden, während die Belgier uns mit einem Steinhagel verabschiedeten. Unser Ziel war Köln, wo eine Schwester meiner Mutter wohnte. Dort wurde ein Jahr später meine Schwester Doris geboren. Ich weiß nicht, ob es an Mutters Alter lag (sie war schon 44, als sie Doris bekam) oder an der schlechten Ernährung – jedenfalls hatte die Kleine Rachitis und blieb zeitlebens etwas körperbehindert. Vater hatte in der Zwischenzeit Geschäfte in Frankfurt, Köln, Hamburg und Rotterdam aufgebaut und beschloß eines Tages, in die Niederlande zu ziehen. Wir suchten uns eine Wohnung in Den Haag, denn in Rotterdam wohnte „man" damals noch nicht, da gab es wirklich wenige schöne Wohngebiete. Vater hatte sein Büro am Coolsingel. Er kaufte und verkaufte Öl zusammen mit einem Kompagnon und beschäftigte sicherlich 50 Angestellte. 1922 kaufte er eine große Villa in Den Haag, die er von Grund auf modernisieren ließ. Das Haus hatte Zentralheizung, Warmwasser und Elektrizität, alles Annehmlichkeiten, von denen der normale Holländer damals kaum zu träumen wagte. Wir hatten ein deutsches Kindermädchen (mit Diplom!), ein deutsches Dienstmädchen und „juffrouw Ratelband", die regelmäßig kam, um für uns zu nähen.

Die Eltern fühlten sich ganz und gar deutsch. Obgleich sie alle beide jahrelang im Ausland lebten, lebten sie mitten in Holland auf einer deutschen Insel. Das Jüdische trat völlig hinter das Deutsche zurück. Besonders gläubig waren sie ohnehin nicht, und auch wir Kinder wurden nicht gerade religiös erzogen. Meine Eltern sprachen auch nicht besonders gut Niederländisch; Vater vielleicht etwas besser, weil er aus dem niederrheinischen Grenzgebiet stammte. Aber Mutter sagte immer: „Ich will nicht in Holland begraben sein!" Das hat sich ja auch erfüllt. Sie ist hier nicht gestorben, und begraben ist sie überhaupt nicht.

Im Jahre 1924 kam ich auf die Deutsche Schule in Den Haag, eine sehr renommierte Schule mit Kindergarten, Grundschule und Gymnasium. Es gab keine holländischen Kinder dort. Die Schüler waren teils Deutsche, teils andere Ausländer, denn es gab damals noch keine internationale Schule hier. Ich habe eine wunderbare Schulzeit gehabt. Die Zahl der Schüler schwankte zwischen 200 und 300, verteilt auf 12 Klassen, die wurden, je höher man kam, umso kleiner. Es gab nur sieben jüdische Kinder dort. Ich lernte ziemlich gut, war immer über dem Durchschnitt, und das reichte mir, obgleich meine Eltern und die Lehrer meinten, es könnte noch besser sein. Ich wurde immer an Doris gemessen, die, obgleich sie wegen ihrer Krankheit nur die Hälfte des Jahres zur Schule ging, immer Klassenbeste war. „Doris, das gute Kind", wie Mutter immer sagte. Ich war dagegen Vaters Liebling. Er hatte nicht die nötige Geduld mit meiner Schwester, die man wegen ihres Sprachfehlers auch nicht besonders gut verstehen konnte. Vielleicht war ihre Krankheit auch mit ein Grund, weshalb wir ziemlich zurückgezogen lebten und so gut wie nicht in deutschen Kreisen verkehrten. Meine Eltern gehörten einfach nicht richtig dazu, vor allem nicht nach 1929. Denn in diesem Jahr brach eine wahre Tragödie über unsere Familie herein, und nicht nur über sie! Der Kompagnon meines Vaters war gerade auf einer Geschäftsreise, als es darum ging, eine Versicherung für eine Schiffsladung Speiseöl aus Argentinien abzuschließen. Vater fand die Prämie zu hoch, und in Anbetracht der Tatsache, daß noch nie ein Schiff untergegangen war . . . Kurz und gut, ausgerechnet dieses Schiff sank. Es war furchtbar. Die Firma machte sofort Konkurs, und der Kompagnon hätte Vater am liebsten ermordet – natürlich zu Recht. Unser Haus wurde verkauft, das Personal entlassen, und Mutter mußte Zimmer vermieten, während Vater sich als Erfinder betätigte. Er erfand die verrücktesten Sachen, war selbst wahnsinnig begeistert – und verdiente so gut wie nichts.

In der Zwischenzeit hatten Doris und ich gemerkt, daß wir jüdisch – und dadurch irgendwie anders waren. Es war eigentlich kein typisch deutscher Vorfall, es hätten genausogut holländische Kinder sein können, das muß ich dazu sagen. Wir saßen also eines Tages zusammen mit einer Gruppe deutscher Schulkinder in der Straßenbahn, als auf einmal ein paar Kinder in ihrer Ecke tuschelten und dann laut sagten: „Ihr habt unseren Christus ermordet!" Wir hatten ja niemanden ermordet, aber waren doch furchtbar erschrocken. Weinend kamen wir nach Hause, und die Eltern wußten überhaupt nicht, wie sie uns das erklären mußten. Das war etwa 1927. Aber davon abgesehen fanden wir Jüdischsein damals herrlich, weil wir nicht am Religionsunterricht teilzunehmen brauchten und in den betreffenden Stunden frei hatten. Von den Mitschülern habe ich bis zu meinem Abgang von der Schule 1934 nie ein antisemitisches Wort gehört. Vielleicht, weil ich recht beliebt war, ich weiß es nicht.

Sofort nach der Machtergreifung begann sich die Situation an unserer Schule zu verändern. In unserem Deutschbuch hatte es immer geheißen „Die Lorelei von Heinrich Heine" – und auf einmal stand da „Dichter unbekannt"! So begann das. Ich war 15 damals, und das fiel mir doch auf. Es kamen auch immer mehr Kinder von deutsch-jüdischen Emigranten an die Schule. An eine Geschichte erinnere ich mich besonders gut: Eines Morgens kamen wir zur Schule, es war ein holländischer oder deutscher Feiertag, da wurde immer geflaggt, mit zwei holländischen Fahnen und in der Mitte der deutschen Fahne. Bis 1933 war das „schwarz-rot-gold" gewesen. Und auf einmal, wir stiegen aus der Straßenbahn, fingen wir furchtbar an zu lachen. Da hing oben zwischen den niederländischen Farben so ein taschentuchgroßes Hakenkreuzfähnchen! Der Direktor mußte natürlich auf höhere Weisung die Naziflagge raushängen. Und da hat er wohl die kleinste genommen, die es gab. Er war nämlich gar nicht so sehr dafür. Er hat den jüdischen Kindern auch später noch Nachhilfe- und Holländischstunden gegeben. Wirklich, ein fantastischer Mann!

Komisch, wenn ich über diese Zeit spreche, falle ich automatisch ins Deutsche zurück. Wir bekamen damals übrigens gleich Unterricht in „Rassenkunde", wofür ich sogar Hausaufgaben machen mußte. Da ging es u. a. um Schädelmessungen. Die slawischen, negroiden und semitischen Schädel taugten sowieso nichts, nur die arischen Schädel, das war was Besonderes! Die gehörten zu den „Langschädeln" . . . Und wenn ich jetzt in Deutschland bin, dann sehe ich da so viele breitschädlige Germanen rumlaufen . . . Es ist doch Wahnsinn, oder? Eine andere Geschichte: Am 2. Oktober 1933 wurde, wie jedes Jahr, mit einer Schulfeier Hindenburgs Geburtstag begangen – die Deutschen im Ausland waren ja noch viel deutscher als die Deutschen in Deutschland! Wir gingen also geschlossen in die Aula, der Direktor hielt eine Rede, und danach wurden Gedichte aufgesagt. Zum Abschluß sangen wir stehend „Deutschland, Deutschland über alles" in allen drei Strophen. Auf einmal begann der Pianist „Die Fahne hoch, die Reihen fest geschlossen" zu spielen. Da dachte ich, du bist doch nicht verrückt, und hab mich wieder hingesetzt. Das machte bei den alten Klappstühlen einen furchtbaren Krach. Und plötzlich sah ich, daß hier und da auch Sitze nach unten gingen, und man hörte es auch. Am darauffolgenden Tag bekamen die Eltern einen Brief, woraus hervorging, daß die jüdischen Schüler nicht mehr an offiziellen Schulfeiern teilnehmen durften. Das war im Oktober 1933.

Die Situation der Juden in Deutschland verschlechterte sich damals täglich. Ich war einmal zu Besuch bei Verwandten meines Vaters, das muß so ungefähr 1936 gewesen sein. Der Mann war als Beamter schon lange aus dem Staatsdienst entlassen und arbeitete als Versicherungsagent. Er durfte aber nur Versicherungen mit Juden abschließen und konnte davon seine Familie kaum noch ernähren. Die Tochter, ein bildschönes Mädchen, Klassenbeste, wurde nie vom Lehrer aufgerufen und mußte ganz allein, einzeln sitzen. Wenn wir nach 1933 mal deutschen Besuch bekamen, fanden wir das Flüstern so komisch, aber die dachten natürlich, daß auch die holländischen Wände Ohren hätten. 1938 war ich gerade bei Tante Johanna in Düsseldorf, als im Radio der Anschluß Österreichs gemeldet wurde. Ich erinnere mich noch an den Jubel im ganzen Haus, und die Mieter in der Wohnung über Tante Johanna hingen eine so lange Hakenkreuzfahne aus dem Fenster, daß es bei uns ganz dunkel wurde. Daß sich die meisten deutschen Juden trotz allem, was geschah, immer noch so entsetzlich deutsch fühlten, das irritierte uns doch. Wir waren nämlich 1936 niederländische Staatsbürger geworden.

Dann kam der Mai 1940. Kurz zuvor hatte Ministerpräsident Colijn noch verkündet: „Sie können ruhig schlafen . . ."! Es gab so viele Juden, die nach dieser letzten „ruhigen" Nacht Selbstmord verübt haben. Ich wohnte schon länger nicht mehr bei den Eltern – mein Studium hatte ich schon 1939 beendet –, aber als der Krieg jetzt auch nach Holland kam, bin ich sofort zu ihnen gegangen. Plötzlich war alles anders. Ein guter Freund, Hans, wollte sich nicht mehr mit mir zusammen auf der Straße sehen lassen, weil ich Jüdin war. Wijnand, den ich so gut von der Akademie kannte, trug kurz nach dem Einmarsch der Deutschen die NSB-Uniform. In dieser Zeit lernte ich Daan kennen. Er bat mich fast sofort um meine Hand, und ich erklärte ihn für völlig verrückt, denn er war Protestant. Mischehen waren damals in Deutschland schon lange verboten. Aber Daan ließ sich nicht abschrecken und meinte, das wäre genau der Grund, weshalb wir so schnell wie möglich heiraten sollten. Meine Eltern fanden es nicht schlimm, daß er kein Jude war, schließlich hatten schon zwei Schwestern von Mutter nichtjüdische Männer geheiratet. Und so sind wir neun Wochen nach unserem Kennenlernen standesamtlich getraut worden. Jeder dachte natürlich, daß ein Kind unterwegs war!

Die deutschen Judengesetze fanden auch in den besetzten Niederlanden bald Anwendung. Kurz nach der Geburt meiner ersten Tochter wurde der Judenstern eingeführt. Es mag vielleicht verrückt klingen, aber was mich am meisten störte, das war die Farbe, die absolut nicht zu meinen Kleidern paßte. Als wir zum ersten Mal spazierengingen und ich den Stern trug, grüßten uns wildfremde Menschen auf der Straße. Aber das war wohl eher ein Protest gegen die Besatzer, als Solidarität mit den Juden. Eines Tages hörte Vater im englischen Sender, daß die Juden im Osten vergast würden. Er erzählte es uns. Wir wollten und konnten das nicht glauben. Vater war sehr erregt und stand kurz vor einem Nervenzusammenbruch. Danach wurde über dieses Thema nie wieder gesprochen, und ich war eigentlich davon überzeugt, daß die, die abgeholt wurden, in ein Arbeitslager kamen. Ende Oktober 1942 war es für meine Eltern und Doris so weit. Ich wurde vorerst verschont, weil ich mit einem Nichtjuden verheiratet war. Zum Untertauchen hatten wir einfach kein Geld, und darüber hinaus sagte Mutter immer wieder: „Ich habe doch nichts Unrechtmäßiges getan, ich brauche mich nicht zu verstecken!“ So dachten ja viele. Die „Grüne Polizei“ kam, während sie beim Frühstück waren. Sie sind in die Straßenbahn gestiegen und – so empfinde ich es – direkt nach Auschwitz gekommen. Ich habe nichts mehr von ihnen gehört, auch nicht aus Westerbork. Sie hatten von vornherein keine Überlebenschance. Schließlich war Vater 56, Mutter 66, und Doris war aufgrund ihrer Behinderung einfach nicht zum Arbeitseinsatz geeignet. Es gab an der Rampe in Auschwitz wohl kaum die Frage nach „links“ oder „rechts“. Und das ist eigentlich für mich auch immer ein Trost gewesen, daß sie nicht lange haben leiden müssen und hoffentlich nicht geschlagen wurden. Aber ich ertappe mich selbst immer wieder dabei, in Dokumentarfilmen über Auschwitz zwischen all den Toten nach ihren Leichen zu suchen. Das ist natürlich absurd. Man stelle sich vor, ich würde einen von ihnen erkennen. Schrecklich!

Wirklich untergetaucht bin ich im Winter 1942/43 auf Anraten meines Mannes und seines Bruders. Sogar unsere besten Freunde dachten, daß ich in Amsterdam wäre. Aber ich war ganz einfach zu Hause – untergetaucht im eigenen Haus. Und ein Kohlenkasten mit doppeltem Boden diente als Versteck für den Fall einer Razzia. Um unsere Tochter nicht unnötig zu gefährden, haben Daan und ich uns pro forma scheiden lassen. Er holte die Kleine, die unter der Woche bei einer mutigen deutschen Frau in Pflege war, jedes Wochenende zu uns nach Hause. Aber das brachte auch wieder Probleme mit sich, als sie zu sprechen anfing. Wir brachten ihr bei, statt Mama „Tante Annie" zu mir zu sagen. Nach dem Krieg haben wir das natürlich wieder geändert. Inzwischen war ich mit Hilfe der Illegalität aus dem Bevölkerungsregister gestrichen. Ich existierte offiziell also nicht mehr. Obwohl die Nachbarin, die unter uns wohnte, eingeweiht war, mußte ich immer leise sein, vor allem, wenn unten Besuch kam. Ich habe in dieser Zeit furchtbar viel gelesen und gestrickt. Lebensmittelkarten bekam ich vom Untergrund, das war alles sehr gut organisiert, aber im Hungerwinter 44/45 gab es auch auf Karten beinahe nichts mehr. Und ich war wieder schwanger und paßte allmählich nicht mehr in die Kohlenkiste. Da sind wir zu Daans Familie gegangen. Aber schon nach ein paar Metern bin ich zusammengebrochen. Ich war doch seit zweieinhalb Jahren nur im Zimmer hin- und hergelaufen – meine Beinmuskeln versagten. Da hat Daan mich zu unserer Kleinen in den Kinderwagen gesetzt. Das muß verrückt ausgesehen haben.

Am 5. Mai 1945: Die Befreiung durch die Kanadier. Alles jubelte, tanzte auf der Straße, sang. Nur ich saß in der Ecke und weinte. Ich hatte inzwischen gehört, was mit den Juden im Osten geschehen war. Im August bekam ich Nachricht vom Roten Kreuz, daß niemand von meinen Angehörigen zurückkommen würde. Einige Zeit danach wurde ich krank. Ich konnte einfach nicht mehr, hab nur gelegen. Und kein Arzt hat etwas finden können. Über Kriegssyndrome wurde ja erst viel später gesprochen. 1948 starb mein Mann an Krebs, 36 Jahre alt. Und ich war 29. Eine Witwe mit drei kleinen Kindern (wir hatten inzwischen noch eine zweite Tochter und einen Sohn bekommen), ganz allein, ohne Familie und ohne Unterstützung. Aber ich hatte einfach keine Zeit, um mit meinem Schicksal zu hadern. Ich arbeitete als Modezeichnerin und konnte es mir nicht erlauben zurückzublicken. Und das war auch gut so.

Als ich kurz nach dem Krieg zum ersten Mal wieder mit dem Zug nach Deutschland fuhr, ging mir der Gedanke nicht aus dem Kopf: Vielleicht ist der Lokomotivführer, der Dich jetzt nach Aachen bringt, derselbe, der Doris und die Eltern nach Auschwitz gebracht hat. Es war keine besonders schöne Fahrt. Und als ich dann die armseligen Menschen sah in ihrer schäbigen Kleidung und all die Ruinen, da dachte ich bei mir: „Das will nun also das ‚Herrenvolk‘ sein? Geschieht Euch recht!“ Nach der Deportation meiner Familie habe ich kein Deutsch mehr gesprochen. Es gab niemanden mehr, und ich wollte es auch nicht. Ich habe den Kindern nicht einmal bei ihren deutschen Hausaufgaben helfen können. Es ging einfach nicht. Und Weihnachten wollte ich auch nicht mehr feiern, obwohl wir das zu Hause früher immer gemacht hatten. Chanukka? Das kannte ich doch überhaupt nicht! Und „sinterklaas“? Ich wußte nicht einmal genau, was das war, das hatten wir auf unserer „deutschen Insel“ auch nicht gefeiert. Ich saß also wieder einmal zwischen drei Stühlen: die jüdische Carlotta, die holländische Carlotta und die deutsche Carlotta. Das war manchmal wirklich nicht einfach. Wenn ich nicht so wäre, wie ich nun einmal bin, so positiv eingestellt, dann hätte ich an allem, was geschehen war, auch zerbrechen können.

Das Nachdenken kam erst später, als ich mich in den siebziger Jahren nach einem Unfall im Krankenhaus operieren lassen mußte. Eine ziemlich komplizierte Angelegenheit. Da waren alle möglichen Formulare auszufüllen, Fragen nach Krankheiten der Eltern, Brüder, Schwestern. Für den Fall ihres Todes mußte die Todesursache angegeben werden. Ich habe drei Mal geschrieben: „vergast“, „vergast“, „vergast“.

Weil ich während des langen Krankenhausaufenthaltes nichts tun konnte, habe ich angefangen, meine Lebensgeschichte aufzuschreiben. Das war der Anfang für mein Buch, das 1981 in den Niederlanden und 1985 auch in Deutschland erschien. Es ist, wenn Sie so wollen, meine private Vergangenheitsbewältigung. Seit dieser Zeit halte ich auch Vorträge in beiden Ländern vor Erwachsenen und Schülern, und ich muß sagen, daß ich meine kritische Einstellung Deutschland gegenüber in manchen Punkten revidiert habe. Vor allem die Jugendlichen sind oft fantastisch, sehr interessiert und offen. Ich selbst habe fünf Enkel. Mein Sohn ist mit einer Deutschen verheiratet, keiner Jüdin. Ich bin nie in die Synagoge gegangen. Wenn ich das „Deutschlandlied“ heute höre, das ich früher als Kind selbst so oft gesungen habe, bekomme ich immer noch eine Gänsehaut. Aber manchmal erwische ich mich dabei, daß ich eigentlich immer noch gerne Deutsch spreche – es gibt eben doch nur eine Muttersprache –, aber im selben Moment geniere ich mich dann.

Hermann B.

Vom Deutschschreiben und Holländischfühlen

Hermann B. (rechts) (1945)

Meine Eltern haben immer davon geträumt, daß ihr ältester Sohn einmal ein großer Rabbiner werden würde. Sie gehen am Sabbat in die Synagoge, alle Plätze sind besetzt, und dann steht er da, der berühmte Mann, und predigt. Das war ihr Traum.

Der Sohn war ich ... hätte ich sein sollen. Ihr Traum hat sich nicht erfüllt. Ich bin kein Rabbiner geworden, sondern Journalist, niederländischer Korrespondent für deutsche und Schweizer Zeitungen. Holländisch ist die Sprache, in der ich denke, Deutsch ist die Sprache, in der ich schreibe. Das war nicht immer ganz einfach und ist es auch heute noch nicht.

1918 – ich war gerade ein paar Monate alt – bin ich mit meinen Eltern aus Polen nach Berlin gekommen. Dort bin ich aufgewachsen. Vater war Angestellter bei der ostjüdischen Kultusgemeinde. Ich sehe sie noch deutlich vor mir, die armen frommen Kaftanjuden aus Rußland und Polen mit ihren Bärten und Schläfenlocken, die hier in Berlin irgendwie gestrandet waren – ein „Stetl" mitten in der Reichshauptstadt.

Als 15jähriger Schüler des Leibniz-Gymnasiums habe ich den 30. Januar 1933, den Tag der „Machtergreifung", erlebt: Die weinende kommunistische Zeitungsverkäuferin am Bülowplatz und die SA-Horden, die ihren Sieg mit Fackelzügen in den Straßen von Berlin feierten und brüllten: „Juda verrecke!"

Wir waren sechs Kinder zu Hause, und Vater verdiente nicht viel; es reichte gerade zum Leben. In der Nacht, als der Reichstag brannte, bekam meine älteste Schwester ein Baby. Wenig später emigrierte sie mit ihrem Mann in die Niederlande. Sie war die erste von uns, die fortging. Vater machte sich Hoffnungen auf eine Anstellung in Wien, die sich allerdings zerschlugen. Die Eltern kehrten zurück nach Polen, nach Kattowitz. Sie sind später alle, mit Ausnahme meines jüngeren Bruders, von den Nazis ermordet worden.

Irgendwann hatte Vater von einer berühmten Talmudschule gehört, im slowakischen Nitra. Da schickte er mich hin. Ich war aber so unglücklich dort, daß ich nach ein paar Monaten einfach meine Sachen packte und nach Prag ging, wo ein Freund von mir studierte. Prag 1934, das war eine verrückte Stadt, voller deutscher Emigranten. Ich hatte eigentlich vor, später an der berühmten Karlsuniversität Volkswirtschaft zu studieren, schlug mich aber erst einmal so durch, mit Stundengeben vor allem – Deutsch, Latein, Griechisch, alles, was ich so einigermaßen konnte. In diesen Jahren – ich war vielleicht 17, 18 – begann ich auch für Zeitungen zu schreiben.

Dann kam 1938. Der „Anschluß" Österreichs und die Sudetenkrise. Die Spannung stieg enorm. Jeden Augenblick fürchtete man, daß die Deutschen einmarschieren. An die Angst der Menschen, die Nervosität, erinnere ich mich noch genau. Ich wollte weg. Also habe ich alles, was ich besaß, zusammengekratzt und bin mit dem Flugzeug von Prag nach Rotterdam. Wenn meine Schwester und mein Schwager, die sich inzwischen in Den Haag eine kleine Existenz aufgebaut hatten, mir nicht geholfen hätten mit Bürgschaften usw., hätten mich die Holländer sicher wieder zurückgeschickt – wie so viele andere.

Die Haltung der niederländischen Regierung gegenüber den deutschen und österreichischen Emigranten, die ins Land kamen, wurde damals zusehends härter. Man wollte auf keinen Fall Nazideutschland provozieren. Wurden Flüchtlinge zugelassen, waren sie praktisch rechtlos. Sie bekamen keine Arbeitserlaubnis und mußten sich regelmäßig bei der Polizei melden. Kontrollen und Hausdurchsuchungen waren an der Tagesordnung. Auch ich wurde wiederholt aufs Polizeirevier gebracht unter dem Verdacht, heimlich irgendwo zu arbeiten, weil mich ein Kriminalbeamter immer zur gleichen Stunde in der gleichen Straße sah. Des Rätsels Lösung? Ich holte Tag für Tag meine kleine Nichte vom Kindergarten ab. Natürlich habe ich weiter für meine Schweizer Zeitungen berichtet, das brauchte der Justizminister ja nicht zu wissen. Im übrigen gab es auch fremdenfeindliche Töne damals, wie: „Ja, das kann auch die

Lage unserer holländischen Juden erschweren, wenn allzu viele jüdische Emigraten ins Land kommen.“ Eigentlich blickten die niederländischen Juden genau so ablehnend und verständnislos auf uns Flüchtlinge aus dem Osten herab wie die deutschen Juden zuvor auf ihre polnischen oder russischen Glaubensbrüder. Von den liberalen Traditionen Fremden gegenüber, auf die Holland eigentlich immer stolz gewesen war, war damals offiziell wenig zu spüren. Am 7. Mai 1938 erließ der katholische Justizminister Goseling eine Verordnung, wonach alle Flüchtlinge aus Deutschland und Österreich ab sofort als „unerwünschte Ausländer“ zu betrachten waren. Nur wem nachweislich in Deutschland der Tod drohte, durfte bleiben. Und deutsche Konzentrationslager galten nicht als lebensgefährlich! Ausländerpolitik war damals genau so wie heute, oder? Na gut. Erst unter dem Druck der niederländischen Öffentlichkeit erhöhte die Regierung nach der „Reichskristallnacht“ die Flüchtlingsquote von 2.000 auf 7.000. Und dann das Lager Westerbork. Das mußte gebaut und bezahlt werden mit jüdischen Geldern. Die ersten Insassen waren deutsche Flüchtlinge. Man muß sich das vorstellen: Die Juden mußten ihr eigenes Lager bezahlen, aus dem dann später mehr als 100.000 von ihnen ins Gas geschickt wurden. Es ist eine Ironie des Schicksals, daß eben jener Justizminister, der den Bau dieses Lagers angeordnet hatte, selbst nach dem Einmarsch der Deutschen als Geisel festgenommen wurde und bald darauf in Buchenwald zu Tode kam.

Aber was großartig war – und das läßt alle negativen Fakten in den Hintergrund treten –, das war die Hilfsbereitschaft und die Solidarität der einfachen Menschen. Vor allem im Mai 1940, als die Deutschen uns überfielen. So eine Wärme, so eine Solidarität! Holländer und Emigranten, auf einmal waren alle gleich. Das hat mich persönlich sehr berührt, sehr mit diesem Land verbunden. Seit dieser Zeit fühle ich mich als Niederländer – von meinem deutschen Akzent einmal abgesehen. Während der ersten Wochen und Monate hielten sich die Besatzer noch zurück, aber dann wurde die Schlinge immer enger. Jeden Tag kamen neue Gesetze, Anordnungen, Verbote. Juden durften nicht mehr reisen, nicht mehr busfahren, nicht mehr neben „Ariern“ auf den Parkbänken sitzen. Und dann der Judenstern. Als im März 1942 die Aufforderung kam, sich bei der Gestapo registrieren zu lassen, da wußte ich irgendwie: Das ist es gewesen. Weg hier!

In der Zwischenzeit hatte ich meine spätere Frau Hellen kennengelernt. Sie stammte aus Wien und war unmittelbar nach dem „Anschluß“

nach hier geflüchtet. Hellens Mutter, eine sehr religiöse Frau, bestand darauf, daß wir nach jüdischem Ritus getraut würden. Das ist auch passiert, in Antwerpen, schon auf der Flucht. Unsere standesamtliche Trauung haben wir erst im August 1945 in Genf nachholen können. Es war eine abenteuerliche Flucht, durch Belgien und Frankreich bis ins sogenannte „unbesetzte Gebiet", das formell unter der Kontrolle der Vichy-Regierung stand. Lyonwar damals ein Sammelpunkt für alle möglichen Flüchtlinge und Emigranten. Dorthin gingen wir. Im Sommer 1942 erreichten die Razzien und Deportationen im gesamten besetzten Europa einen ersten Höhepunkt. Eines Tages im September traf es auch uns. Das Haus, in dem wir wohnten, wurde umstellt, wir wurden verhaftet und über das Lyoner Polizeigefängnis zusammen mit anderen in das berüchtigte Lager Rivesaltes nahe der spanischen Grenze transportiert. Jeden Dienstag fanden dort die Selektionen statt für die Züge gen Osten.

Mit dem Mut der Verzweiflung, der mir heute noch ein Rätsel ist, verlangte ich von dem französischen Lagerkommandanten, daß er mich sofort mit Vichy telefonieren lassen müßte, da ich zu Unrecht in dieses Lager gebracht worden sei. Dabei berief ich mich auf meinen Status – natürlich völliger Unsinn! – als ausländischer Korrespondent. Tatsächlich wollte ich in Vichy den Schweizer Präsidenten des dortigen Vereins der Auslandspresse um Hilfe bitten. Der Lagerkommandant brüllte mich an, aber er schien doch ein wenig verunsichert und ließ mich ein Telegramm schicken. Ich lernte, was es bedeutet, wenn eine durchwachte Nacht tausend Stunden hat. Am nächsten Morgen wurden wir zum Kommandanten gerufen, und – ein Wunder war geschehen – wir konnten gehen. Eine Galgenfrist, die wir nutzen wollten, denn in Lyon ging die Jagd auf Juden unvermindert weiter. Unsere einzige Chance sahen wir darin, irgendwie die rettende Schweiz zu erreichen. An einem grauen Oktobertag 1942 brachen wir auf, zusammen mit einem Ehepaar und einem Mädchen, das wir im „Office Néerlandaise", einem der Treffpunkte für bedrohte Flüchtlinge, kennengelernt hatten.

Wegen der ständigen Kontrollen wagten wir nur ein kurzes Stück mit der Bahn zu fahren. Den Rest des Weges bis zur Grenze sind wir gelaufen, zwei Tage und zwei Nächte. Ohne Essen. Unsere wenigen Habseligkeiten hatten wir längst irgendwo zurückgelassen. Noch eine Nacht irrten wir durchs Niemandsland, ohne genau zu wissen, wo wir waren. Und dann der erste gelbe Briefkasten mit dem roten Schweizer Kreuz darauf. Das war der 10. Oktober 1942. Die Menschen, die uns liebevoll im

Grenzort Plan-les-Quatres aufgenommen hatten, waren so gut zu uns, so hilfsbereit; die Familie Zurbrügg werde ich in steter Dankbarkeit nie vergessen. Aber anfangs war da doch die Angst, daß die Fremdenpolizei uns abschieben würde. Das passierte ja täglich, daß unschuldige Menschen in den sicheren Tod zurückgeschickt wurden. Die Behörden kannten auch hier keine Gnade. Ich sehe ihn noch vor mir stehen, den jungen Schweizer Leutnant im Genfer Internierungslager, der uns immer wieder zu verstehen gab: „Wir haben Euch nicht gerufen!“ Das Kriegsende 1945 erlebten Hellen und ich in der Ostschweiz. Dort erhielten wir auch die ersten Nachrichten vom Schicksal unserer Familienangehörigen. Meine Schwester und mein Schwager waren in ihrem Versteck verraten worden. Die Nazis haben sie alle ermordet. Seither haben die Namen Auschwitz, Belzec, Bergen-Belsen und Mauthausen einen bitteren Klang für mich. Nur eine Schwester meiner Frau hat Auschwitz überlebt.

Im November 1945 sind wir in die Niederlande zurückgekehrt. Das wollten wir beide. Als wir hier ankamen – alles war so verwahrlost, so ausgeplündert, kaputt. Keiner hatte heile Schuhe an den Füßen. Und zur gleichen Zeit war da ein gewaltiger Optimismus, ein Gefühl von Freiheit und der Wille, anzupacken und aufzubauen. Das war unglaublich. Darüber habe ich dann meine ersten Artikel geschrieben. Wir haben wirklich mit nichts angefangen. 1946 konnten wir die beiden Kinder meiner Schwester zu uns holen, die die Verfolgung in Brüssel überlebt hatten. Neun und zwölf Jahre alt. Sie waren bei katholischen Familien untergetaucht gewesen und hatten nie sagen dürfen, daß sie Juden waren. Immer versteckt sein, immer die Unwahrheit sagen ... Wie muß man solchen Kindern die Welt erklären, von einem Tag zum anderen? Jetzt braucht ihr nicht mehr zu lügen? Jetzt gilt das alles, was früher war, nicht mehr? Das war nicht einfach, besonders nicht für meine Frau. Später bekamen wir noch eine eigene Tochter. Es sind allesamt fantastische Kinder, ich bin sehr stolz auf sie. Wenn man beruflich Erfolg hat, wenn man die Kinder größer werden sieht und dann noch die Enkelkinder erleben kann, das gibt einem doch noch viel Freude.

Ich bin aus vollem Herzen Niederländer. Israel bedeutet mir sehr viel. Meine älteste Tochter lebt dort mit ihrer Familie. Eine Welt ohne Israel kann ich mir einfach nicht mehr vorstellen. Das ist etwas ganz Besonderes, da sind so viele Menschen mit einer Nummer auf dem Arm, mit denen fühle ich mich verbunden, das sind meine Leute. Verstehen Sie das? Durch meinen Beruf habe ich natürlich viele Kontakte mit

Deutschland, aber zurückgehen nach dort? In der Bundesrepublik leben? Niemals! Hier in Den Haag bin ich hundertmal lieber. Wenn ich das Gerede höre von „der Gnade der späten Geburt", wenn ich sehe, wie „Bitburg" durchgepeitscht wurde, dann bleibt mir der Atem stehen. Gut, die Bundesrepublik hat seit bald 40 Jahren eine demokratische Verfassung, aber für mich sind das keine Demokraten, die der Waffen-SS einen Festsaal zur Verfügung stellen für ihre Wiedersehensfeiern. Ich baue auf die Jugend in Deutschland. Wahrscheinlich bin ich nicht objektiv, aber, sehen Sie, Willy Brandt kniete im Warschauer Ghetto, und Helmut Kohl sprach in Jerusalem vom „Ausstieg aus der Geschichte". Wenn Sie das projizieren auf die Emotionen des Auslands, ich will hier nur von den Niederlanden sprechen, dann ist die alte Skepsis gegenüber Deutschland wieder da. Auch in der Bevölkerung hier übrigens. Ich glaube, in der Bundesrepublik wird zu häufig vergessen, daß die Niederlande während des Krieges so etwas wie das „Polen des Westens" waren. Holland hat mehr als jedes andere westeuropäische Land unter der deutschen Besatzung leiden müssen. Da bleibt eine besondere Sensibilität, die ist nicht aufhebbar.

Ich sagte am Anfang, daß ich nach dem Willen meines Vaters Rabbiner hätte werden sollen. Das wäre die achte Generation gewesen. Wir waren bewußte Juden und haben alle jüdischen Gesetze in der Familie gehalten. Heute sagt mir das nichts mehr. Ich finde, wenn es einen Gott im Himmel gibt, der zuläßt, daß mehr als eine Million unschuldiger Kinder ermordet werden – ich spreche nicht von Erwachsenen –, dann ist das für mich kein Gott mehr. So ein Gott müßte selbst als Kriegsverbrecher vor Gericht gestellt werden. Das ist meine Überzeugung, und so handele ich auch. Aber ich gehe trotzdem zweimal im Jahr in die Synagoge. Und zwar aus dem einzigen Grund, weil ich weiß, was es für meine Eltern bedeutet hätte, wenn ihr Sohn . . . Ich mache das einzig und allein für meine ermordeten Eltern und Geschwister, aus Liebe zu ihnen. Das ist mein Totengebet, mein Kaddisch für sie.

Otto T.

„Heimwee“ war ein deutsches Wort

Otto und Jetty T. (1946)

In Fürth bin ich 1919 geboren. Vater war Vertreter für Baumaterialien, ein sehr guter, geistreicher Mensch; sehr sympathisch, aber nicht gerade ein Geschäftsmann. Das heißt: Es ging uns nicht besonders schlecht, aber reich waren wir auch nicht. Vater ist – wie seine Schwester und fünf Brüder – in Bamberg geboren. Er kam aus einer sehr wohlhabenden Familie, die mit Hopfen und Malz handelte. Kein Wunder, daß alle Brüder bis auf einen, der Medizin studierte, später ebenfalls mit Hopfen, Malz und Bier ihr Geld verdienten. Ein Onkel z. B. war Direktor und später Inhaber einer großen Brauerei in Köln. Ein enorm reicher Mann mit zwei Söhnen. Ein Sohn ist in Dachau gewesen, nachdem Hitler an die Macht gekommen war. Er konnte nur weg, nachdem er sich verpflichtet hatte, direkt nach Palästina auszuwandern. Sein Vater hätte die Brauerei noch rechtzeitig gegen eine Brauerei in Brasilien tauschen können, ohne einen Pfennig dabei zu verlieren. Aber das hat er nicht getan, denn er war davon überzeugt, daß ihm nichts passieren würde. Sein Vertrauen in Deutschland war grenzenlos. Er schickte Reichspräsident Hindenburg jedes Jahr ein Fäßchen seines besten Bieres, und der bedankte sich bei ihm stets dafür mit besonderer Freundlichkeit. Aber auch das hat ihm dann alles nichts geholfen. Er wurde zusammen mit seinem zweiten Sohn deportiert und ermordet.

Doch zurück zu meinem Vater. Der war als junger Mann von der Familie nach Amerika geschickt worden, um dort eine Filiale aufzubauen. Aber das war kein rechter Erfolg, und er kehrte schon vor dem Ersten Weltkrieg heim. In Fürth trat er in die Spielzeugexportfirma seines Schwiegervaters – meines Großvaters – ein. Später wurde er, wie gesagt, kaufmännischer Vertreter für Baumaterialien. Seine Geschäfte gingen nicht besonders gut, aber meine Mutter hat noch als Fotografin ganz nett dazuverdient. Sie fotografierte alle möglichen Ereignisse in und um Nürnberg und Fürth und arbeitete viel für Zeitschriften. Eigentlich eine sehr bescheidene Frau, aber fotografieren – das tat sie mit einem enormen Durchsetzungsvermögen, wirklich engagiert. Ich sehe sie noch vor mir, in unserem Badezimmer, das sie zur Dunkelkammer „umfunktioniert" hatte. Da brachte sie viele Tage und Abende zu, um Filme zu entwickeln und Fotos zu vergrößern. Sie hatte überhaupt eine große Schwäche für alles, was mit Kunst zusammenhing. Wenn sie die malerischen fränkischen Städtchen und Kirchen fotografierte, durfte ich sie häufig begleiten. Auch Vater hatte gewisse Talente auf künstlerischem Gebiet – ihm verdanke ich z. B. die Einführung in die Gesetze der Perspektive. Es wäre vielleicht vernünftiger gewesen, wenn er irgendein Handwerk gelernt hätte. Aber das war unmöglich in den „besseren" jüdischen Kreisen damals in Deutschland. Man studierte, wurde Arzt oder Jurist oder Kaufmann.

Wir lebten in einem großen Haus im Zentrum von Fürth, Vater, Mutter, mein Bruder Franz und ich. Ein dritter Junge, Walter, war 1922 im Alter von 18 Jahren an Scharlach gestorben. Ich war ein ziemlicher Nachzügler, Mutter war 45 und Vater 55, als ich geboren wurde. Franz war 20 Jahre älter. Er ging nach dem Ersten Weltkrieg, den er als Soldat mitgemacht hatte, nach Frankfurt und bekam dort eine Stelle an einer großen Bank. Später wechselte er nach Berlin, wo er auch geheiratet hat. Eine nichtjüdische Frau, Alice. Er ist vor ein paar Jahren gestorben, aber sie lebt noch hier in Holland und ist immer noch sehr aktiv. Fürth hatte eine ziemlich bedeutende jüdische Gemeinde, die auf eine lange Tradition zurückblicken konnte. Wir gehörten zur liberalen Mehrheit, die Orthodoxen, die es auch gab, wirkten fremd und unverständlich auf mich. Wenn die Eltern mich an den Feiertagen mitnahmen in die Synagoge, trug Vater – wie alle anderen Männer – einen Zylinder. Ein normaler Hut in der Synagoge? Nicht auszudenken!

Ich habe eigentlich eine sehr glückliche Jugend in Deutschland verlebt. Erst drei Jahre in Fürth auf dem Gymnasium, dann weitere drei Jahre in Nürnberg auf dem Realgymnasium. So richtig mit Schülermütze, darauf war man furchtbar stolz! Außerdem war ich in der deutsch-jüdischen Jugendbewegung, den „Kameraden", einer Nachwuchsorganisation des „Centralvereins Deutscher Staatsbürger jüdischen Glaubens". Ich hatte viele Freunde dort, wirkliche Freunde. Es gab Heimabende, Lagerfeuer, Zeltfahrten, Singen von Landsknechtsliedern – so richtig deutsch-romantische Jugendbewegung mit viel Idealismus und einer ganzen Menge Antibürgerlichkeit. Keine Krawatte, kein Hut, kein Alkohol, kein Rauchen und keine Kneipenbesuche. Diese Dinge haben mich damals sehr geprägt. Das ist, wenn Sie so wollen, doch ein bißchen deutsches Erbe. Jedenfalls waren wir Deutsche aus vollem Herzen, das Jüdische rangierte irgendwo weiter hinten. Ich bin fest davon überzeugt, daß ich ein „guter" Deutscher geworden wäre, wenn man mich nicht eines Tages wegen meiner jüdischen Herkunft zur unerwünschten Person erklärt hätte.

Nach 1933 veränderte sich in meinen Augen nicht sehr viel. Nicht am Anfang. Vaters sorgenvolles Gesicht am Radio, als die Stimmengewinne der Nazis gemeldet wurden, hab ich nicht recht ernst genommen. Vor Hitler hatte ich auf der Schule nie etwas Antisemitisches erlebt, aber später hab ich selbst gesehen, wie ein jüdischer Junge aus der Parallelklasse von den „Helden" der HJ in einer Ecke des Schulhofs verprügelt wurde, ohne daß ein Lehrer eingriff. Als Hitler schon an der Macht war, mußten wir einmal einen Hausaufsatz über das Thema schreiben: „Was bedeutet es, ein Deutscher zu sein?" Dabei haben Vater und Mutter geholfen, denn sie wollten, daß ich mit dieser Arbeit bezeuge, daß Deutschland unsere Heimat ist und daß wir mit allem unserem Können und allen Begabungen einen Beitrag zur deutschen Kultur leisten wollen. Sehr idealistisch und eigentlich auch ein bißchen naiv, denn heute wissen wir ja, daß die wertvollen Leistungen der Juden den Antisemitismus nicht nur nicht verhindert, sondern sogar auch noch gefördert haben, aber so war das damals.

1935 holte mich mein großer Bruder nach Holland. Er war ein Jahr zuvor über die Schweiz hierher gekommen und hatte als Bankier eine Aufenthalts- und Arbeitsgenehmigung erhalten. Bei ihm und seiner Frau habe ich die ersten vier Jahre gewohnt. In Amsterdam. Der Anfang in Holland war nicht einfach für mich, ich war manchmal unglücklich und einsam, gerade weil ich auch noch sehr an meinen Eltern hing. Und dann die Sehnsucht nach den Bergen.Ich schrieb traurige Briefe an meine Freunde, die teilweise ebenfalls emigriert waren. „Heimwee" war damals für mich ein deutsches Wort. Ich bekam übrigens Sprachunterricht und habe mich von Anfang an bemüht, meinen Akzent loszuwerden, weil ich trotz allen Heimwehs wußte, daß es keinen Weg mehr zurück gab. Und langsam lernte ich auch andere deutsche Flüchtlinge und holländische Jungen kennen. Nach einem Jahr auf der Grafischen Schule Amsterdam kam ich 1936 auf die sogenannte Neue Kunstschule, eine Art freie Akademie ohne Examina und Zeugnisse. Die war von einer Reihe bekannter Künstler gegründet worden, die, wie z. B. Paul Citroen, vom „Bauhaus" kamen. Alle sehr links, sehr progressiv und sehr antifaschistisch. Franz war viel stärker assimiliert als die Eltern in Fürth. Das Jüdische spielte absolut keine Rolle mehr, er ging nicht in die Synagoge – und ich ebensowenig.

1938 verliebte ich mich in Jettie, die ebenfalls die Neue Kunstschule besuchte. Wir sind seit dieser Zeit zusammen. Während wir im November '38 auf der „Hoge Veluwe" unsere ersten gemeinsamen Urlaubstage verbrachten, inszenierten die Nazis ihre berüchtigte „Kristallnacht". Meine Eltern wurden zusammen mit anderen Juden in die Keller des Fürther Rathauses getrieben und dort mißhandelt. Man ließ sie erst frei, nachdem sie sich per Unterschrift verpflichtet hatten, ihr Haus zu überschreiben. Daraufhin holte Franz sie nach Amsterdam, Vater, Mutter und die Großmutter mütterlicherseits. Das war 1939. Sie konnten noch Möbel mitnehmen, aber mußten die sogenannte „Reichsfluchtsteuer" bezahlen, d. h. all ihr Geld und ihre Wertsachen abgeben, nur um Deutschland verlassen zu dürfen. Beide hatten eigentlich nicht weggewollt, hatten den Termin immer wieder verschoben, bis es fast zu spät war.

Dann begann der Krieg, erst in Polen, bald darauf auch bei uns. Am 10. Mai 1940 hatten wir einen Ausflug mit dem Fahrrad machen wollen, aber am frühen Morgen hörten wir Flugzeuggeschwader. Ich hab bei einer Zeitung angerufen, was denn los wäre. Die wußten auch von nichts. Später haben wir erfahren, daß Deutschland uns überfallen hatte. Statt des Ausflugs haben wir erst einmal alle „linke“ Literatur aus unserem Bücherschrank verschwinden lassen. Vier Tage später marschierten sie dann unter dem Jubel der Nazis von der NSB hier in Amsterdam ein. Erst passierte eigentlich nichts (oder so gut wie nichts), und das normale Leben ging seinen Gang. Ganz allmählich aber begann sich unsere Situation zu verschlechtern. Die Nazis ließen sich Zeit. Als Anfang 1942 der Judenstern eingeführt wurde, sagte Jettie, daß etwas geschehen müßte. Damals kamen die ersten Aufrufe für Westerbork. Wir durften zu diesem Zeitpunkt infolge der Nürnberger Rassengesetze schon nicht mehr zusammenwohnen. Jettie – sie war schwanger – mietete sich offiziell zusammen mit einer Freundin eine Dachwohnung in der Vossiusstraat, während ich mir ein Zimmer in Amsterdam-Zuid suchte. Aber untertauchen war gar nicht so einfach. Als Jettie meinen Bruder bat, uns 100 Gulden für einen gefälschten Personalausweis zu leihen, lehnte er das ab. Er hatte – sehr verständlich – große Angst vor Repressalien gegenüber der ganzen Familie. Man war ja überzeugt, daß die Deutschen hinter alles kämen, also auch hinter mein bevorstehendes „Verschwinden“. Ich hab's ihm nicht übelgenommen.

Die Razzien. Niemand wußte, wann es einen treffen würde. Es war irgendwann im Sommer 1942, und ich wollte meine Eltern besuchen. Ich ging an einer kleinen Menschenansammlung vorbei, und plötzlich richtete ein Mann in einem Regenmantel seine Pistole auf mich: „Halt, Sie sind Jude. Stehenbleiben!“ Das galt für die ganze Gruppe: „Wer wegläuft, wird erschossen!“ Wir wurden in die Gestapozentrale in der damaligen Euterpestraat gebracht, ein ehemaliges Schulgebäude. Auf dem Schulhof standen bereits mehr als 100 andere jüdische Gefangene. Erst mußten wir uns mit erhobenen Händen an die Mauer stellen. Hinter uns standen sie mit Maschinengewehren – und ich dachte: „Das ist das Ende.“ Sie haben uns drei Tage dabehalten. Am zweiten Tag mußten wir unsere Jacketts ausziehen mit dem Judenstern darauf. Bis zu diesem Zeitpunkt brauchte man den Stern nur auf dem obersten Kleidungsstück zu tragen, aber an dem Tag, an dem wir arrestiert wurden, wurde ein Gesetz erlassen, wonach der Stern auch auf allen anderen Sachen, also Pullovern, Hemden, sogar Unterhemden angebracht sein mußte. Da sagten die Gestapo-Leute: „Ihr seid Straffälle, Ihr habt das Gesetz mißachtet, Ihr bleibt hier!“ Und wir mußten Mann für Mann in das Haus. Als ich das Gebäude betrat, hörte ich draußen die Vögel singen, und ich nahm ganz bewußt Abschied von der Welt, von den Vögeln, von allem. Ich mußte alles abgeben, Gürtel, Krawatte, Portemonnaie, Feuerzeug und wurde ganz allein in einen Verschlag im Keller eingesperrt. Es war stockdunkel. Da blieb ich die ganze Nacht und den folgenden Tag. Und nach einer Ewigkeit kam dann ein Soldat und rief: „Hier sitzt ja noch ein Jude. Raus hier!“ Ich bekam meine Siebensachen zurück und konnte nach Hause gehen. Daß ich frei kam, hatte ich meiner Schwägerin zu verdanken, die war in solchen Situationen unglaublich kaltblütig. Sie brachte der Gestapo die Beweise, daß ich als Zeichenlehrer für jüdische Kinder tätig war. Da die Deutschen wollten, daß Kinder bis zur Deportation auf der Schule blieben – Ordnung muß sein! –, ließen sie mich laufen. Alle anderen sind nach Westerbork geschickt worden.

Ein paar Wochen später wurde ich wieder verhaftet. Bei einer Razzia. Ich saß gerade bei meiner Mutter, als sie näherkamen. Haus für Haus. Alles war ja abgesperrt. Mich nahmen sie mit, Mutter ließen sie noch ungeschoren. Die Straßenbahn brachte uns wieder in die Euterpestraat. Diesmal zwei Tage. Wieder die gleiche Prozedur, und wieder hat Alice mich rausgeholt. Als sie das nächste Mal kamen, konnte ich rechtzeitig auf's Dach flüchten. Dort, hinter einem Schornstein, habe ich eine lange Nacht verbracht. Am nächsten Morgen bin ich zu meinen Eltern gegangen, mit einer kleinen Flasche Kümmel, die hatte ich irgendwie aufgehoben. Und ich hab zu ihnen gesagt: „Ich will mit Euch anstoßen.“ Da fragte Mutter: „Warum, was ist denn?“ Ich sagte: „Nichts. Nur so. Laßt uns auf unsere Gesundheit trinken!“ Wir haben das auch gemacht, und ich dachte bei mir, vielleicht sehen wir uns heute das letzte Mal. In diesem Augenblick habe ich in Gedanken Abschied von ihnen genommen. Ich habe sie nie wiedergesehen.

An diesem Tag, dem 5. September 1942, bin ich untergetaucht. Ich ging mit dem gelben Stern und sehr wenig persönlichem Gepäck zu der Adresse in der Vossiusstraat, wo Jettie lebte. Unter ihr wohnte „Tante Jet“, eine sehr kluge und tapfere Frau. Sie wußte, daß es Jettie und mir noch immer nicht gelungen war, eine Untertauchadresse für mich zu finden. „Wenn Du in Not bist, komm zu mir“, hatte sie einmal gesagt. Und so kam ich dort an – zu Fuß, denn Straßenbahnfahren war schon lange

„verboden voor joden“ – und sagte zu ihr: „Es ist so weit, ich muß untertauchen.“ Es war der große Sprung ins Nichts, den ich jetzt machen mußte. Das erste, was Tante Jet tat: Sie entfernte den gelben Stern von meinem Jackett. Das bedeutete eigentlich die Entscheidung zwischen legaler Existenz und der absoluten Verweigerung. Von einer jüdischen Freundin hatte ich zuvor schon einen Personalausweis ohne das lebensgefährliche „J“ bekommen, ausgestellt auf den Namen René Brugge. Tante Jet kannte einen Kontaktmann in Voorburg, zu dem ich zunächst gehen konnte. Ich kaufte also eine Fahrkarte, Zeitung und Zigaretten und stieg in den Zug Richtung Rotterdam. Der war bis auf den letzten Platz besetzt. Links und rechts von mir standen zwei „Herren“ von der „Grünen Polizei“. Fast eine ganze Stunde lang unterwegs in einem vollen Zug, mein Gesicht hinter der Zeitung versteckt unmittelbar unter den Augen meiner potentiellen Mörder: Das war die längste Bahnfahrt meines Lebens.

In Voorburg blieb ich zwei Tage bei den Leuten, die im Widerstand tätig waren. Die brachten mich dann zu einer streng christlichen Familie in Leidschendam, Vater, Mutter, drei Söhne. Besonders die Mutter war sehr gläubig. Nach jeder Mahlzeit wurde aus der Bibel vorgelesen und gebetet. Sie gehörten einer christlichen Sekte an, die täglich die Wiederkehr Jesu erwartete und danach das Kommen des Tausendjährigen Reichs. Die Angehörigen dieser kleinen Glaubensgemeinschaft trugen Gott alle möglichen Lebensprobleme im Gebet vor. Die Antwort bekamen sie dadurch, daß sie die Bibel aufschlugen und dort etwas lasen, was sich als Antwort auf ihre Frage interpretieren ließ. Das sollte für mich lebensentscheidend werden. Die Menschen in Voorburg, wo ich zuerst gewesen war, hatten nämlich in Leidschendam angefragt: „Wollt Ihr einen jüdischen Jungen aufnehmen, um ihm – koste es, was es wolle – das Leben zu retten?“ Da waren sie im Zweifel, was sie tun sollten, denn einerseits waren sie davon überzeugt, daß das, was jetzt geschah, Gottes Strafe war für die Juden, die den Heiland verleugneten. Dieser Strafe, die Gott den Juden auferlegte, durften sie sich nicht widersetzen. Andererseits fühlten sie aber auch, daß man einen Menschen, der in Gefahr ist, retten soll. – Und was tat die Familie? Sie betete! Alle fielen auf die Knie und beteten um eine Antwort auf diese für sie und mich so entscheidende Frage. Und dann haben sie den jüngsten Sohn, der das Problem nicht kannte, aufgefordert, er sollte die Bibel aufschlagen und etwas vorlesen, denn es ist Gott, der nach ihrem Glauben aus der Seele eines Kindes spricht. Und was las der Junge vor? Die Geschichte vom barmherzigen Samariter. Es ist wirklich wahr. Na ja, da gab's nichts mehr zu entscheiden. Gott selbst hatte gesprochen, und ich wurde mit voller Überzeugung aufgenommen! Neun Monate war ich bei ihnen.

Von Anfang an und von morgens bis abends versuchten sie, mich zu bekehren.Es ging doch für sie darum, eine verlorene Seele zu retten. Jede Woche war ein Bibelabend und sonntags natürlich Gottesdienst. Das hab ich alles mitgemacht, denn jüdisches Bewußtsein hatte ich kaum, und dieses starke, überzeugte Christentum beeindruckte mich sehr. Erst später, nach dem Krieg, habe ich meine jüdische Identität wiedergefunden, nicht zuletzt aufgrund der intensiven Beschäftigung mit dem Alten Testament dort in Leidschendam. Die Untertauch-Eltern sind lange tot, aber zu den drei Söhnen haben wir auch heute noch Kontakt.

Vier Tage, nachdem ich in Leidschendam untergetaucht war, hörte ich über Kontaktpersonen, daß unser Kind geboren war! Jettie war gerade bei ihren Eltern in Hilversum, als die Wehen begannen – zwei Monate zu früh. Wir hatten vorher beschlossen, falls es ein Junge wäre, ihn nach meinem verstorbenen Bruder Walter zu nennen. Aber als der Arzt in dem katholischen Krankenhaus sie fragte, welchen Namen der Junge bekommen sollte, war ihr das in all der Aufregung einfach entfallen. Irgendetwas deutsches, Rainer, Werner ... sie kam einfach nicht drauf. Das einzige, woran sie sich erinnern konnte, war mein Deckname, René. René Brugge, der Name auf dem falschen Personalausweis. Da sagte sie: „Er soll nach seinem Vater heißen, René." – und so heißt er heute noch. Nachdem ich die Nachricht von der Geburt bekommen hatte, bin ich gleich mit dem Zug nach Hilversum gefahren und habe sie und unser Kind besucht. Die ganze Reise war rückwirkend natürlich ziemlich leichtsinnig, aber es ist ja Gott sei Dank gutgegangen.

Im Mai 1943 bin ich zurückgegangen zu Jettie und René nach Amsterdam. Das Haus in der Vossiusstraat hab ich nur einmal verlassen, um zum Zahnarzt zu gehen. Sonst war ich immer zu Hause, zwei Jahre lang. Ich hatte inzwischen in Erfahrung gebracht, daß meine Eltern und meine Großmutter von den Deutschen deportiert worden waren, und ich wollte meinen Beitrag leisten im Kampf gegen die Nazis. Die holländische Widerstandsbewegung versorgte uns mit allem, was zum Leben notwendig war, Lebensmittelkarten, Kohlen, Zucker. Sogar Haferbrei für den Kleinen.

Als mich eines Tages ein Freund, der im Widerstand tätig war, fragte, ob ich nicht Stempel nachmachen könnte, habe ich sofort ja gesagt. Der Leiter dieser Widerstandsgruppe, der „Personalausweis-Zentrale", war Gerrit van der Veen, ein junger Bildhauer, der kurze Zeit später von der SS erschossen wurde. Seither war ich Tag und Nacht beschäftigt, um alle möglichen Dokumente zu fälschen, Lebensmittelkarten, Ausweise, alles, was gebraucht wurde. Ich war, glaube ich, damals einer der wenigen Grafiker in den ganzen Niederlanden, der die altdeutsche Fraktur, die die Nazi-Dienststellen für ihre Formulare verwendeten, perfekt nachmachen konnte, und der auch bereit war, das zu tun. Einmal bekam ich von unserer Organisation eine deutsche Anordnung zur Bearbeitung. Darin stand, daß ein gefangener Widerstandskämpfer der Polizei zu überstellen wäre. Er sollte am nächsten Morgen erschossen werden. Die „Polizei" waren natürlich unsere Leute, und das Dokument war gefälscht! Ich mußte in dieser Nacht die Unterschrift von Rauter, dem SS-Chef in Holland, darunter setzen. Mit diesem Dokument erschienen unsere Leute in deutschen Uniformen vor dem Gefängnis und nahmen den Todeskandidaten mit. So haben wir wirklich ein Menschenleben retten können. Oder eine andere Sache: Nach der Landung der Alliierten in Frankreich, 1944, kam aus England der Aufruf zum Eisenbahnstreik. Aber die Bahnarbeiter und Beamten mußten natürlich weiter bezahlt werden. Man brauchte also Geld in großen Mengen. Was tun? Wir bekamen von der Illegalität den Auftrag, Schatzbriefe, Staatsanleihen, die in den Tresoren der Niederländischen Bank lagen, zu fälschen. Daran habe ich mitgearbeitet, und so kam der Untergrund durch Vertauschen der echten und der gefälschten Schatzbriefe in den Besitz von Millionen Gulden. Oft hat Jettie die nachgemachten Dokumente als Kurier an Mittelsmänner vom Widerstand weitergegeben. Sie muß damals einen Schutzengel gehabt haben.

Es ist auch im nachhinein ein gutes Gefühl, sich gewehrt zu haben. Sicher, ich habe zwar dadurch meine Eltern nicht retten können und viele, viele andere auch nicht, aber wir haben zumindest etwas getan. Ich wußte aus dem Radio, das wir unerlaubterweise noch hatten, daß sich die Alliierten näherten und daß die Niederlage der Deutschen nur noch eine Frage der Zeit war. Und dann, nach diesem langen letzten Winter, als die Menschen auf der Straße vor Hunger starben, endlich die Befreiung. Überall aus den Häusern kamen die Untergetauchten zum Vorschein. Das war unbeschreiblich, wirklich unbeschreiblich.

Nach dem Krieg begann eigentlich unser Leben neu. Jettie arbeitete als Modezeichnerin für große Zeitungen, ich bekam meine ersten Aufträge als Grafiker und Designer. 1946 haben wir dann geheiratet, 1949 bin ich Niederländer geworden. 1950 wurde Babette geboren, unsere Tochter. Ich habe in meinem Beruf viel Erfolg gehabt, habe sogar einen Orden von der Königin erhalten, und die Arbeit kann ich auch heute noch nicht lassen. Eigentlich fühle ich mich selbst als Holländer, obwohl ich nicht weiß, wie viele da im Stillen denken: „Aha, auch so ein deutscher Jude, so ein Flüchtling von damals." Und das stimmt in gewisser Hinsicht natürlich auch. Anläßlich einer ziemlich bedeutenden Preisverleihung habe ich in meiner Dankesrede einmal etwas über mein emotionales Verhältnis zu diesem Land gesagt, das mich damals als Flüchtling aufgenommen hat. Das ist bei manchen Freunden nicht besonders gut angekommen, denn ein richtiger, echter Holländer ist seinem Land niemals für irgendetwas dankbar. Das gibt es gar nicht. Da wird im Zweifelsfall zuerst einmal ordentlich gemeckert. Als die Amsterdamer Hafenarbeiter 1941 in den Februarstreik traten, hieß die Losung: „Die Scheißmoffen sollen ihre Scheißpfoten von unseren Scheißjuden lassen!" Das ist typisch. Überhaupt, alles, was von „oben" kommt, wird erst einmal kritisiert. Das ist in Deutschland doch ganz anders, die Deutschen sind nun einmal Untertanen, die nehmen viel mehr hin. Vielleicht ist das heute anders, aber früher war da ein gewaltiger Unterschied.

Meine Geschichte ist vermutlich, verglichen mit anderen, nicht besonders dramatisch. Ich bin halt davongekommen, aber da ist doch etwas zurückgeblieben. Die Vergangenheit läßt einen nicht los.

Eines möchte ich noch erzählen, nämlich wie ich meinen jüdischen Namen zurückfand. Nach meiner Bar Mizwa hatte ich mein Jude-Sein fast ganz vergessen, hatte mich völlig assimiliert. Aber als Babette ungefähr zehn Jahre alt war, bekam sie mit, wie ein Mädchen in der Nachbarschaft auf die (katholische) Kommunion vorbereitet wurde, mit vielen Kerzen und weißem Kleidchen und Blumen im Haar. Gut, das wollte sie unbedingt auch, Sie wissen, wie Kinder in dem Alter sind. Wir waren seit einiger Zeit der liberal-jüdischen Gemeinde in Amsterdam angeschlossen und beschlossen, daß Babette Bath Mizwa werden sollte. Wir schickten sie deshalb in den jüdischen Unterricht. Da es üblich ist, daß der Vater bei der Bar Mizwa oder Bath Mizwa seiner Kinder mit seinem jüdischen Namen in der Synagoge zur Vorlesung aus der Thora aufgerufen wird, fragte mich unser Rabbiner Jaap Soetendorp nach diesem meinem jüdischen Namen, den man als Junge bei der Beschneidung erhält. Ich wußte ihn nicht, meine Eltern waren tot, und in Deutschland war auch nichts mehr festzustellen. So weit, so gut. Jahre später hatte ich als überzeugter Zionist viel in Israel zu tun, Seminare, Gastvorträge, Ausstellungen usw. In Jerusalem lernten wir dadurch einen sehr frommen Juden namens Meïr kennen, der in Nürnberg, also ganz in der Nähe von Fürth, geboren war. Er lud uns zu sich ein, wir sprachen über das Judentum, und ich erzählte ihm die Geschichte meines verlorenen Namens. Da stellte sich heraus, daß er die Witwe des früheren Mohel von Nürnberg und Umgebung kannte, der schon Jahre vor dem Krieg verstorben war. Der Mohel ist in der jüdischen Religion der Mann, der die Beschneidungen vornimmt. Vielleicht besaß sie noch Unterlagen? Zwei Tage später, an einem Sonntagmorgen, rief mich der Mann an und sagte: „Otto, Dein Name ist Chaim ben Mordechai!" Die Frau hatte tatsächlich das Buch ihres verstorbenen Mannes, in dem er alle Beschneidungen notiert hatte, mit nach Jerusalem genommen. So fand ich durch meine Arbeit für Israel meinen Namen zurück. Chaim, das bedeutet Leben. Und, wie Sie sehen, ich lebe noch. Gerne sogar!

Hans und Eva E.
Widerstand

Hans und Eva E. (1941)

Eva: Es war im Mai 1945. Paris war längst befreit. Ich war dort geblieben, auch, nachdem sie Hans gefaßt hatten. Seit zehn Monaten, seit Juli 1944, hatte ich nichts mehr von ihm gehört. Trotz allem wußte ich, daß er zurückkommen würde. Irgendwie. Eines Tages, Anfang Mai 1945, ich war auf dem Rückweg vom Roten Kreuz oder von der holländischen Botschaft, genau weiß ich das nicht mehr, hat mich auf der Straße so ein baumlanger Kerl angesprochen: „Sind Sie Eva E.?“ – „Ja“, hab ich gesagt. – „Sie dürfen nicht erschrecken, aber Ihr Mann ist da.“ Erst war ich wie blind, und dann habe ich ihn gesehen, in einem Hauseingang. Ich hätte ihn fast nicht wiedererkannt, wie er da so stand, in einer alten Uniform, die ihm viel zu groß war, abgemagert, kahl und mit einem Geschwür im Gesicht. Das war seine Heimkehr aus Buchenwald.

Hans: Ich bin Thüringer, Jahrgang 1919. Meine Eltern hatten in Bad Salzungen, zwischen Eisenach und Meiningen, ein Modegeschäft, Damenmoden. Meine Mutter war gelernte Putzmacherin. Die Familien waren seit ewigen Zeiten in Deutschland ansässig und fühlten sich vollkommen deutsch, als „deutsche Staatsbürger jüdischen Glaubens". Vater hatte sich im Ersten Weltkrieg, wie so viele Juden, freiwillig gemeldet – trotz seiner 40 Jahre. Später, nach dem Krieg, ist er Mitglied in der Deutschen Volkspartei geworden. So richtig bürgerlich ... Über den Antisemitismus, der gerade im Kleinstadtmilieu blühte, regte sich eigentlich niemand ernsthaft auf. Es gab ja nicht einmal eine Synagoge bei uns in Salzungen. An den hohen Feiertagen Rosh-Ha-Shanah und Jom Kippur mußten wir nach Barchfeld fahren. Aber davon abgesehen wußte ich kaum, was das ist: ein Jude. Bei uns zu Hause wurde nicht koscher gekocht, und Weihnachten wurde richtig deutsch gefeiert. Mit Tannenbaum, Geschenken und allem Drumherum. Wir waren so assimiliert, daß uns die „richtigen" Juden eigentlich schon für Abtrünnige hielten. Einmal, erinnere ich mich, kam der Rabbiner zu uns nach Hause und fragte Vater, weil ich gut lernen konnte, ob ich nicht Geistlicher werden sollte. Ich hab damals mit meinen 12, 13 Jahren aufs Heftigste protestiert, das ginge auf gar keinen Fall, denn dann dürfte ich ja keine Thüringer Bratwürste mehr essen. Damit war das Thema natürlich vom Tisch!

1933 ging für uns eigentlich alles recht schnell bergab. Es begann mit dem Boykott am 1. April, als sie uns die Fensterscheiben einwarfen und die Kunden, die trotz allem das Geschäft betraten, fotografierten. Deren Foto war dann am nächsten Tag in der Zeitung. Viele Freunde und Bekannte gingen plötzlich auf Abstand. Am schlimmsten waren die Überläufer, die „Märzgefallenen". Die waren schlimmer als die alten Nazis. Vor der Schule mußten wir jeden Morgen in Reih und Glied aufmarschieren und die Fahne grüßen – ich brauchte dabei aber nicht die Hand zu heben. Die jüdischen Kinder bekamen von manchen Lehrern eine „Sonderbehandlung". Bis 1933 war ich der einzige Junge in der Klasse gewesen, der eine Eins in Turnen hatte. Das hörte dann sehr schnell auf, denn ein sportlicher Jude war bei den Nazis nicht vorgesehen. Ich bin bis zum Einjährigen auf dem Realgymnasium gewesen. An der Schulabschlußfeier durfte ich schon nicht mehr teilnehmen. Das war 1936. Im selben Jahr mußten die Eltern das Geschäft wohl oder übel zu schlechten Bedingungen verkaufen. Wir, Vater, Mutter, meine Schwester und ich, sind nach Eisenach gezogen, wo Vater herkam. Anfangs hatten wir durch den Verkauf noch etwas Geld, aber das wurde schnell weniger. Ich wäre am liebsten gleich nach der Schule ausgewandert, hatte mich auch in allen drei Konsulaten der Vereinigten Staaten eintragen lassen, aber angesichts der niedrigen Einwanderungsquote für deutsche Juden – 5.000 pro Jahr – bestand wohl kaum eine Chance, dorthin zu kommen, von der geforderten Bürgschaft einmal ganz abgesehen. So ging ich statt dessen in die Lehre nach Erfurt, in eine Firma, die Fahrräder herstellte. Neben dem Kaufmännischen hab ich zur Vorbereitung meiner Auswanderung auch richtig handwerklich Fahrradmonteur gelernt, Schlosser. Das hab ich am allerliebsten gemacht, aber Vater, wie alle Älteren, fand das entsetzlich – schließlich waren „wir" doch Geschäftsleute! Als die Inhaber dieser Erfurter Firma, polnische Juden, von den Nazis ausgewiesen wurden, Anfang 1938 muß das gewesen sein, habe ich Arbeit in Frankfurt am Main angenommen. Da wurde der Antisemitismus dann in kurzer Zeit so stark, daß ich zurückgegangen bin nach Hause, nach Eisenach. Und in Eisenach haben wir die „Kristallnacht" erlebt. Schon am Abend vorher waren da so Gerüchte, nichts Genaues, irgend etwas aber lag in der Luft. Jedenfalls habe ich meinen Eltern vorgeschlagen, wir sollten alle gemeinsam einen Nachtspaziergang im Thüringer Wald machen. Das haben wir auch getan. Als wir zurückkamen, sahen wir schon von ferne die brennende Synagoge. Die Wohnung unter unserer war völlig demoliert. Alle jüdischen Männer waren verhaftet und nach Buchenwald geschickt. Nur wir, wir waren noch einmal davongekommen ...

Nach dem Pogrom bin ich zur Hachschara gegangen. Da gab es das Gut Winkel bei Spreehagen in der Nähe von Berlin. Auf dem Gut, das dem Salman Schocken Verlag gehörte, wurden damals junge Juden auf das Leben in Palästina vorbereitet. Das war so eine Art Internat, hauptsächlich Landwirtschaft, aber weil mich das nicht so interessierte, z. B. frühmorgens in der Dämmerung Spargelstechen usw., hab ich als Schmied gearbeitet und später in der Konservenfabrik des Gutes. Die Palästinapioniere von der Hachschara, die haben mich ein paar Monate später auch nach Paderborn geschickt, um dort ein neues Lager aufzubauen. Von Paderborn bin ich über Köln nach Holland gekommen. Direkt bei Ausbruch des Krieges. Das heißt, ich bin im Frieden weggegangen, und als ich in Holland ankam, war Krieg. In der Nacht vom 31. August zum 1. September 1939 war das. Ich hatte kein Visum, das lag auf der anderen Seite der Grenze, aber das wußte der SS-Mann nicht, als er das „J" in meinem deutschen Paß sah. Ich sehe ihn noch vor mir: „Du Schweinehund, wenn Du zurückkommst, kommst Du gleich ins Konzentrationslager! Da kannst Du von Glück reden, wenn wir Dich vorher aufhängen!"

Es war damals nicht so leicht, nach Holland hineinzukommen, vor allem dann nicht, wenn man kein Geld hatte. Die Holländer sagten: „Wir sind ein kleines Land und können nur wenige Leute aufnehmen." Manche wurden auch wieder zurückgeschickt. Als ich mich in Venlo, auf der anderen Seite der Grenze, bei der Polizei meldete, gab ich Ru Cohen von den Palästinapionieren in Deventer als Bürgen an. Das hatten wir vorher so abgesprochen. Na gut, ich durfte bleiben. In der Nähe von Amersfoort, Spakenburg heißt der Ort, hab ich schließlich in einer Knopffabrik als Werkzeugmacher Arbeit gefunden. Da bin ich dann bis 1942 geblieben. Zuletzt, als der gelbe Stern schon eingeführt war und wir Juden die Fahrräder abliefern mußten, bin ich jeden Morgen die 15 Kilometer von Amersfoort nach Spakenburg zu Fuß gelaufen und abends die gleiche Strecke wieder zurück. Also, ich kann Ihnen sagen, ein Vergnügen war das nicht! In Amersfoort habe ich übrigens auch meine Frau kennengelernt, in einer Jugendgruppe der Palästinapioniere. Sie war auch aus Deutschland geflüchtet.

Eva: Ich bin 1921 in Dresden geboren. 1925, mein kleiner Bruder war gerade ein Jahr alt, sind wir, also die Eltern, nach Düsseldorf gezogen. Mein Vater war Vertreter für Gardinen, der war die ganze Woche weg und kam nur übers Wochenende nach Hause. Er kam aus Posen in Westpreußen („Damals war Posen noch deutsch!" hat er immer betont), und Mutter war gebürtige Hamburgerin. Nach der Grundschule bin ich aufs Mädchenlyzeum gekommen. Wir waren zwei jüdische Mädchen dort in der Klasse und sind zusammen abgegangen, als es durch die Nazis für uns immer schlimmer wurde. Also die Lehrer, die kamen sogar in brauner Uniform zur Schule, die haben uns sehr gequält. Danach bin ich dann, ebenso wie mein Mann, zur Hachschara gegangen. Nach Ahrensdorf bei Berlin. Das war 1937/38. Ich habe richtig Landwirtschaft gelernt und fand das herrlich, Kühe melken, oder wenn die Kälbchen und Lämmer geboren wurden. Das war sehr schön. Aber als ich dann nach Palästina wollte, da meinte Vater, daß ich mit 17 Jahren dazu noch viel zu jung sei. Also mußte ich zurück nach Düsseldorf. Wir wohnten damals in der Kaiserswerther Straße Nr. 70, dritter Stock.

Mit dem Pogrom war das bei uns so: Großmutter, die bei uns wohnte, hatte am 8. November Geburtstag. Aus diesem Anlaß hatten Onkel und Tante aus Berlin mit ihrem Sohn bei uns Station gemacht. Die sind dann am nächsten Tag weitergefahren nach Amerika. Also, wir hatten Geburtstag gefeiert, und am folgenden Tag hörten wir sie schon vom Rhein her die Kaiserswerther Straße hochkommen, SA-Leute und Zivilisten. Adlers, die im ersten Stock wohnten, kamen zu uns rauf und sagten, die Männer müßten weg, die kämen alle ins Konzentrationslager. Aber Vater – wir waren ziemlich religiös zu Hause – hat sich geweigert wegzugehen. Er sagte: „Wenn es mir bestimmt ist, werden sie mich mitnehmen, und wenn nicht, dann ist Gott bei uns. Was passieren soll, passiert." Außerdem hatte er im Ersten Weltkrieg wegen eines Lungendurchschusses das Verwundetenabzeichen und das Eiserne Kreuz Erster Klasse bekommen; er glaubte, daß sie uns nichts antun würden. Zuerst haben sie bei Adlers alles rausgeschmissen auf den Hof, die ganzen Möbel. Dann kamen sie zu uns. Wir mußten im Treppenhaus warten, während sie drinnen die Wohnung kurz und klein schlugen. Als sie endlich abzogen, war kein Teller mehr heil und kein Glas. Nichts. Es ist merkwürdig, aber Vater war einer der ganz wenigen jüdischen Männer in Düsseldorf, die sie nicht mitgenommen haben. Nachdem alles vorbei war, haben wir an einen von Mutters Brüdern nach Holland geschrieben, der da schon seit Ende des Ersten Weltkriegs lebte. Der hat für uns gebürgt, daß er für den Lebensunterhalt aufkommt. Denn man bekam ja sonst keine Arbeitserlaubnis und keine finanzielle Unterstützung! Am 5. Januar 1939 sind wir hier angekommen, Vater, Mutter, die Großmutter, mein Bruder und ich. Mit 10 Reichsmark pro Person, das waren im Umtausch 1 Gulden und 50 Cent.

Wir kamen, wie alle Emigranten, zuerst einmal in ein Flüchtlingslager in der Nähe von Rotterdam. Heute weiß ich gar nicht mehr genau, wie lange das dauerte. Schließlich wurde ich dort herausgeholt von einem Ehepaar aus Bussum, das ein Kindermädchen suchte. Bei denen hab ich's dann sehr schlecht gehabt. Sie kauften mir gleich am ersten Tag eine Art Uniform, ein blaues Kleid mit weißer Schürze und Häubchen. Und für abends ein schwarzes Satinkleid. Die Kinder haben mich furchtbar geärgert, weil ich kein Holländisch verstand. Aber wenn man muß, lernt man schnell. Nach einiger Zeit in Bussum bin ich zurückgegangen nach Rotterdam, wo meine Eltern nach langem Suchen endlich doch eine kleine Wohnung gefunden hatten. Dort nahm ich eine neue

Stellung an bei einem jüdischen Gynäkologen, Dr. Goldschmidt. Am 14. Mai 1940 machte ich morgens Besorgungen, Eier holen, die kosteten damals eineinhalb Cent das Stück, da sah ich die deutschen Flugzeuge über der Stadt. Und dann fielen die Bomben. Ich ging gleich die Eltern suchen, die Gott sei Dank etwas außerhalb des Zentrums wohnten, in Blijdorp. Ihnen war nichts passiert.

Als wir deutschen Juden im Herbst 1940 die Küste verlassen mußten, schickte mich Dr. Goldschmidt zu seiner Schwester nach Maastricht, und von dort bin ich schließlich nach Amersfoort gekommen, wo die Eltern mittlerweile eine neue Bleibe gefunden hatten. In Amersfoort habe ich dann Hans kennengelernt.

Hans: 1941 haben wir geheiratet, und 1942, im April, wurde unser Ältester geboren, Rudi. Damals waren wir schon ausgebürgert und staatenlos. Drei Monate nach der Geburt erhielt Eva den Aufruf, sich zum „Arbeitseinsatz" zu melden – das war zur Zeit der Deportationen damals. Ich erinnere mich sogar noch an den Tag: es war der 17. Juli 1942. Fast alle jüngeren Juden in Amersfoort hatten diesen Aufruf erhalten, nur ich nicht. Man sprach natürlich aufgeregt darüber. Eines Tages kam mein Schwiegervater nach Hause und erzählte, wer sich alles schon gemeldet hatte, und sagte so ganz nebenbei: „Na ja, wenn Eva geht, geht Hans natürlich freiwillig mit." Da hab ich nur geantwortet: „Nein, ich gehe nicht. Ich denke gar nicht daran!" – „Waaas", sagte er, „Du läßt sie sitzen mit dem Kind?" – „Nee, sie geht auch nicht!" Das war für ihn unglaublich, daß man einem Befehl nicht gehorchte. Wir haben die, die sich gemeldet hatten, sogar noch zum Bahnhof gebracht und sind zusammen mit den Schwiegereltern und allen noch in der Provinz Utrecht verbliebenen Juden am 22. August 1942 nach Amsterdam zwangsübergesiedelt. Hier kamen wir zuerst in ein Haus in der Retiefstraat, wo wir Jaap Soetendorp kennenlernten, den späteren Rabbiner der Liberalen Gemeinde. Ich erhielt durch Ru Cohen 1942 einen Posten bei der „Jüdischen Zentrale für Berufsausbildung", die nannten wir damals schon insgeheim „Jüdische Zentrale für Untertaucher". Dort arbeitete ich offiziell als Hilfsportier, aber in Wirklichkeit als Kontaktmann der legalen und illegalen Palästinapioniere zum Jüdischen Rat – einer der beiden Vorsitzenden war Ru's Bruder, Professor David Cohen.

Eva und ich waren inzwischen in die Kromme Mijdrechtstraat gezogen, wo am 4. Mai 1943 unser zweiter Sohn geboren wurde. Als wir zum

1. Juni auf deutschen Befehl nach Amsterdam-Oost umsiedeln mußten, haben wir beide Kinder unterwegs „verloren", d. h. die Palästinapioniere und ihre Freunde von der holländischen Illegalität haben sie in Utrecht untertauchen lassen. Dort ist der Kleine, er war doch erst vier Wochen alt, als wir uns von ihm trennten, am 10. März des darauffolgenden Jahres an einer Epidemie gestorben. Der Große, Rudi, wurde in seinem Versteck bei einer Bäckerfamilie verraten und kam nach Westerbork. Dort wurde aus ihm der Sohn eines deutschen Soldaten und einer jüdischen Mutter gemacht, so daß er bis zur Landung der Alliierten im Herbst 1944 in Westerbork bleiben konnte. Dann hat man ihn zuerst nach Bergen-Belsen und anschließend nach Theresienstadt deportiert. Da hat er als einer von ganz wenigen überlebt. Es ist ein unbeschreibliches Wunder, noch heute, wenn man daran denkt, wie viele andere jüdische Kinder noch sterben mußten.

Zwei oder drei Wochen, nachdem wir in Amsterdam-Oost zusammengefaßt worden waren, wurde der gesamte Osten der Stadt abgeriegelt und das Viertel Haus für Haus nach Juden durchsucht, die man dann nach Westerbork brachte. Wir wohnten in der vierten Etage und hatten uns ein Versteck gebaut unter der Treppe, hatten alles vorbereitet. Und als sie dann kamen, um uns zu holen, dachten sie wahrscheinlich, daß wir schon weg wären. Jedenfalls haben sie uns nicht gefunden, und gleich im Anschluß daran sind wir richtig untergetaucht.

Eva: Ich kam nach Alkmaar, zu einer ganz entsetzlichen Frau. Die hat mich ausgenutzt nach Strich und Faden, man war ja völlig rechtlos, wie sagt man, völlig ausgeliefert. Ich durfte nur einmal in der Woche saubere Kleider anziehen, und wenn ich mich nach der Arbeit wusch, jammerte sie über den hohen Verbrauch von Wasser und Seife. Selbstverständlich mußte ich alle Lebensmittelkarten abliefern, denn Butter und Fleisch waren ausschließlich für sie bestimmt. Für ihren Mann und mich blieben die Kartoffeln übrig. Wenn Briefe von Hans kamen, der damals schon in Frankreich war, mußte ich sie in ihrem Beisein aufmachen. Und wenn da mal Lebensmittelmarken drin waren, hat sie die sofort an sich genommen.

Hans: Ja, ich saß in Frankreich, und das kam so. Die Palästinapioniere, meist junge deutsche und holländische Juden, die, wie wir, vom Ausbruch des Krieges in Holland überrascht worden waren, hatten sich entschlossen, Widerstand zu leisten. Wir wollten uns nicht wie die Schafe zur Schlachtbank führen lassen. Einige von uns hatten einen Fluchtweg quer durchs besetzte Europa vorbereitet, um jüdische Jugendliche in Frankreich untertauchen zu lassen oder sie über die Pyrenäen nach Spanien zu bringen. Das war natürlich gefährlich, denn an allen Grenzen und an der Demarkationslinie zwischen dem besetzten und dem unbesetzten Frankreich wurde scharf kontrolliert. Eines Tages haben wir uns gefragt: Warum versuchen wir die Geschichte nicht auf „legale" Weise? Wir haben es versucht, und – es funktionierte! Ich habe mich als „Leendert van der Meyden" selbst an den Westwall nach Frankreich dienstverpflichtet. Als ganz normaler holländischer Zivilarbeiter. Risikoreich war das Ganze vor allem so lange, wie wir die deutsche Militärbürokratie nicht genau kannten. Ich gehörte zur ersten Gruppe. Wir wurden an den Atlantik geschickt, um dort Bunker und Befestigungen zu bauen, und haben eigentlich nicht schlecht von der Wehrmacht gelebt. Bekamen sogar Sonderrationen für Schwerarbeiter und andere Zulagen. Aber das Wichtigste waren die Urlaubsscheine und der sogenannte „Durchlaßschein West" des Oberkommandos der Wehrmacht, ein besonderes Papier, ohne das uns die Grenzen verschlossen blieben. Die Urlaubsscheine waren relativ leicht zu bekommen, vor allem, nachdem ich in Auffay bei Rouen, wo wir eingesetzt wurden, legal in das Büro der Bauleitung gekommen war. Denen imponierte das ungeheuer, daß ein kleiner holländischer Arbeiter so gut deutsch sprach. Also, da hab ich dann unsere Urlaubsscheine, meistens für 20 Mann auf einmal, vorbereitet und bin zum Chef der Bauleitung, einem Rittmeister Kattenbusch, gegangen, und der hat sie abgezeichnet, ohne groß hinzusehen. Damit fuhr ich dann nach Paris, um im Oberkommando der Wehrmacht an den Champs Élysées die Durchlaßscheine West zu besorgen. Die konnten wir nicht nachmachen, weil sie besondere Wasserzeichen hatten. Als ich da zum erstenmal reinkam, hab ich Blut und Wasser geschwitzt, aber es ging gut. Nur: In Wirklichkeit wollten wir ja gar nicht von Frankreich nach Holland, sondern umgekehrt von Holland nach Frankreich! Meist kam einer der holländischen Palästinapioniere, Menachem Pinkhof oder Max „Cor" Windmüller, die haben dann die Papiere in Paris übernommen und über die Grenze in die Niederlande geschmuggelt. Dort wurden die entsprechenden Fingerabdrücke und Paßfotos einmontiert. So kamen unsere Jungens dann als ganz gewöhnliche holländische Arbeiter nach Paris, und wir haben sie dann weiter in den Süden gebracht.

Von Paris nach Bordeaux oder Toulouse. Über die Demarkationslinie. Das lief dann so, daß einer von uns als Transportführer zum Offizier der Zugbegleitung ging und seine Leute anmeldete. „Wir sind Arbeiter, müssen vom Westwall hier zum Westwall da." Na ja, auf diese Weise ging es eigentlich verhältnismäßig reibungslos. Die Grenze nach Spanien war das letzte, entscheidende Problem. Das haben meistens Schmuggler gemacht, Spanier oder Franzosen, die Kopfgeld verlangten. Und wenn die wußten, daß Juden dabei waren, wollten sie gleich das Dreifache haben. Nicht alle sind über die Pyrenäen gegangen, manche tauchten auch in Frankreich selbst unter oder schlossen sich dort dem Widerstand an.

Die Organisation funktionierte im Laufe der Zeit immer besser. Zum Schluß hatten wir sicher 150 Leute in Frankreich. Da waren wir imstande, fast alles selbst zu machen, Formulare drucken zu lassen, Pässe zu fälschen oder Stempel herzustellen. Wir haben sogar einen Stempel erfunden, den es überhaupt nicht gab, „Freireise"! Wenn keine Aktionen waren, haben wir unser täglich Brot ganz normal als Arbeiter am Westwall verdient. Bunker bauen für die „V 1", die damals dort stationiert werden sollten. Natürlich haben wir alle erreichbaren Baupläne und Informationen sofort an den französischen Widerstand zur Übermittlung nach England weitergegeben, und eines Tages ist der ganze Bauplatz von den Alliierten gründlich bombardiert worden. Mit der V1-Rakete war das so, daß beim Bau der Abschußrampen absolut kein Metall verwendet werden durfte, sondern nur Holz, weil die empfindliche Elektronik durch Metall abgelenkt wurde. Was meinen Sie, wie viele Nägel uns da „aus Versehen" in die Schächte „gefallen" sind.

Eines unserer Mädchen, Paula Kaufmann, arbeitete unter falschem Namen sogar im Pariser Gestapohauptquartier, so daß wir selbst von dort gelegentlich wichtige Informationen bekamen. Eines Tages, ich wollte gerade bei der Bauleitung in Rouen neue Urlaubsscheine abholen, hörte ich sie schon im Vorzimmer von Rittmeister Kattenbusch von „gefälschten Papieren" sprechen. Gestapo und Feldgendarmerie waren uns auf die Spur gekommen. Und Rittmeister Kattenbusch bat ausgerechnet mich, sofort Meldung zu machen, wenn ich dem Chef der Firma begegnen sollte! Ich habe mir das angehört, bin raus und hab mich dort nie wieder sehen lassen. Da wußte ich, sie suchen uns. Nach der alliierten Landung am 6. Juni 1944 arbeitete unsere Gruppe ohnehin direkt mit dem französischen Widerstand zusammen.

Am 19. Juli, einen Tag vor dem Hitlerattentat, wurden wir geschnappt. Man hatte uns verraten. Ich versuchte noch, so viele wie möglich zu warnen, aber dann saß ich selbst in der Falle. Sie warteten schon auf mich und schossen sofort, als ich fliehen wollte. Zuerst brachten sie mich mit einem Beindurchschuß in ein Militärlazarett bei Paris. Da war ein netter Soldat vom Bodensee, der hat mir am 20. Juli ins Ohr geflüstert: „Es geht zu Ende, Attentat auf den Führer. Wir gehen nach Hause und Du auch!" Aber das hat sich dann leider vorerst nicht bewahrheitet. Nach einer Weile haben sie mich da täglich rausgeholt und zum Verhör in die rue des Saussaies gebracht, ins Pariser Gestapo-Hauptquartier. Haben mich stundenlang verhört, zu viert, mit Stöcken immer wieder geschlagen, auch auf die frische Wunde. Aber aus mir haben sie nichts rausgekriegt. Ich wußte, daß sie jeden umbrachten, nachdem sie die gewünschten Informationen erhalten hatten. Wie dem auch sei, ich bin als Leendert van der Meyden nach Buchenwald gekommen, ins Konzentrationslager.

Eva: Nachdem Hans sich in Frankreich eine einigermaßen sichere Identität verschafft hatte, bin ich nachgekommen. Meine Papiere lauteten auf Trijntje Luikenaar. Im deutschen Militärlazarett Lariboisière beim Gare du Nord fand ich eine Stelle im Büro. Ich mußte Krankengeschichten schreiben und solche Sachen. Weil ich nach dem Attentat auf Hitler, das war ja unmittelbar nach Hans' Verhaftung, so niedergeschlagen und durcheinander war, dachten die, daß ich Hitler nachweinte und versuchten mich zu trösten: „Schließlich ist dem Führer doch nichts passiert!" Ich bin einfach geblieben, so schwer es mir auch fiel. Bis Paris am 24. August befreit wurde. Die Deutschen wollten mich mitnehmen, als sie die Stadt räumten: „Du hast für uns gearbeitet. Wenn Du bleibst, werden die Franzosen Dir den Kopf kahlscheren und Dich einsperren!" Ich hab denen nur gesagt: „Laßt mich mal hier. Ich werde mich schon retten!" Und dann erfuhr ich, einige Tage nach der Befreiung von Paris, daß sie Hans nach Buchenwald verschleppt hatten.

Hans: Bad Salzungen, meine Geburtsstadt, liegt nur etwa 50 Kilometer Luftlinie von Buchenwald entfernt. Also ich wußte schon 1933 als 14jähriger Junge genau, was dort geschah. Wenn heute so viele Deutsche sagen, sie haben von nichts gewußt – das ist etwas, was sie mir nicht weismachen können. Ich hatte gerade die größte Angst vor Buchenwald! Und genau dahin schickten sie mich. In Fresnes im Militärgefängnis waren Juden und Nichtjuden getrennt worden. Fünf Tage lang dauerte die Fahrt mit dem Zug, der von speziell ausgebildeten Truppen der „Grünen Polizei“ begleitet wurde. So kamen wir am 20. August 1944 in Buchenwald an. Da ich aufgrund meiner Papiere nach wie vor als „arischer“ Holländer galt, wurde ich in den nichtjüdischen Teil des Lagers eingewiesen. Ich habe dort noch einige meiner Freunde von den Palästinapionieren auf der anderen Seite des Stacheldrahtes wiedergesehen. Von ihnen hat kaum einer überlebt.

Buchenwald hatte damals mit allen Außenlagern, Dora, Malachit usw., mehr als 50.000 Gefangene. Ein paar Tage nach unserer Ankunft wurden die Arbeitsstätten am 24. August 1944 bombardiert. Gründlich. Die Gustloff-Werke, das Sägewerk, in denen die Häftlinge arbeiten mußten, alles zerstört. Alle drei Monate wurden 5.000 Häftlinge in sogenannten Himmelfahrtskommandos „verheizt“, die mußten u. a. im KZ-Außenlager Malachit arbeiten und Stollen für unterirdische Waffenfabriken in die Berge sprengen. Mein durchschossenes Bein heilte nur langsam. Aber auch ich mußte arbeiten, sieben Tage in der Woche. Sonntags in einer Ziegelei. Im Winter ohne Handschuhe die frisch gebrannten Steine tragen und draußen aufschichten. Der Besitzer, natürlich ein Parteigenosse, stand mit der Peitsche daneben, und wenn es ihm nicht schnell genug ging ... Als sich die Amerikaner näherten, wurden wir auf einen dieser Todesmärsche geschickt, Richtung Tschechoslowakei. Von den 5.000, die noch übrig waren, sind fast alle krepiert unterwegs. Wer nicht weiter konnte, wurde mit Genickschuß erledigt. Das waren keine SS-Männer, sondern ganz normale Landser und Soldaten von der Luftwaffe, die von ihren Einheiten zu diesem Zweck abgestellt worden waren. Die haben genau so gerne Genickschüsse gegeben wie die SS. Für mich gibt's da keinen Unterschied zwischen SS, Polizei, Luftwaffe oder Zivilisten. Die waren damals fast alle gleich.

Ich hatte am vierten Tag Gelegenheit, zusammen mit einem gefangenen Holländer, Gerard Kagenaar, zu fliehen. Das war am 16. April 1945 irgendwo in Sachsen bei Dessau. Wir sind zehn Tage lang Richtung Westen gelaufen. Nur nachts. Das einzige Eßbare, was wir besaßen, war ein kleines Stück altes Brot. Getrunken haben wir Regenwasser. Am 26. April liefen wir einer amerikanischen Streife in die Arme. Das war die Befreiung. Wir haben uns auf ziemlich abenteuerliche Weise nach Frankreich durchgeschlagen, haben da z. B. irgendein Auto requiriert, so einen Wagen, der mit Holzgas angetrieben wurde. Bei Saarlouis passierten wir die Grenze und kamen über Nancy schließlich in das Hotel Lutetia in Paris. Da war dann endgültig für mich der Krieg zu Ende. Von unserem Wiedersehen in Paris hat Eva ja schon erzählt.

Eva: Anfang Juni 1945 hatte Hans die notwendigen Papiere beisammen, um nach Holland zu gehen und dort nach unseren Kindern Rudi und Herbert zu suchen. In einer Schule in Eindhoven hat er Rudi dann auch tatsächlich gefunden. Er war gerade aus Theresienstadt zurückgekommen. Der Junge war erst drei geworden und völlig verstört. Er sprach nicht, hatte entsetzliche Angst vor Hunden und vertrug am Anfang nur dünne Kartoffelsuppe. Hat viel geweint damals, der Kleine. Später hat er alle diese Dinge wohl verdrängt. Erst jetzt, mehr als 40 Jahre danach, kommen Fragen.

Hans: Nach dem Krieg haben wir eine kleine Knopffabrik aufgebaut. Wir mußten ja von irgendetwas leben. Eva ist mit dem Fahrrad über Land gefahren und hat Knöpfe verkauft. Später haben wir dann noch Modeschmuck hinzugenommen, auch Gürtel, Accessoires. Wir haben noch zwei Kinder bekommen, zwei Söhne. Der eine arbeitet mit im Geschäft und wird es weiterführen, der andere ist Wasserbauingenieur. Rudi, der Älteste, ebenfalls Ingenieur, arbeitet heute als Technischer Direktor in einem großen jüdischen Altersheim. Er ist bewußt jüdisch. Wir sind Mitglieder der liberalen Gemeinde. Die hohen Festtage feiern wir auf deutsche Art, d. h. es wird gefastet.

Eva: Meine Großmutter war fast 80 Jahre alt, als man sie aus dem Altersheim holte und zum „Arbeitseinsatz" in den Osten schickte. Weil Vater Frontkämpfer im Ersten Weltkrieg gewesen war, wurde meinen Eltern das Privileg eingeräumt, im Personenzug von Amsterdam nach Theresienstadt fahren zu dürfen. Solange Vater noch lebte, war auch Mutter „gesperrt". Nach seinem Tod hat man sie dann direkt nach Auschwitz in die Gaskammer geschickt. Bei Hans' Eltern und seiner Schwester war es ebenso. Das war der „Dank des Vaterlandes".

Hans: Wenn Eva heute Filme über Konzentrationslager oder über den Krieg sieht, weint sie. Mir machen die Bilder eigentlich wenig aus. Glauben Sie mir: Die Wirklichkeit war viel schlimmer. Es gibt keine Worte dafür, wenn man das selbst erlebt hat. Die Angst von damals ist weg, aber es kommt vor, daß ich manchmal nachts träume und dann Theater mache.

Die jüdischen Freunde von vor 1939 sind, soweit sie den Krieg überlebten, heute über die ganze Welt verstreut. Gelegentlich trifft man den einen oder anderen irgendwo wieder. Aber auch wir werden jetzt langsam alt. Unser Kreis beginnt kleiner zu werden.

Wir haben eigentlich in all den Jahren sehr wenig über diese Dinge gesprochen, und wir haben lange darüber nachgedacht, ob wir Ihnen alles, was damals geschehen ist, noch einmal erzählen sollen.

Dorit L.

Warum lebe ich noch?

Dorit L. (1950)

Ich bin heute in zwei Ländern zu Hause, in Israel und – noch immer – Holland. Es war schon früher so: Wenn ich in Holland war, sehnte ich mich nach Israel, und wenn ich in Israel war, dachte ich an Holland und die Freunde dort . . . In Israel leben meine Kinder und Enkel. Ich arbeite dort als freiwillige Helferin in einem streng orthodoxen Krankenhaus in Nelbanya. Obgleich meine Gesundheit durch die Zeit in den Konzentrationslagern ziemlich ruiniert ist – ich leide an einem traumatischen Asthma –, möchte ich immer noch Menschen helfen, die Hilfe benötigen. Und so fahre ich in meiner Freizeit einen Krankenwagen in Haifa. Ich hoffe, das noch lange tun zu können.

Natürlich bin ich dankbar, daß ich noch leben darf, aber meine Gedanken kreisen immer wieder um die Frage: „Warum bin ich zurückgekommen, warum ich, und warum all die anderen nicht? Wie konnte Gott Auschwitz zulassen?" Ein sehr religiöser Mann hat mir einmal geantwortet: „Ja, damals hat Gott sein Antlitz verhüllt!" Aber auch diese Erklärung befriedigt mich nicht. Es muß doch einen Sinn haben, daß ich noch lebe. Warum bin ich in Auschwitz durchs Nadelöhr gekommen, und wo sind die, die neben mir waren, vor mir, hinter mir? Ich habe tagelang, nächtelang geweint und mich gefragt, gefragt, gefragt: „Warum lebe ich noch?"

1947 bin ich nach Palästina gegangen und wurde dort Krankenschwester. Als ein Jahr später der Staat Israel gegründet wurde, haben wir in Tiberias auf der Straße Horrah getanzt und gefeiert. In derselben Nacht begann der erste Krieg um Israel. Meine Eltern sind beide in Israel gestorben. Mein Vater hat bei der Stadtreinigung gearbeitet und gesagt: „Lieber Straßenkehrer in Israel, als König in Deutschland!" Er war dort glücklich, trotz seiner Schwierigkeiten mit der Sprache. Vokabeln lernte er furchbar schlecht, und da half es auch nicht, daß er die Grammatik unters Kopfkissen legte.

Mein Mann stammte aus Hannover. Er war mit seinem Vater nach dem Pogrom von 1938 nach Schanghai emigriert. Schon als wir uns kennenlernten, war er schwer herzkrank. Das Klima in Israel machte ihm furchtbar zu schaffen. Und wenn er dann klagte, er würde keine Luft mehr bekommen, meinte meine Mutter nur: „Wo zwei Millionen Juden atmen können, wird wohl auch für Dich noch etwas übrig sein!" Um seine „Wiedergutmachung" zu regeln, mußte mein Mann Ende der fünfziger Jahre nach Deutschland. Ich bin nur widerwillig mitgefahren, aber er brauchte mich. In Hannover habe ich manchmal tagelang unsere Mietwohnung nicht verlassen.

Einmal saßen wir in Hamburg in einem Café. Da kam eine Dame an unseren Tisch, deutete auf die Nummer auf meinem Arm und fragte: „Haben Sie sich das auf der Reeperbahn machen lassen?" Mein Mann sprang auf und rief: „Nein, aber haben Sie vielleicht schon mal etwas von Auschwitz gehört?" Sie meinte daraufhin nur: „Ach, wie schrecklich, die hätten das doch auf den Oberschenkel tätowieren können, dann wäre es doch nicht so auffallend!" Daß es am besten überhaupt nicht passiert wäre, kam ihr offenbar nicht in den Sinn. Ich habe es jedenfalls nicht aushalten können in Deutschland. Wir sind dann nach Holland gegangen, mein Mann und ich. Dort ist er auch gestorben.

Auschwitz. Als sie mich dort nach meinen Eltern fragten, habe ich gesagt, daß mein Vater 1918 als deutscher Soldat gefallen sei. Das hat damals offenbar niemand gemerkt, nur später der für tot erklärte Vater natürlich. Als ich es ihm erzählte, hat er nur gesagt: „Du hast ja immer noch nicht rechnen gelernt." Ich habe gefragt, wieso. „Na ja", meinte er, „wenn ich 1918 gefallen bin, wie kannst Du dann 1924 geboren sein?" Aber in Auschwitz haben sie's geglaubt. Ich habe einfach erklärt, ich sei überhaupt keine Jüdin, und meine jüdischen Pflegeeltern hätte man schon früher deportiert. Ich sah nicht jüdisch aus, und einer der SS-Leute meinte: „Wir können doch kein hübsches deutsches Mädel vergasen!" Da wußte ich, daß es wahr war, was niemand hatte glauben wollen.

Es war die Hölle auf Erden. Jeden Tag Zählappell und dann anschließend barfuß zur Arbeit, wo wir heimlich rohe Kartoffeln aßen, um nicht zu verhungern. Jeden Morgen beim Appell war Selektion, und ein SS-Mann mit weißen Handschuhen und einem Stab in der Hand entschied, wer nach rechts mußte, und wer geradeaus gehen durfte. Nach rechts, das bedeutete Block 9. Dort wurden diejenigen zusammengefaßt, die vergast werden sollte. Einmal schickte man die Frau vor mir und die Frau nach mir in den Tod, und ich durfte weitergehen. Leben. Weshalb? Wieso? Warum? Da sind die Fragen wieder.

Ich bin einmal furchtbar geschlagen worden, 15 Stockschläge, die Narben sind immer noch da. Sie haben mir die Haare abgeschnitten und mich tätowiert, mit der Nummer auf dem linken Arm und dem jüdischen Winkel. Später bin ich ohne weitere Begründung nach Ravensbrück geschickt worden. Ravensbrück war auch schlimm, aber mit Auschwitz nicht zu vergleichen. Ich habe dort bei Siemens gearbeitet. Wir mußten Schaltkreise für U-Boote löten und haben dabei immer wieder ganz bewußt Fehler gemacht, so daß die dann nicht funktionierten. Dafür mußten wir einmal beim Strafappell 24 Stunden lang nur mit einem Hemd bekleidet im Schnee antreten. Ich bin danach sehr schwer krank geworden, und es ist ein Wunder, daß ich nicht gestorben bin. Mein Leben verdanke ich einer Freundin, die mich aufopferungsvoll gepflegt hat.

Eines Tages – der Krieg war noch nicht aus – sahen wir, daß eine ganze Kolonne von weißen Autos ins Lager hineinfuhr, Autos des schwedischen Roten Kreuzes. Erst mußten sich alle Belgier melden, dann alle Holländer. Und ich war unter dem holländischen Namen de Vries registriert! So bin ich über Lübeck nach Dänemark und von dort nach Schweden gekommen, wo ich dank einer liebevollen Pflege wieder zu Kräften kam. Hier fand mich durch Zufall ein Onkel von mir, Hans Schaeffer, der früher in Berlin Staatssekretär im Reichswirtschaftsministerium gewesen war und der sich nach seiner Flucht aus Deutschland in Schweden eine neue Existenz aufgebaut hatte. Als ich dann nach Holland zurückkehren konnte, habe ich monatelang nicht allein sein können, habe wie ein kleines Kind zwischen meinen Eltern geschlafen. Noch heute habe ich Angst vor geschlossenen Räumen, vor der Nacht, vor der Einsamkeit. Die Lagerträume verlassen mich nie.

1934 kamen wir nach Holland. Mein Vater, meine Mutter und ich. Ich war damals zehn und kam gleich auf eine holländische Schule. Meine

Eltern eröffneten in Scheveningen eine Pension. Sie waren praktisch ohne einen Pfennig Geld gekommen und hatten alles, was auch nur einigermaßen von Wert war, aufs Pfandhaus bringen müssen, um sich eine neue Existenz aufbauen zu können. Sie waren furchtbar fleißig und sparsam, so daß sie das Familiensilber im Laufe der Jahre Stück für Stück auslösen und bald sogar ein zweites Haus eröffnen konnten. Eines Tages wurde in der Schule erzählt, daß in Deutschland die Synagogen brannten. Ich kam weinend nach Hause. Da gab es eine Lehrerin, die war damals besonders freundlich zu mir, strich mir übers Haar und tröstete mich, die war später dann in ganz hoher Funktion bei den holländischen Nationalsozialisten von der NSB.

Wenig später kam einer von Vaters Brüdern mit seiner Familie zu uns, um Abschied zu nehmen. Er war Organist an der konservativen Synagoge in Breslau gewesen und ging jetzt nach Kanada. Vater wäre am liebsten nach Palästina ausgewandert, er war in seinem Herzen schon lange Zionist, aber meine Mutter wollte nicht so recht. Und dann war es irgendwann zu spät. Als die Deutschen kamen, 1940, haben die Eltern versucht, gemeinsam Selbstmord zu begehen. Dem holländischen Arzt, Dr. Oosthuis, der sie damals gerettet hat, bin ich noch heute dankbar. Wir mußten dann bald die Küste verlassen und sind in Ede, in der Provinz Gelderland, vorübergehend untergekommen. Sobald sie wieder ein Haus gefunden hatten, haben sie erneut eine Pension eröffnet. Nach Beendigung der Schule fand ich Arbeit in den psychiatrischen Anstalten „Het Apeldoornse Bos". Während die Eltern in Lunteren untertauchten und dort im Versteck überlebten, wurde ich mit vielen anderen verhaftet, als die SS die Anstalten räumte, und kam nach Westerbork. Hier heirateten mein Verlobter, Sal de Vries, und ich, weil wir irgendwie hofften, als Mann und Frau im Osten zusammenbleiben zu können. Während der Zeremonie kamen zwei SS-Leute und sagten: „In Auschwitz ist auch ein Standesamt." Sal hat das Lager nicht überlebt. Den Rest kennen Sie.

Meine Jugend in Deutschland, in Schlesien, wo ich geboren bin, liegt im Dunkeln. Am liebsten würde ich alle Spuren tilgen, die daran erinnern. Ich habe diese Jahre vor mir selbst vollständig verdrängt, habe mich immer gegen alles Deutsche gewehrt, so gut ich konnte, sogar gegen den Namen meines Mannes, der mir viel zu deutsch klang. Ja, ich wünschte mir, nie in Deutschland geboren zu sein.

Gert L.

„Kauft Kämme – es kommen lausige Zeiten!"

Gert L. (1939/40)

Schon als Jugendlicher im „roten" Berliner Norden bin ich Antifaschist geworden. Ich bin aufgewachsen im Kampf gegen Hitler und die Nazis. Wir haben Flugschriften verteilt und politische Versammlungen organisiert. Noch nicht ganz 18 Jahre alt, bin ich im Auftrag der jüdisch-kommunistischen Gruppe um Herbert Baum schließlich nach Holland gekommen. Nach dem Krieg wäre ich eigentlich gerne nach Deutschland zurückgegangen, um dort am Wiederaufbau mitzuarbeiten. Aber das hat sich dann zerschlagen. Ich habe es irgendwie auch nicht verwunden, daß die Deutschen Hitler bis zur bitteren Neige gefolgt sind. Nach all den Jahren war einem Deutschland doch fremd geworden. So bin ich in Holland geblieben und habe heute hier mein Leben und meine Familie. Einer politischen Partei wollte ich mich nach 1945 nicht mehr anschließen. Ich mache mir meine eigenen Gedanken über die Dinge.

Als ich am 31. Januar 1921 im Eckhaus Winsstraße 34/Chodowieckistraße 10 in Berlin N.O. geboren wurde, spielte ein Leierkastenmann den Choral „Nun danket alle Gott". So hat mir's meine Mutter später erzählt, und ich habe keinen Grund, an ihren Angaben zu zweifeln. Mit mir waren wir zu viert, Vater, Mutter und Rita, meine sieben Jahre ältere Schwester. Die Eltern kamen, wie die meisten Berliner damals, aus dem Osten, Vater aus Schöneck in Westpreußen und Mutter aus Wreschen in der Provinz Posen. Vater war ein typischer mittlerer Angestellter. Er hatte im Ersten Weltkrieg das Eiserne Kreuz 2. Klasse bekommen, und das trug er bei jeder sich bietenden Gelegenheit. In seinem Herzen war er deutscher Patriot und selbstverständlich aktives Mitglied im „Reichsbund jüdischer Frontsoldaten". Politisch stand er den Sozialdemokraten nahe, ohne allerdings Parteimitglied zu sein.

Unser Haus: eine Mietskaserne wie zehntausende in Berlin. Elf Familien, ein Portier namens Lötsch. Da waren Calmons und Wischnitzers im ersten Stock, zwei jüdische Familien mit Kindern ungefähr in meinem Alter und die Familie Strauss. Im zweiten Stock wohnten Kirschens, daneben Schmidts und Knepkens. Unsere Nachbarn in der dritten Etage hießen Relitz und Wittmann. Über uns wohnten noch Ladewigs mit ihren zwei Kindern, Günther und Liselotte. Frau Ladewig war die erste Nachbarin, die 1933 zu meiner Mutter kam und sagte, sie solle sie doch nicht mehr auf der Straße grüßen, das könne ihrem Mann als Beamten schaden. Und als Kirschens 1934 auszogen, auch Juden übrigens, kamen die Kievats ins Haus, die ersten echten Parteinazis mit SA-Uniform.

Die Wohnung hatte drei Zimmer, Küche, Bad mit WC und ein kleines Kinderzimmer, wo Rita schlief. Mein Bett stand notgedrungen im Schlafzimmer der Eltern. Alle Zimmer mündeten, wie in Berlin üblich, auf einen Gang, auf dem man herrlich spielen konnte. Eine Schaukel gab's da und Platz zum Ballspielen. Dort stand aber auch der große weiße Schrank, in dem Vater den Rohrstock aufbewahrte, um tatsächliche oder vermeintliche Missetaten zu bestrafen. Vater war Angestellter bei Orenstein & Koppel, einer Firma, die heute noch besteht. Manchmal gingen wir mit Mutter zusammen in die Greifswalder Straße, um ihn dort von der Straßenbahn abzuholen. Samstags arbeitete er bis drei Uhr, und dann gingen wir alle zusammen einkaufen bei Wertheim oder Tietz. Die Eltern tranken anschließend Kaffee, und wir bekamen zur Feier des Tages ein großes Stück Kuchen und einen Becher heißen Kakao.

Als ich vier wurde, kam ich zu Tante Lotte in den jüdischen Kindergarten in der Jablonskistraße. Schon damals, Mitte der berühmten zwanziger Jahre, gab es Antisemitismus in unserer Gegend. Eines Morgens stand zum Beispiel mit Kreide auf der Tür des Kindergartens „Matzefresser". Tante Lotte meinte, das hätte nichts zu sagen, und wir glaubten ihr. Zwei Jahre später kam ich auf die Volksschule in der Pasteurstraße, 15 Minuten von uns entfernt. Der Klassenlehrer, Herr Siewert, las am ersten Schultag alle Namen laut vor. Bei dem Namen „Eitel

Friedrich Kuckei“ meinte er bewundernd: „Was für ein schöner Name!“ Das hatte zur Folge, daß jeder von uns versuchte, sich mit dem Träger dieses schönen Namens anzufreunden. Mir gelang das auch, ich durfte mit ihm spielen und wurde zu seinen Geburtstagen eingeladen. Seine Eltern waren durchaus keine Antisemiten, und die Freundschaft dauerte auch nach 1933 an. Einem anderen jüdischen Jungen in der Klasse, Fritz Sellow, der im Gegensatz zu mir sehr jüdisch aussah, wurde aber schon 1928 „Jude Itzig“ hinterhergerufen. 1931 kam ich auf die Oberrealschule, zusammen mit Hans Calmon und Fritz Sellow. An einen weiteren jüdischen Mitschüler, Adolf Landsberger, erinnere ich mich eigentlich nur im Zusammenhang der Ereignisse des Jahres 1933. Bei der Besprechung deutscher Vornamen wurde durch einen Mitschüler nach der Bedeutung des Namens Adolf gefragt, und Herr Mücke, unser Deutschlehrer, erklärte, er bedeute, von „Adalwolf“ abgeleitet, Edelwolf. Als er dann fragte, wer von uns denn so hieße, stand als einziger Adolf Landsberger auf, aber der konnte sich gleich wieder kommentarlos setzen. Das war kein Edelwolf!

Aber das greift vor. Ende der zwanziger Jahre beschäftigten mich ganz andere Dinge, z. B. die Nord-Ost-Lichtspiele, wo es jeden Sonntag eine Jugendvorstellung für 25 Pfennige gab. Tom Mix und Charly Chaplin wechselten sich ab. Wenn man lange genug geduldig wartete und ein trauriges Gesicht dazu machte, hatte man manchmal das Glück, auch ohne Geld eingelassen zu werden. Wie gesagt, Glück mußte man haben. Bei schönem Wetter gingen Hans und ich zum Sportclub Weißensee zum Fußball. Wir waren begeisterte Anhänger des WFC und wußten nur nicht, wen wir anfeuern sollten, wenn der Weissenseer Fußball-Club gegen „Hakoa“ spielte, eine jüdische Mannschaft. Sobald wir einmal 50 Pfennige besaßen, liefen wir eine dreiviertel Stunde zum Gesundbrunnen, um Herta BSC spielen zu sehen. Das war die große Zeit von Hanne Sobek und Torhüter Geelhaar. Im Sommer nahmen die Eltern uns sonntags mit hinaus in den Kaffeegarten am Friedrichshain („Hier können Familien Kaffee kochen!“) Da gab’s jedes Wochenende eine Bühnenschau, in der eine schöne Sängerin auftrat, die sich schließlich als Mann entpuppte.

Die Eltern waren nicht sehr religiös. Sie feierten eigentlich nur die hohen jüdischen Festtage. Ab und zu mußte ich mit Vater in die Synagoge in die Rietzestraße, z. B. an den Sterbetagen der Großeltern. Rabbiner dort war Dr. Swarsensky. Bei ihm bin ich auch Bar Mizwa geworden.

Eine Zeitlang bin ich regelmäßig mit ein paar Freunden am Freitagabend in die Synagoge gegangen, weil immer zwei oder drei Jungen aus der Reihe geholt wurden, um mit dem Gazan, dem Vorbeter, den Kidduschbecher, der mit Wein gefüllt war, zu leeren. Außerdem gab es viele sehr hübsche Mädchen dort. Eine von ihnen, Alice Geer, wurde meine erste Freundin. Da war ich acht und gerade eingetreten in die „Deutsch-jüdische Jugendgemeinschaft".

Vater hatte immer gesagt: „Ich war im Krieg, uns werden sie nichts tun. Schließlich bin ich Frontkämpfer gewesen!" Er war so national, daß er am liebsten wohl selbst Nationalsozialist geworden wäre, wenn sie ihn nur gelassen hätten. Am 30. Januar 1933 saß ich, wie jedes Jahr, in Hausers Frisiersalon in der Danziger Straße, denn am 31. hatte ich Geburtstag. Hausers waren Kommunisten, und ich erinnere mich noch genau an die Aufregung, die dort an jenem 30. Januar herrschte. Alles begann sich zu verändern, auch wenn ich den Antisemitismus, der jetzt überall losbrach, mit meinen blonden Haaren und blauen Augen nur indirekt erlebte. Aber bald wurde es auch in der Schule so schlimm, daß der Direktor den Eltern der noch verbliebenen jüdischen Kinder den Rat gab, sie von der Schule zu nehmen. Das war im Oktober 1935. Einige wenige Lehrer und Mitschüler haben mir noch die Hand zum Abschied gegeben und alles Gute gewünscht.

Für Vater kam alles noch viel schlimmer. Die Aufmerksamkeiten, die er, solange ich denken konnte, alljährlich in der Vorweihnachtszeit von Kunden und Lieferanten erhalten hatte, blieben aus. Eines der letzten Präsente war ein Kamm mit einem Silberrücken. Auf der beiliegenden Visitenkarte stand „Für lausige Zeiten". Wenig später teilte ihm die Firmenleitung in dürren Worten mit, daß man ihn nicht länger beschäftigen könnte. So saß er nach 30 Jahren Betriebszugehörigkeit mit einer kleinen Abfindung auf der Straße und fühlte sich überflüssig. Er war 46 Jahre alt, und seine Bemühungen, beruflich wieder Fuß zu fassen, endeten mit einer Kohlenvertretung. Irgendwie lief alles schief. Er war aus der Bahn geworfen und verlor zusehends den Boden unter den Füßen. Mit dem Kohlenverkauf hatte er wenig Erfolg. Als er eines Tages einer Kundin irgendwie zu nahe trat, rief die die Polizei. Vater wurde festgenommen und kam für kurze Zeit ins Gefängnis. Mutter half ihm, so gut sie konnte, weil sie wohl begriff, was in ihrem Mann vorging, aber auch ihre Kraft war bald verbraucht. Immer häufiger sah ich, daß sie weinte, wenn sie sich unbeobachtet fühlte. Aber ich war 14 damals und hab die inneren Zusammenhänge erst viel später begriffen.

In diesen Jahren, 1935/36, begann mein Interesse am Sozialismus zu erwachen. Die Beschäftigung mit politischen Inhalten war sicherlich eine Folge der Isolation damals, aber auch ein Protest gegen die alles beherrschende Naziideologie um mich herum. Wir jüdischen Jugendlichen bekamen ja täglich zu spüren, daß wir nicht mehr dazu gehörten; Kontakte mit nichtjüdischen Kindern außerhalb der Schule gab es kaum noch. Unsere Diskussionen drehten sich immer wieder um die Ursachen des Faschismus, den Kampf gegen Hitler und den späteren Aufbau eines besseren Deutschland. Die Gruppe, in der ich aktiv wurde, stand unter der Leitung von Judith Koczminsky, die wiederum zum älteren Kreis um Herbert Baum gehörte – das war der sozialistische Flügel innerhalb der zionistischen Bewegung. Ich erinnere mich heute noch an Günter Prager, Uschi Littmann, Georg Vasany, Hella Hirsch, Horst Heidemann, Ulla Auerbach und viele, viele andere. Aus dieser Zeit stammt übrigens auch mein bis zum heutigen Tage gültiger Spitzname „Floh“. Ich war nämlich immer der Kleinste.

Nachdem ich die Schule unfreiwillig hatte verlassen müssen, kam ich in die sogenannte Vorlehre, das war eine Ausbildungseinrichtung für jüdische Jungen und Mädchen, die hier auf ihre bevorstehende Auswanderung hin handwerkliche Berufe erlernten. Ich wurde Zimmermann und Schmied. Anschließend suchte ich mir eine richtige Arbeit, die ich dann auch nach einigem Suchen fand. Im Wedding, bei der Familie Alfred Arndt in der Gerichtsstraße 23. Dort bin ich als Maschinenschlosser bis Ende 1938 geblieben.

Die Mitglieder der „Deutsch-jüdischen Jugend“ rückten immer enger zusammen, und bald war ich selbst verantwortlich für eine kleine Gruppe von Zehn- bis Zwölfjährigen, die ich für einen Zionismus mit sozialistischen Vorzeichen zu begeistern versuchte. An die letzte gemeinsame Fahrt im Sommer 1938 erinnere ich mich noch gut. Wir waren in einer jüdischen Jugendherberge in Blankenese bei Hamburg. Da erhielt ich eines Tages eine Vorladung zur Gestapo, und die sagten mir klipp und klar, ich müßte das Lager schließen. Ich habe gar nicht mehr nach den Gründen gefragt, die kannte ich schon.

Im November 1938 veranstalteten die Nazis ihre „Kristallnacht“. Auch Vater wurde verhaftet. Er kam nach Buchenwald und sollte erst entlassen werden, wenn unsere Auswanderung garantiert war. Da wir jedoch kein Geld hatten, um die nötigen Visa zu bezahlen, blieb uns nur Schanghai oder San Domingo. Das waren die einzigen Plätze auf der Welt, wo Juden ohne Schwierigkeiten einreisen konnten. Rita war inzwischen verheiratet und wartete zusammen mit ihrem Mann auf ein Visum für Brasilien. Irgendwie, ich glaube, mit Hilfe des JOINT, der jüdisch-amerikanischen Auswanderungsstelle, hat Mutter schließlich doch drei Schiffskarten für uns bekommen. Als alles geregelt war, wurde Vater tatsächlich entlassen. Er rief uns von einem Bahnhof in Berlin an und sagte, daß er in einer halben Stunde mit der Straßenbahn zur Haltestelle Prenzlauer Allee, Ecke Danziger Straße käme. Ich ging ihm entgegen. Plötzlich fühlte ich in meinem Rücken den Blick eines Mannes, an dem ich gerade vorbeigelaufen war. Ich drehte mich um und sah einen weinenden alten Mann, der mich anschaute und nur „Gert" sagte, „Gert". Ich hatte ihn nach ein paar Wochen Konzentrationslager nicht wiedererkannt. Diese Begegnung sehe ich vor mir, als wäre es gestern gewesen.

In der Zwischenzeit hatte ich von unserer Gruppe allerdings den Auftrag bekommen, möglichst ins benachbarte Ausland zu gehen, um im Falle eines Zusammenbruchs sofort wieder nach Deutschland zurückkehren zu können. Ich gab also meine Schiffskarte an einen Herrn Fließ, der mit Vater zusammen in Buchenwald gewesen war und der sonst keine Chance gehabt hätte rauszukommen. Statt dessen bemühte ich mich um eine Einreise nach Holland. Das klappte auch. Am 3. Januar 1939 war ich in Amsterdam. Ein Bruder meines Vaters, der seit 1934 als Modezeichner dort lebte, holte mich ab und brachte mich ein paar Tage später mit dem Auto nach Wieringen. Das war ursprünglich ein Ausbildungslager für Land- und Gartenbau gewesen, wo jüdische Jugendliche auf die Auswanderung nach Palästina und anderswohin vorbereitet wurden. Die allermeisten kamen aus Deutschland und Österreich und hatten einen zionistischen Hintergrund. Es gab aber auch eine kleine linksgerichtete Gruppe dort. Der habe ich mich angeschlossen.

Am 10. Mai 1940, als die Deutschen hier einfielen, war ich gerade zum Melken draußen und sah die Flugzeuge am Himmel. Zuerst ging alles weiter, als wäre nichts geschehen. Dann kam der März 1941. Eines Tages war der SD in Wieringen, Obersturmführer Lages und Klaus Barbie. Der stand damals keine 15 Meter von mir entfernt. Als kürzlich über seinen Prozeß im Fernsehen berichtet wurde, habe ich ihn sofort auf dem Bildschirm wiedererkannt: dieselbe Haltung, dasselbe Grinsen ... Wir mußten uns alle auf dem Platz vor dem Hauptgebäude aufstellen. Mehr als 350 Jungen und Mädchen. Unter den 60, die ausgesucht wurden, um den Betrieb aufrechtzuerhalten, war auch ich. Ich stand da in der Reihe in meinen schmutzigen Arbeitsklamotten, und neben mir stand ein Junge, der hatte gerade seinen freien Tag. Der trug einen normalen Straßenanzug. Lages musterte uns, einen nach dem anderen, und zeigte dann auf meinen Nachbarn. Der jüdische „Faulenzer" mußte raustreten, der jüdische „Arbeiter" durfte bleiben. Hätte ich an diesem Tag Urlaub gehabt, wäre es umgekehrt gewesen. Solche Zufälle entschieden damals über Leben und Tod. Diejenigen von uns, die sie mitnahmen nach Amsterdam, sind später fast alle nach Mauthausen gekommen. Und von dort ist keiner lebend zurückgekehrt.

Ich bin noch bis zum Juli 1941 in Wieringen geblieben. Als dort endgültig Schluß war, kam ich auf den Bauernhof von Sicco Mansholt, dem späteren EG-Kommissar, und hab da gearbeitet. Dann ging ich für neun Monate weiter nach Aartswoud als Viehknecht. 1942 wurde die Provinz Noord-Holland „judenfrei" gemacht. Also habe ich mich von Aardswoud nach Zelhem in Gelderland abgesetzt. Die Bauern waren glücklich, daß sie jemanden hatten, der für zwei Gulden in der Woche arbeitete, und ich war vielleicht noch glücklicher, daß ich nicht in der Stadt leben mußte, mit der ganzen „Grünen Polizei" und den Razzien. Bevor schließlich auch Gelderland geräumt wurde, bin ich erst einmal zum Zahnarzt gegangen und habe mir im Krankenhaus den Blinddarm rausnehmen lassen. Ich wollte nicht, daß mir so etwas in Westerbork oder sonstwo passierte. Sicher ist sicher. Ehrlich gesagt, hatte ich ein bißchen Angst vorm Untertauchen, weil es mir absolut nicht lag, Monate oder gar Jahre still in einem Versteck zu sitzen. Ich bin also nach Amsterdam gegangen, und da haben sie mich bei einer Razzia erwischt. Plötzlich gingen alle Brücken hoch. Es gab kein Entkommen. Ich wurde festgenommen und zusammen mit vielen anderen nach Westerbork eingeliefert. Das war 1943.

Als sie mich bei der Registrierung in Westerbork nach meinem Beruf fragten, habe ich gesagt: „Knecht!" Das kam wohl selten vor, jedenfalls bin ich gleich auf den zum Lager gehörenden Bauernhof geschickt worden, um dort zu arbeiten. Ich erhielt den begehrten gelben Passierschein, mit dem man das Lager jederzeit verlassen konnte. Wenn Transporte waren, bin ich gar nicht erst ins Lager zurückgegangen, sondern habe auf dem Bauernhof übernachtet und am folgenden Tag zur Begründung gesagt, daß dort eine Kuh gekalbt hat oder etwas ähnliches. Ich stand niemals auf irgendeiner Transportliste – es schien, als hätte man mich vergessen. Da ich mich frei bewegen konnte, habe ich mitgeholfen, wann immer sich eine Gelegenheit bot, junge Leute, Palästinapioniere, aus dem Lager zu schmuggeln. Es gab da eine jüdische Widerstandsorganisation, die sie untertauchen ließ oder außer Landes brachte. Nur meiner eigenen Freundin damals habe ich nicht helfen können. Sie wollte bei ihren Eltern bleiben und ist zusammen mit ihnen deportiert worden. Mehr als 100.000 Menschen sind über Westerbork in den Tod geschickt worden. Als die Kanadier uns schließlich befreiten, gab es dort nicht einmal mehr 900 Juden.

Ich erfuhr nur allzubald, was aus meiner Familie geworden war. Rita hat in Berlin vergeblich auf das brasilianische Visum gewartet. Sie ist zusammen mit ihrem Mann und ihrer kleinen Tochter in Treblinka vergast worden. Da Mutter inzwischen in Schanghai gestorben war, kam Vater Ende 1947 allein zurück. Er war ganz der alte, dieselbe deutsche Frontsoldatenmentalität, dieselbe Haltung, dieselbe Art zu reden, wie früher. Wir hatten uns nichts mehr zu sagen. Nach einiger Zeit, die für beide Seiten wohl enttäuschend war, ist er nach Berlin zurückgegangen und dort ein Jahr später einem Herzschlag erlegen.

Als der Krieg aus war, war ich 24 Jahre alt. Ich bekam eine Stelle bei einer Großbäckerei und sollte den Leuten an der Haustür Brot verkaufen. Aber sobald sie meinen deutschen Akzent hörten, blieb ich auf meinem Kram sitzen. Ich konnte doch nicht jedem Kunden erzählen, daß ich deutscher Jude war. Dann lernte ich meine Frau kennen, sie ist in Leipzig geboren, Halbjüdin. Ihr Vater war schon 1934 nach Holland gekommen und hatte hier eine kleine Pelzfärberei aufgebaut. Er bot mir eine Stellung in seinem Geschäft an, und als er 1949 überraschend starb, haben meine Frau und ich die Firma weitergeführt. Bis 1981. Seither lebe ich im Ruhestand. Langeweile kenne ich nicht. Ich bemühe mich im Augenblick zusammen mit einigen anderen darum, daß das Hauptgebäude in Wieringen erhalten bleibt. Wir möchten, daß dort eine Gedenk- und Begegnungsstätte entsteht. Gerade die junge Generation muß erfahren, wohin Rassenhaß und Diskriminierung Andersdenkender führen. Es geht nicht um die sechs Millionen Juden, sondern es geht um den ersten, dem Unrecht getan wird. Wir alle müssen aus der Vergangenheit lernen, denn der Faschismus ist auch heute noch allgegenwärtig.

Rudolf und Eva N.
Zweimal Berlin

Eva und Rudolf N. (1941)

Eva: Wir haben uns im Herbst 1946 kennengelernt. In der Synagoge in Amsterdam. Anfang 1949 haben wir geheiratet. Unser Trauzeuge war Otto Frank, der Vater von Anne. Ich wollte eigentlich nach allem, was geschehen war, keine Kinder. Aber da hat mein Mann sich durchgesetzt, und heute bin ich natürlich glücklich, daß sie da sind. Unsere beiden Söhne sind mit jüdischen Frauen verheiratet und haben selbst wieder Kinder.

Rudolf: Ich bin 1912 mitten in Berlin geboren, in der Gegend um die Jannowitzbrücke. Später sind die Eltern dann nach Schöneberg gezogen, da bin ich aufgewachsen. Geschwister habe ich nicht. Ein Großvater ist 1865 in Berlin geboren. Die anderen Großeltern waren schon früh aus Posen und Westpreußen nach Berlin gekommen. Vater war als Vertreter für Textilfabriken an 200 Tagen im Jahr in Süd- und Mitteldeutschland unterwegs. Eine richtige Mittelstandsfamilie. Wir wohnten in Schöneberg im Bayrischen Viertel, wo besonders viele Juden lebten. Ein Drittel oder die Hälfte der Mitschüler war jüdisch. Ich bin ganz normal in einer jüdischen Gemeinschaft aufgewachsen. Die Eltern fühlten sich durchaus als Juden, waren aber nicht bewußt religiös. Das nicht. Der Zionismus spielte zu Hause überhaupt keine Rolle. Vater war Mitglied im „Centralverein Deutscher Staatsbürger jüdischen Glaubens". Er hatte den Ersten Weltkrieg als Soldat mitgemacht und war durch und durch deutsch. Gar keine Frage. Ich besuchte zuerst das Gymnasium in Charlottenburg und dann, als sich herausstellte, daß meine Interessen mehr auf technischem Gebiet lagen, ab Untertertia das Realgymnasium. Da habe ich 1930 Abitur gemacht und anschließend ein Studium an der Technischen Hochschule in Berlin begonnen. Erst als Mitglied einer jüdischen Studentenschaft habe ich mich stärker mit dem Judentum beschäftigt. Ernsthafte Probleme als Jude habe ich eigentlich während meines Studiums nicht gehabt, auch nicht in den letzten Jahren, als die Nationalsozialisten schon an der Macht waren. Bei meinem Diplomingenieursexamen 1937 war in einem Hauptfach der Examinator ein „Alter Kämpfer" der NSDAP. Prüfungsergebnis: „sehr gut". Im Wahlfach „Elektrische Bahnen" legte ich die Prüfung im Reichsverkehrsministerium ab, bei einem Ministerialrat und Reichsbahndirektor, der Honorarprofessor an der TH war. Auch bei ihm habe ich sehr gut abgeschlossen, obgleich er wußte, daß ich Jude war; sein Assistent, ein Diplomingenieur von Siemens mit einer SS-Rune im Knopfloch, fragte mich nach der mündlichen Prüfung, ob ich keine Lust hätte, bei Siemens anzufangen. „Gerne", antwortete ich, „aber das wird wohl nichts. Ich bin Jude!" Da meinte er: „Aber das macht doch bei uns nichts." Das war zwei Jahre nach der Einführung der Nürnberger Rassengesetze. Natürlich wurde nichts daraus. Später habe ich alle möglichen Arbeiten übernommen, technische Fächer unterrichtet und vieles andere, bis ich schließlich Deutschland verlassen habe. Im letzten Augenblick.

Für Vater war es seit der Machtergreifung immer schwieriger geworden. Am Ende mußte er seinen Beruf aufgeben. Als ich wegging, 1939, arbeitete er in einer jüdischen Buchhandlung. Später wurden meine Eltern zum Arbeitseinsatz kommandiert. Bis sie dann weggeholt wurden. Sie sind im September 1942 deportiert worden, niemand weiß, wo ihr Zug ankam. Die Gefangenen sind nämlich in keinem Konzentrationslager registriert worden. Darum hoffe ich nur, daß sie nicht lange haben leiden müssen. Vater war 63 und Mutter 51.

Eva: Auch ich bin in Berlin geboren. Im Dezember 1923. Mein leiblicher Vater hatte Volkswirtschaft studiert, aber kein Examen abgelegt, da er sich bei Kriegsausbruch als Freiwilliger meldete. Er hat es bis zum Oberleutnant gebracht. 1919 war er zu meinem Großvater mütterlicherseits ins Geschäft gekommen. Als die Fabrik 1928 aufgelöst wurde, hat er in Halle an der Saale neu angefangen. Sein Vater, mein anderer Großvater also, war 1870 nach Südafrika desertiert und hatte dort lange gelebt. Er ist erst auf drängende Bitten meines Vaters hin kurz vor dem Ersten Weltkrieg wieder deutscher Staatsbürger geworden. Mutters Vater war ein sehr frommer Mann. Er hat sich sehr verdient gemacht um die jüdische Gemeinde in Berlin, hat z. B. die große Synagoge in der Fasanenstraße miterbaut. Soviel zur Vorgeneration. Meine Eltern ließen sich 1931 scheiden, als ich acht Jahre alt war. Mutter hat im Januar 1933 erneut geheiratet. Ihr zweiter Mann war Rechtsanwalt, ein Sozialist, sehr stark gewerkschaftlich engagiert. Schon Anfang März 1933 wurde er von der SA verschleppt und eine Nacht lang gefoltert. Er kam als körperlich und seelisch gebrochener Mann zurück. Ich sehe ihn noch vor mir, wie er zu Hause abgeliefert wurde – schrecklich! Später hat es geheißen, es wäre eine Verwechslung gewesen. Sobald er sich einigermaßen erholt hatte, ist er zuerst in die Schweiz und dann in die Niederlande gegangen. Das war, wie sich später herausstellte, nicht weit genug. Aber auch er hat Bergen-Belsen überlebt und ist hier 1972 gestorben.

Die Eltern ließen sich in Arnhem nieder. Vater – so nannte ich unsern Stiefvater mittlerweile – hatte geschworen, nie mehr deutschen Boden zu betreten. Wir wurden sofort auf holländischen Schulen angemeldet und haben uns schnell angepaßt. Alles, was an Deutschland erinnerte, war für uns Kinder bald vergessen; ich wollte so sein wie die Nachbarskinder auch. Verglichen mit Deutschland war hier doch alles viel freier, und als Kind lernt man schnell. Auch Sprachen. Wir wurden überhaupt sehr freundlich von den Holländern aufgenommen und haben in Arnhem dann auch sehr schöne Jugendjahre verlebt. Sobald wir etwas Niederländisch konnten, haben wir uns geweigert, zu Hause weiter Deutsch zu sprechen. So hatten die Eltern gar keine andere Wahl, als auch Holländisch zu lernen. Vater hatte mit finanzieller Hilfe einer Kölner Tante eine chemische Fabrik gegründet, die anfangs allerdings große Anlaufschwierigkeiten hatte. Und als es dann besser ging, kam der Krieg!

Rudolf: Ich habe mich erst sehr spät um eine Auswanderungsmöglichkeit gekümmert. Im Sommer 1939. Durch Freunde hatte ich ein Permit für England bekommen, eine Erlaubnis, dort arbeiten zu dürfen. Um einen Paß zu bekommen, mußte man entsetzlich viele Formulare ausfüllen, daran erinnere ich mich noch gut. Drei Wochen, nachdem ich den Antrag gestellt hatte, konnte ich bei der Ausgabestelle für Juden meinen Reisepaß mit dem „J" darin abholen. Das war am 25. August 1939. Als ich damit zum englischen Konsulat kam, stand der ganze Garten voller Menschen, und an der Eingangstür hing ein Schild: „Wegen drohender Kriegsgefahr ist das Konsulat geschlossen!" Ich habe einige Tage vergeblich versucht, das Visum über Amsterdam oder London zu beschaffen, bekam jedoch danach ohne Visum mit Hilfe eines Freundes ein Flugtikket Hamburg–London. Direktflüge von Berlin aus waren schon nicht mehr möglich. Das Ticket war ausgestellt auf den 1. September 1939, 15.00 Uhr. Am Abend vorher hatte ich von meinen Eltern Abschied genommen und Berlin mit dem Zug verlassen. Ich kam in Hamburg an, habe gefrühstückt und im Wartesaal noch ein paar Postkarten an Bekannte geschrieben, von denen ich mich nicht mehr persönlich hatte verabschieden können. Weil noch etwas Zeit bis zum Abflug war, wollte ich mir die Stadt ansehen. Und da merkte ich auf einmal, wie aufgeregt die Leute waren. Überall Lautsprecher, und dann wurde um 12 Uhr gemeldet: „Die deutschen Truppen sind heute nacht in Polen einmarschiert . . ." Da saß ich nun mit meinem Koffer. Also, das war ganz und gar nicht schön. Mir blieb nichts anderes übrig, als eine Fahrkarte zurück nach Berlin zu kaufen und unverrichteter Dinge heimzukehren.

In Berlin habe ich einen Freund, der im Hilfsverein der Juden tätig war, angerufen und um Rat gefragt. Der gab mir zu verstehen, daß ich mich noch am selben Abend – es war der 2. September 1939, und der Krieg war noch keine zwei Tage alt – in den Zug nach Köln setzen sollte. Der dortige Hilfsverein erwartete eine Gruppe von Menschen, die aus deutschen Konzentrationslagern entlassen worden waren, weil sie ein englisches Visum erhalten hatten. Die holländische Regierung hatte sich bereit erklärt, die Durchreise zu den Hafenstädten im Westen des Landes zu gestatten. Er sagte nur: „Versuch Dich dort anzuschließen. Sie versammeln sich morgen da und da . . ." Das habe ich auch gemacht.

Wir waren insgesamt etwa zehn bis 15 Menschen. Zuerst sind wir mit dem Zug von Köln nach Kleve gefahren und dann weiter mit der Straßenbahn Richtung Grenze. Die letzten Meter bis zur Kontrollstelle ging's zu Fuß. Ich mußte noch mein deutsches Geld für die eventuelle Rückreise nach Berlin abliefern. Mehr als 10 Mark durfte man ja nicht mitnehmen. Als das endlich erledigt war, so gegen vier Uhr nachmittags, hatten die anderen längst die Grenze passiert. Ich bin mit meinem Koffer hinterher gehastet, und auf der holländischen Seite hörte ich dann, daß England und Frankreich Deutschland am selben Morgen schon um elf Uhr den Krieg erklärt hatten. Die holländischen Grenztruppen waren damit beschäftigt, die Übergänge zu schließen und Panzersperren zu errichten. Ob es das allgemeine Durcheinander war oder vielleicht einfach Mitleid mit dem atemlosen Flüchtling – ich wurde ins Land gelassen.

Auf der anderen Seite der Grenze erwartete uns ein Bus, der uns nach Rotterdam bringen sollte, von wo aus am nächsten Tag die Überfahrt geplant war. Ich weiß noch, daß ich mich ganz bewußt neben den Fahrer setzte, um mir Holland anzusehen, denn ich rechnete ja damit, am folgenden Tag in England zu sein – wer weiß, für wie lange. Wir kamen spät in Rotterdam an, und ich wurde zum Schlafen in ein christliches Seemannsheim geschickt. Am Morgen danach teilte man uns dann kurz und bündig mit, daß alle Visa und Permits für Großbritannien gestrichen waren, weil die Engländer entdeckt hatten, daß die Deutschen ihnen Spione, getarnt mit einem „J" im Paß, ins Land schickten.

So bin ich in Holland hängengeblieben. Gestrandet. Kam nicht weiter und konnte nicht zurück. Die Rotterdamer Fremdenpolizei stellte uns eine vorübergehende Aufenthaltsgenehmigung aus, mit der die Auflage verbunden war, weder eine Arbeit anzunehmen noch sich politisch zu betätigen. Wir bekamen vom Jüdischen Flüchtlingskomitee eine Unterstützung von 7,50 Gulden in der Woche. Davon mußte die Miete bezahlt werden (das waren bei mir 2,50 Gulden wöchentlich) sowie Essen und Trinken usw. Das einzige, was es hin und wieder umsonst gab, waren Kinokarten. Unser Emigrantenleben bestand vorwiegend aus Langeweile und Nichtstun. In diesen Monaten habe ich am eigenen Leibe erfahren, was Hunger ist.

Als ich hörte, daß die Deutschen die holländische Grenze überschritten hatten, habe ich mich sofort als Freiwilliger auf dem Rotterdamer Büro der „Niederländischen Bürgerwacht", so hieß das glaub ich, gemeldet. Ich wollte auch meinen Beitrag zur Verteidigung leisten. Egal wie. Die Leute dort haben mich angeguckt, als ob ich verrückt wäre. Denn ich sprach ja kaum Holländisch. Ich versuchte, ihnen alles zu erklären, aber sie verstanden es nicht. Ein Deutscher, der partout gegen die Deutschen kämpfen wollte. Es waren kuriose Tage. Als die holländische Artillerie am 10. Mai 1940 morgens um drei Uhr früh den ersten Schuß abfeuerte, stand ich oben auf dem Dach des Hauses, wo ich ein möbliertes Zimmer hatte, und habe mir von dort aus den Kriegsbeginn in Holland mit eigenen Augen angesehen. Ich habe auch das Ende der Stadt miterlebt, die Bombardierung vier Tage später. Die ganze Innenstadt war ein Flammenmeer. Da meinte meine Vermieterin, daß es besser wäre, wegzugehen. Ich habe mich auf mein Fahrrad gesetzt und versucht, irgendwie die Küste zu erreichen, um doch vielleicht noch nach England zu kommen. Das wurde natürlich auch nichts. Mitten in der Nacht wurde ich von einer holländischen Patrouille angehalten, die mir sagte: „Sie dürfen hier nicht weiter. Wir haben kapituliert, und auf deutschen Befehl ist um Mitternacht Ausgangssperre!" Ich habe mich in irgendeiner Kneipe auf den Fußboden gelegt und geschlafen. Am folgenden Morgen hörte ich, daß die Deutschen in Den Haag und Amsterdam einmarschierten. Da bin ich noch zu Bekannten in Den Haag gefahren, vorbei an holländischen Nazis, die die Deutschen mit Blumen in der Hand an den Einfallsstraßen willkommen hießen. Das waren auch nicht gerade wenige . . . Schließlich bin ich auf dem Rad zu meiner Vermieterin nach Rotterdam zurückgefahren, die inzwischen mein Zimmer an eine der vielen ausgebombten Familien vermietet und sicherheitshalber alle meine persönlichen Papiere verbrannt hatte.

Eva: Auch bei uns wurde ein Feuer gemacht, als wir hörten, daß die Deutschen kamen. Es war eine kleine, private Bücherverbrennung. Mein Stiefvater besaß ziemlich viel „linke" Literatur: Tucholsky, die *Weltbühne*, das *Neue Tage-Buch* usw. Das haben wir verbrannt. Die Großeltern mütterlicherseits waren nach dem deutschen Pogrom Ende 1938 zu uns gekommen. Ganz alte Menschen. Als ihre Synagoge in der Fasanenstraße brannte, hatten sie aus Berlin angerufen und gesagt: „Jetzt wollen wir hier weg." Vater hat es irgendwie geschafft, daß sie die Einreiseerlaubnis bekamen. Seitdem lebten sie mit bei uns im Haus. Es muß im zweiten Kriegsjahr gewesen sein, da hörten wir von einem „guten" holländischen Polizisten, daß eine Razzia bevorstand und daß man die Großeltern holen würde. Sie lebten damals schon nicht mehr bei uns.

Ich mußte ihnen mit meinen 17 Jahren die Nachricht überbringen, sie vorbereiten. Großvater war damals 84 und beinahe blind, Großmutter, eine wunderbare Frau, 12 Jahre jünger. Er hatte immer gesagt: „Ich bestimme, wann und wo ich sterbe, nicht Adolf Hitler!" – Am nächsten Morgen hat Vater sie tot aufgefunden. Sie hatten gemeinsam Selbstmord verübt.

Wir, die Eltern und ich – mein Bruder studierte schon in Utrecht – waren einstweilen „gesperrt". Vater vertrat im Auftrag des Jüdischen Rates in Arnhem die Interessen der nichtholländischen Juden, und ich arbeitete im jüdischen Altersheim. Ich hatte von Anfang an darauf gedrängt, beizeiten unterzutauchen, aber Vater meinte da noch: „Man nimmt sein Schicksal nicht in die eigene Hand." Doch da ich ihm klarmachte, daß ich auf keinen Fall ins Lager gehen würde, hat er dann doch vorgesorgt. Wir sind am 10. Dezember 1942 untergetaucht, bei einem älteren Ehepaar, das schon zwei weitere Menschen bei sich aufgenommen hatte – einen Juden, der in Mischehe verheiratet war, und eine Frau, die ihren Mann und ihren Sohn bereits verloren hatte. Wir waren zu fünft, denn mein Bruder hatte in der Zwischenzeit eine andere Adresse gefunden. Es war ein großes altes Haus mit vielen Versteckmöglichkeiten. Unglücklicherweise wurde dieses Haus später von den Deutschen beschlagnahmt. Also mußten wir umziehen in einen Neubau, der eigentlich für sieben erwachsene Personen zu klein war. Hier wurde uns ein unglücklicher Zufall zum Verhängnis. Auf der Suche nach einem illegalen Sender hatte die deutsche Polizei einen Mann verhaftet, in dessen Notizbuch sich unsere Untertauchadresse fand. Das war im Oktober 1943. Sie wußten, daß wir da sein mußten und suchten so lange, bis sie uns in unserem Versteck auf dem Dachboden fanden. Wir kamen zuerst zur Gestapo und dann, nach stundenlangen Verhören, ins Gefängnis. Der Mann, der mit einer Christin verheiratet war, wurde noch am selben Tag entlassen. Unser Gastgeber kam in das berüchtigte Strafgefangenenlager Vught und hat dort Gott sei Dank den Krieg überlebt. Die zusammen mit uns verhaftete Frau hat in der Zelle Selbstmord verübt. Auch wir hatten untereinander abgesprochen, wenn wir verhaftet werden sollten, unserem Leben ein Ende zu setzen. Ich habe die ganze Nacht hindurch auf meine Mutter eingeredet, um sie davon abzuhalten, da ich davon überzeugt war, daß auch Vater das Gift nicht nehmen würde, das wir alle bei uns trugen. Ich sollte Recht behalten.

18 Tage waren wir im Gefängnis. Länger als üblich. Irgendwann kam

der Gestapochef von Arnhem, den Vater von seiner Tätikeit beim Jüdischen Rat her kannte, und der sagte: „Menschenskind, warum in aller Welt haben Sie denn das gemacht? Wenn Sie zu mir gekommen wären, hätte ich Ihnen doch eine andere Sperre besorgt!" Dieser Mann hat es immerhin geschafft, daß das „S" (für Straffall) aus unseren Papieren verschwand. So sind wir von Westerbork aus nicht mit dem ersten Transport nach Auschwitz geschickt worden, sondern drei Monate später nach Bergen-Belsen. Am 15. Februar 1944 fuhr unser Zug.

Wenn heute jemand sagt, er habe es nicht gewußt ... Wir wußten schon in Holland, daß der Transport nach Polen eine Reise ohne Wiederkehr bedeutete. Häftlinge, die aus dem Osten nach Bergen-Belsen kamen, erzählten uns, was in Auschwitz geschah. Eines Tages kam ein Transport von dort. Sogenannte „Muselmänner", die in Fünferreihen ihre Toten mit sich schleppten und den eigenen Tod bereits vor Augen sahen. Unter diesen Menschen entdeckten wir auch Anne Frank. Wir haben sie später noch ein paarmal gesehen. Ihre Mutter war gestorben, ihrer Schwester ging es sehr schlecht, und von ihrem Vater wußte sie nichts. Einer der Wärter, der diesen Transport begleitete, hat uns zugeflüstert: „Ich komme direkt aus Auschwitz, bin strafversetzt worden nach hier, weil ich meinen Mund nicht gehalten habe ..."

Weil es in Westerbork damals Fälle von Kinderlähmung gegeben hatte und die Deutschen furchtbar ängstlich waren, was Seuchen betraf, kamen wir in Bergen-Belsen anfangs in ein gesondertes Quarantänelager. Aber dann mußten auch wir arbeiten. Morgens früh um fünf Uhr raus, um sechs Uhr auf dem Appellplatz stehen, bis die Zahlen stimmten (einmal haben wir neun Stunden im Schneesturm stehen müssen), und dann hieß es Abmarsch. Ich war zum Kommando „Alte Uniformen" eingeteilt. Dreckige, staubige, stinkende Militärjacken, teilweise noch aus dem Ersten Weltkrieg. Zwölf Stunden am Tag auftrennen, sortieren, bündeln, immer nach vorgeschriebenem Soll. Mittags mußten wir zurückmarschieren ins Lager. Anstehen nach irgendeiner Wassersuppe, dann ging es wieder an die Arbeit zurück. Der Samstagnachmittag und der Sonntag waren in der Regel frei, wenn es nicht irgendwelche Sonderaufgaben gab, und die gab es meistens.

Ich war die ganze Zeit mit meiner Mutter zusammen in einer Baracke, in einem Arbeitskommando. Eines Tages wurde ich von dem Kommando freigestellt und bekam die Aufgabe, mich um die vielen elternlosen Kinder zu kümmern, die allein waren und keinen Menschen mehr hatten. Zwar mußte ich zum Appell erscheinen, aber durfte anschließend im Lager bleiben. Die Arbeit mit den Kindern war viel befriedigender als das Auftrennen alter Uniformen. Es gab mir das Gefühl, mitten in diesem Elend doch noch etwas Nützliches zu tun. Im Frühjahr nahm die Zahl der Toten immer mehr zu. Zum Schluß waren viele völlig apathisch. Am 10. April 1945 wurden wir in einen Zug verfrachtet und 13 Tage lang ohne Essen und Trinken quer durch Deutschland Richtung Osten geschickt. Ein Todeszug. Viele der Insassen fielen dem Flecktyphus zum Opfer oder starben an Entkräftung. Hinzu kamen noch Bombenangriffe. Es war die Hölle, nicht zu beschreiben. Am 23. April 1945 ging es nicht weiter. Der Zug stand, und Vater, der an diesem Tag Geburtstag hatte, versuchte mit Erlaubnis des deutschen Wachkommandos – harmlose alte Männer, die wir die „Reitende Gebirgsmarine" nannten – irgendetwas zum Essen zu organisieren. Er kam zurück mit einem Huhn, einem Einmachglas voll Kompott und der Nachricht, daß die Russen da waren. Es war an der Strecke von Cottbus nach Leipzig in der Nähe des Dörfchens Tröbitz morgens gegen fünf Uhr. Als ich begriff, was das bedeutete, habe ich mich in eine Ecke gesetzt und geheult. 24 Stunden lang. Die Holzschuhe, die ich an meinen geschwollenen Füßen trug, haben sie abschlagen müssen. Ich konnte sie nicht mehr ausziehen.

Uns wurde ein Haus in Tröbitz zugewiesen, wo wir bis Ende Juni 1945 blieben. Die Bewohner haben für uns kochen müssen. Zwei Zimmer mit echten Betten; was für ein Luxus! Am Tage nach der Befreiung brach bei Mutter Flecktyphus aus. Ich habe sie wochenlang gepflegt. Als sie die Krankheit einigermaßen überwunden hatte, standen eines Tages plötzlich ein paar russische Soldaten in unserem Zimmer. Wir waren ganz allein. Ich wußte nicht aus noch ein und sagte in meiner Verzweiflung nur: „Typhus"! Die guckten sich an, fragten: „Syphilis?" und waren verschwunden. Das kleine Mißverständnis hat mich damals gerettet.

Wir sind schließlich von den Amerikanern über Leipzig nach Holland gebracht worden. Holland – das stand für mich von Anfang an fest. Ich war 22 Jahre alt und wäre zur Not auch zu Fuß zurückgegangen. Um so größer die Enttäuschung, als wir wieder zu Hause waren. Zu Hause? Niemand hieß uns willkommen. In Valkenburg, ganz im Süden des Landes, wurden wir als staatenlose Ausländer zusammen mit holländischen SS-Leuten in einer Schule interniert. Diese Heimkehr ist vielleicht das Bitterste gewesen, was ich während des gesamten Krieges habe erleben müssen. Es dauerte noch seine Zeit, bis wir endlich mit Hilfe von Freunden frei waren und nach Arnhem zurückkehren konnten. Wir fanden meinen Bruder, der uns längst tot glaubte, und dann begann etwas, worauf ich überhaupt nicht vorbereitet war: Das Leben.

Rudolf: Bei mir sah das alles anders aus. Damals, als die Holländer im Mai 1940 kapitulierten, besaß ich sprichwörtlich nichts mehr. Keine Papiere, kein Geld, keine Unterstützung, und ich weiß beim besten Willen nicht, wovon ich während der folgenden Monate gelebt habe. Im Herbst 1940 mußten alle Ausländer das holländische Küstengebiet verlassen, da die deutsche Wehrmacht die Invasion nach England vorbereitete. Ich kam nach Bussum, wo ich bei einer Dame mit kleinen Kindern ein Zimmerchen mietete. Da habe ich es sehr gut gehabt, etwa anderthalb Jahre lang. Im Mai 1942 wurde die Provinz Noord-Holland „judenfrei" gemacht, und wir mußten nach Amsterdam. Zusammen mit den anderen nichtholländischen Juden wurde ich in eine jahrelang leerstehende Siedlung für Asoziale in Amsterdam-Noord eingewiesen, wo ich durch den Jüdischen Rat eine Art Verwalterfunktion bekam. Ich hatte so eine kleine Hausmeisterwohnung und führte die Einwohnerkartei. Nachdem es im Laufe des Sommers zu zwei Razzien gekommen war, die unter der persönlichen Leitung des später zu „lebenslänglich" begnadigten Obersturmführers Aus der Fünten von holländischen Polizisten ausgeführt wurden, erhielt ich eines Tages die Warnung unterzutauchen. Ich hatte einige anzügliche Bemerkungen gemacht über die Zusammenarbeit von holländischer Polizei und deutscher SS, das war offensichtlich durchgesickert. Um sicherzugehen, habe ich schon die folgenden Nächte statt in meinem eigenen Bett in der Badewanne des Waschraums verbracht. Dann fuhr ich auf meinem Rad nach Bussum zurück, trennte unterwegs meinen Judenstern ab und lebte zwei Jahre und acht Monate mit einem gefälschten Ausweis bei Holländern versteckt. Freunde verschafften mir eine Adresse in Staphorst, wo ich jedoch nur wenige Tage bleiben konnte. Nach einigen Zwischenstationen wurde ich schließlich wieder in Bussum, später auch in Leiden, untergebracht.

Dort habe ich die weitere Kriegszeit verbracht. Die Befreiung im Mai 1945 erlebte ich als Angehöriger der sogenannten „Binnenlandse Strijdkrachten". Wir haben versucht, irgendwie die Ordnung im Lande aufrecht zu erhalten und haben später die Internierungslager mit den holländischen Kollaborateuren und SS-Männern bewacht. Seit der deutschen Kapitulation fühle ich, der gebürtige Berliner, mich als endlich befreiter Holländer.

Ich hatte als Staatenloser einige Schwierigkeiten, hier Arbeit in meinem Beruf zu finden. Die verlorenen Jahre zwischen 1937 und 1947 sind nicht zurückzuholen. Aber ich bin ein zäher Mensch, was mir beim ersten Mal nicht gelingt, das versuche ich ein zweites und drittes Mal. Ich hab's dann, glaube ich, auch geschafft, bin schließlich Holländer geworden und blicke heute auf ein sehr erfülltes Berufsleben zurück. Der deutsche Hintergrund, die deutsche Erziehung, die Selbstdisziplin, das bleibt natürlich. Und wenn Sie so wollen, habe ich immer noch einen kleinen Koffer in Berlin.

Unsere Familie, die einmal fast ausgelöscht war, ist wieder gewachsen, wir haben Kinder und Enkel. Das ist ein sehr gutes Gefühl. Seit 15 Jahren haben wir hier eine kleine liberal-jüdische Gemeinde, und ganz in der Nähe hat eine Gruppe von jungen Leuten dafür gesorgt, daß die 150 Jahre alte verfallene Dorfsynagoge nicht abgerissen, sondern vom holländischen Denkmalschutz wunderschön restauriert wurde. Sie hat 24 Sitzplätze. Wir halten dort unsere Dienste selbst. Der Rabbiner kommt nur gelegentlich aus Amsterdam herüber. Ja, es ist ein gutes Gefühl.

Eva: Nachdem wir uns einigermaßen in der fast völlig zerstörten Stadt Arnhem – kein Wasser, kein Gas, kein Telefon, kaum Elektrizität – wieder eingelebt hatten, hat mein Stiefvater dafür gesorgt, daß ich für ein Jahr nach England gehen konnte. Ich habe dort mit Kindern gearbeitet. Die ganzen Umstände waren nicht einfach, aber sie haben mich wenigstens abgelenkt von den seelischen Nachwirkungen der Kriegserlebnisse. Als ich dann nach Holland zurückkehrte, konnte ich ein Studium für Sozialarbeit beginnen. Dann kam die Heirat, die Kinder. Durch sie habe ich wieder lachen gelernt. Es gibt natürlich Erlebnisse, Bilder aus jenen Jahren, die man nie wieder vergißt. Man muß mit ihnen leben lernen. Ich bin mir sehr stark bewußt, daß ich einmal wegen meines Glaubens verfolgt worden bin und daß ich überlebt habe. Das verpflichtet mich, das Judentum weiterzugeben. Das habe ich versucht. Und ich versuche es noch heute.

Ilse M.

Eine babylonische Sprachverwirrung

Ilse M. (1941)

Meiner Tochter, die in Israel wohnt, schreibe ich deutsche Briefe. Sie antwortet mir auf holländisch, was ich zwar akzentfrei spreche, aber nicht immer fehlerlos schreibe. Ich denke und träume eigenartigerweise deutsch, und meine eigenen Notizen sind ein englisch-deutsches Gemisch. Mein Mann ist von Geburt Pole, aber seiner Muttersprache bin ich leider nicht mächtig. Miteinander reden wir halb Holländisch, halb Deutsch. Unsere Enkeltöchter in Israel verstehen nur Iwrith.

Nein, normal ist das wohl nicht. Ebensowenig wie die Hintergründe dieses Durcheinanders. Es fing alles an, als Vater 1933 plötzlich Berlin verlassen mußte. Er war Makler dort an der Börse gewesen und bekam fast unmittelbar nach Hitlers Machtergreifung Berufsverbot. Ich war elf damals und hatte bis zu diesem Zeitpunkt eine behütete, sorglose und glückliche Kindheit verlebt. Vater ging nach Holland und versuchte eine neue Existenz aufzubauen. Das war ja keine leichte Zeit damals. Aber da die preußische Tugend „Sparsamkeit“ bei uns zu Hause auch vorher schon groß geschrieben wurde, fiel uns das nicht so sehr auf. Gravierender war da schon, daß unversehens der Vater fehlte und daß die Kluft zwischen jüdischen und nichtjüdischen Kindern in der Klasse zunehmend größer wurde. Ich besuchte eine katholische Schule, und alles „Katholische“ übte auf das Kind Ilse eine enorme Anziehungskraft aus. Wie schön fand ich die Kommunionsfeiern, all die weißen Kleider und Kränze und Kerzen!

Und wie trist waren, verglichen damit, unsere ernsten jüdischen Gottesdienste in der Synagoge, wo Männer und Frauen getrennt saßen. Für mich war das gleichbedeutend mit schwarzen Lackschuhen, Kniestrümpfen und gähnender Langeweile.

Im Jahre 1935 brach plötzlich mein „deutsches" Leben ab. Die Eltern hatten ganz gezielt nach Ausweichmöglichkeiten gesucht, und so kam ich dank eines zweijährigen Stipendiums auf eine von Quäkern gegründete Internatsschule in Südengland. Mutter hatte mich in Berlin in den Zug gesetzt, Vater holte mich in Amsterdam ab, und wir fuhren zusammen weiter nach England. Mutter blieb mit meiner Schwester noch bis 1937 in Berlin. Das muß eine schwere Zeit für sie gewesen sein. Eine einsame Zeit. Vater und Mutter hatten fast ausschließlich jüdische Freunde und Bekannte, die nach 1933 einer nach dem anderen Deutschland verließen. Der einzige nichtjüdische Freund, Herr Jung, hat uns später während des Krieges nicht nur in materieller Hinsicht sehr geholfen. Mehr noch: Er hat uns allen wahrscheinlich das Leben gerettet.

Es war ein internationales Internat. Die Schüler kamen meist aus jüdischen oder „linken" Elternhäusern. Nach einer Woche intensivem Heimweh habe ich dort vier glückliche Jahre verbracht. Das Schulkollegium war sehr fortschrittlich und das Pensum ganz auf die Neigungen und Fähigkeiten der einzelnen Schüler abgestellt. Ich erinnere mich an herrliche Schulfeste, Sport- und Musikveranstaltungen. Jeder konnte hier nach seiner Fasson selig werden. Irgendwo müssen noch ein paar Zeugnisse liegen. Ich weiß noch, daß Vater es der Schulleitung furchtbar übel genommen hat, als es einmal in einem dieser Zeugnisse hieß: „She would not be happy doing purely intellectual work." – „Meine Tochter wird weiter lernen", hat er gesagt, „sie hat das Zeug dazu!" Noch vor dem Examen lief mein Stipendium aus, und Vater mußte das Schulgeld aus eigener Tasche bezahlen. Wie er das gemacht hat, ist mir bis heute ein Rätsel, denn das war bestimmt nicht wenig, und sein neugegründetes Handtaschengeschäft in Amsterdam warf ganz sicherlich keine großen Gewinne ab. 1939, kurz vor Ausbruch des Krieges, habe ich in England meinen Abschluß gemacht, und dann hieß es: Zurück in den Schoß der Familie. Ich wußte nicht, daß ich dem Krieg entgegenfuhr.

Nach Deutschland und England nun also Holland. Eine neue Sprache, die gelernt werden mußte. Um etwas Praktisches zu tun, belegte ich einen Kursus als Modellnäherin. Später habe ich von dem dort Gelernten mehr profitiert als von höherer Mathematik und altenglischen Vokabeln. Vorerst aber war ich stolz darauf, die zweieinhalb Gulden, die ich in der Woche verdiente, für mich behalten zu dürfen.

Und dann kam am 1. September 1939 der Krieg. Es war Rosh-Ha-Shanah, das jüdische Neujahrsfest, und es gab eine große Rodin-Ausstellung, die in Amsterdam in aller Munde war. Ich hatte gerade Ernst kennengelernt, einen jungen jüdischen Flüchtling aus Bielefeld. Als ich ihm am Abend erzählte, was ich schon seit den Morgenstunden wußte, daß nämlich Hitler Polen überfallen hatte, sagte er nur: „Wie lieb von Dir, erst jetzt davon zu sprechen." Er war gerade 19 Jahre alt.

Der deutsche Angriff auf Holland im Mai 1940 ist in meiner Erinnerung mit zwei Festen verbunden. Am 9. Mai, dem allerletzten Friedenstag, feierte meine beste Freundin zusammen mit ihrem Zwillingsbruder ihren Geburtstag, und sechs Tage später, als die holländische Armee kapitulierte und deutsche Truppen in Amsterdam einmarschierten, wäre eigentlich die Silberhochzeit der Eltern gewesen. Das fiel natürlich ins Wasser. Ich weiß noch genau, wie Vaters Kompagnon mit seiner Frau zu uns kam, um zu gratulieren. Die Blumen, die er unter seinem Mantel versteckt hatte, waren völlig zerdrückt, als er sie Mutter überreichte. Welcher Holländer mochte an diesem Tag schon einem Deutschen – ob Jude oder nicht – mit Blumen gratulieren. Wozu.

Ernst hat am ersten Kriegstag versucht zu flüchten. Mit dem Fahrrad ist er von Gelderland nach Amsterdam gekommen. Dort wurde er von einer holländischen Militärstreife als feindlicher Ausländer verhaftet und für einige Tage festgesetzt. Nach seiner Entlassung hat er eine Weile bei uns gewohnt. Dann folgte erst eine relativ ruhige Zeit, die abrupt zu Ende ging, als das Lager in Wieringen im März 1941 von der SS aufgelöst wurde und die Jungen und Mädchen, die dort gelebt hatten, auf jüdische Familien in Amsterdam verteilt wurden. Vater stellte sofort ein Zimmer zur Verfügung. Durch unseren Gast, Lore Durlacher aus Mannheim, habe ich dann bald selbst einen Großteil der „Wieringer" kennengelernt. Die Eltern waren sehr gastfrei, und unser Haus wurde schnell zu einer Art Anlaufstelle. Es standen immer zehn oder mehr Fahrräder vor der Tür. Am 11. Juni 1941 sind fast alle von den Nazis verhaftet und ins Konzentrationslager Mauthausen gebracht worden. Lauter junge, starke, lebenshungrige Männer. Keiner von ihnen ist zurückgekehrt.

Ich habe den Judenstern, der Anfang 1942 auch in Holland eingeführt wurde, nur kurz tragen müssen, denn auf einmal geschah für uns so etwas wie ein Wunder. Mutter hatte *eine* nichtjüdische Großmutter, und irgendwie ist es Herrn Jung, Vaters altem Freund und Kollegen, gelungen, aus Mutter rückwirkend eine „Arierin“ zu machen. Wie das im einzelnen ablief, weiß ich bis heute nicht, aber es ist sicher nicht mit rechten Dingen zugegangen. Jedenfalls waren die Konsequenzen für uns alle enorm. Vater wurde urplötzlich zum „Mischehefall“ und wir Mädchen zu „Halbjüdinnen“. Ich durfte den Judenstern von meiner Kleidung entfernen, und, was noch wichtiger war, ich bekam ganz legal einen neuen Paß ohne das verräterische „J“ darin. Meinen holländischen Ausweis habe ich daraufhin Lore Durlacher gegeben, so daß von diesem Augenblick an für die deutschen Bürokraten zweimal dasselbe Mädchen existierte. Mittlerweile war ich nämlich wach geworden. Es hatte lange gedauert, bis ich merkte, daß man etwas tun mußte. Wir, die wir nach der Mauthausen-Aktion übrig geblieben waren, versuchten jetzt, uns und anderen zu helfen. Und da ich mich mehr oder weniger frei bewegen konnte, arbeitete ich vor allem als Kurier. Ich habe z. B. Lebensmittelkarten verteilt oder auch Geld und andere Dinge. Ebenso mußten jüdische Babys und Kinder von einem Versteck zum nächsten gebracht werden. Das hab ich gemacht. Viele, viele Male. Und manchmal war ich auch „Postillon d'amour“.

Es war eine eigenartige Situation, die Angst nicht aufkommen ließ. Ich war erst 22 Jahre alt und hatte doch schon so viele Menschen, die ich liebte, verloren. Auch Ernst war inzwischen verhaftet und nach Westerbork geschickt worden. Er hatte zuletzt mit sehr viel Idealismus als Lehrer und Vorarbeiter auf einem landwirtschaftlichen Umschulungsbetrieb für junge Juden gearbeitet und vage Pläne entwickelt, mit diesen jungen Menschen gemeinsam unterzutauchen. Aber dann kam ihm die SS zuvor. Eines Nachts haben sie das Gebäude umstellt und alle, die sie kriegen konnten, nach Westerbork geschickt. Ich habe ihn dort noch einige Male besuchen können. Nein, natürlich nicht im Lager, sondern außerhalb. Er arbeitete bei einem Bauern als Knecht, Kartoffeln ernten und so. Da haben wir uns gesehen. Er hätte ohne weiteres flüchten und sein Leben retten können. Aber er wollte nicht. Er sagte, daß, wenn er wegginge, die ganze Gruppe aus Vergeltung auf Transport gestellt werden würde. Das hätte er nicht ertragen. Viele von ihnen sind gerettet worden, da sie noch rechtzeitig ein sogenanntes Palästina-Zertifikat bekamen, das sie nach Bergen-Belsen brachte. Alle Leiter, die älter waren als 21, sind hingegen am 14. September 1943 nach Auschwitz deportiert worden. Ihre Zertifikate kamen einen Tag zu spät.

Ich lebte damals schon lange nicht mehr zu Hause am Stadionweg. Meine Eltern hatten Angst, sie ahnten wohl, welchem Zweck meine Fahrradtouren durch Holland galten. „Du bringst uns alle in Gefahr!“, haben sie gesagt, und nach dem Krieg: „Wir sind ja so stolz auf Dich!“ Erst als Mutter während des Hungerwinters schwer erkrankte, bin ich nach Hause zurückgegangen. Mein Fahrrad war sowieso gestohlen, und für unsere kleine Gruppe gab es nicht mehr viel zu tun. Ein Sack Kartoffeln, den uns der Bauer schickte, bei dem Ernst gearbeitet hatte, half uns über die schlimmste Zeit hinweg. Alle warteten auf den Tag der Befreiung.

Als dann endlich alles vorbei war, zeigte sich bald das Ausmaß des Massenmordes an den europäischen Juden. Unser Haus wurde erneut zur Anlaufstelle, diesmal für die wenigen, die aus den Lagern zurückkamen. Ich habe mich freiwillig gemeldet, um die kranken und erschöpften Heimkehrer auf dem Bahnhof in Amsterdam zu versorgen.

Drei Monate später bin ich zusammengebrochen. Ich konnte das alles hier nicht mehr ertragen. Ich mußte weg. Es war eine Flucht. In Südfrankreich lernte ich meinen späteren Mann kennen. David hatte elf Konzentrationslager überlebt. Gemeinsam hatten wir nur den einen Wunsch: Nach Israel! Wir waren 500 Juden aus allen Ländern Europas, die auf einem Seelenverkäufer von Schiff das Mittelmeer überquerten und nach 16tägiger Fahrt schließlich Palästina erreichten. Das war 1946. Und wir waren da, am Ziel und am Anfang.

Wir sind in einen Kibbuz gegangen, der ganz von arabischem Gebiet umgeben war. Im ersten israelischen Krieg wurde er beinahe überrannt, und ich mußte flüchten, mit nichts als einem nackten Kind auf dem Arm, unserer Tochter. Mein Mann war Soldat. Wir hatten fast keine Waffen und lagen monatelang unter Beschuß. Aber auch das ging vorbei. Als 1948 der Judenstaat gegründet wurde, bekamen wir die israelische Nationalität, und wir konnten darangehen, uns eine neue Existenz aufzubauen. Dann kam der Tag, daß meine Eltern, die in Amsterdam geblieben waren, unsere Hilfe nötig hatten. Wir wollten erst nur für zwei Jahre zurück, um alles so weit zu regeln, aber dann sind wir hier hängengeblieben. Mittlerweile leben wir auch wirklich gerne hier. Nur unsere Tochter, die hat sich in Holland eigentlich nie richtig zu Hause gefühlt. Sie ist nach ihrer Berufsausbildung nach Israel zurückgegangen. Sie können sich sicher vorstellen, wie eng heute unsere Beziehung dorthin ist. So, jetzt kennen Sie die Vorgeschichte unserer babylonischen Sprachverwirrung.

Ursula P.

In Memoriam Hugo Sinzheimer

Johann Wolfgang Goethe-
Universität Frankfurt
Sekretariat

Frankfurt a. M. 17,
den 24. März 1934
Mertonstraße 17
Fernruf: 7 22 14

T.N. ./. Ri/K

Herr Referendar Müller bittet im Auftrage des Propagandaministeriums um umgehende Aeußerung über folgende Punkte:
1. über die frühere politische Tätigkeit Prof. Sinzheimers;
2. war Prof. Sinzheimer stimmberechtigtes Mitglied der Rechtswissenschaftlichen Fakultät? Wenn ja, von wann bis wann?

Heil Hitler!

(Unterschrift)

Ursula P. (1933)

Mein Vater wurde 1875 in Worms geboren. Seine Eltern hatten dort, soweit ich mich erinnern kann, eine Kleiderfabrik. Sie waren keine armen Leute. Er besuchte das Gymnasium, hatte aber eines Tages keine rechte Lust mehr zum Lernen und verließ die Schule. Mein Großvater brachte ihn bei einer Bank unter. An dieser Bank nun, so hat er uns später erzählt, war ein Portier beschäftigt, ein ganz armer Kerl. Mit dem hat mein Vater sich immer so ein bißchen unterhalten, und als ihm durch diese Gespräche klar wurde, wie schlecht es den kleinen Leuten ging, wie hoffnungslos ihre

Paula und Hugo Sinzheimer (1945)

Lage war, da hat er sich vorgenommen, doch noch zu studieren und aktiv etwas gegen Armut und Elend zu unternehmen. So hat er dann das Abitur nachgemacht und danach Jura und Nationalökonomie studiert in München, Berlin, Freiburg, Marburg und Halle. Im Jahre 1903 ließ er sich in Frankfurt am Main als Rechtsanwalt nieder und schloß sich der Sozialdemokratischen Partei an. Der demokratische Sozialismus blieb sein großes Ideal, lebenslang.

In der Novemberrevolution 1918 machten die Arbeiter und Soldaten Vater zeitweilig zum Polizeipräsidenten in Frankfurt und sandten ihn 1919 als Abgeordneten in die Nationalversammlung nach Weimar, wo damals die republikanische Verfassung beraten wurde. Im selben Jahr gehörte er zu den Mitbegründern der „Akademie der Arbeit", die heute noch besteht. Er war ein leidenschaftlicher Pazifist und hat z. B. jahrelang mit Rosa Luxemburg korrespondiert. 1920 bekam er dann einen Lehrstuhl für Arbeitsrecht an der Universität Frankfurt. Ein sehr politischer Mensch und zugleich ein richtiger zerstreuter Professor. Ja, er war ein unbelehrbarer Idealist, fast bis zuletzt . . . Mein Vater.

Meine Mutter war 15 Jahre jünger. Sie stammte aus einer Würzburger Weinhändlerfamilie und war in ihrer religiösen Einstellung etwas konservativer als mein Vater. Meine Eltern führten immer ein sehr offenes Haus. Da war ein ständiges Kommen und Gehen: Freunde und Bekannte, Politiker, Gewerkschafter, Studenten. Trotz der damit manchmal verbundenen Unruhe haben wir vier Kinder – ein Junge und drei Mädchen – eine sehr glückliche und umsorgte Jugend in Deutschland gehabt. Gertrud, die Älteste, ist von 1914 und hat noch in Frankfurt ihr Abitur machen können. Dann kam mein Bruder Hans Simon, 1916 geboren, Eva 1918 und ich, das Nesthäkchen, 1922.

Als Hitler 1933 an die Macht kam, war ich gerade elf Jahre alt. Wir waren kurz danach auf Klassenfahrt, und ich erinnere mich, daß die Klasse – mit Ausnahme der jüdischen Kinder – ein neues Lied singen mußte, das mir völlig unbekannt war: „Die Fahne hoch". Und ich sehe meinen Vater noch vor mir, wie er zusammen mit meinem Bruder vor dem Radioapparat saß, als das Wahlergebnis bekanntgegeben wurde, wie er zählte und rechnete und dann den Stift sinken ließ und sagte: „Sie gewinnen überall!" Das hatte er nicht erwartet, hatte es auch nicht wahrhaben wollen. Jedenfalls haben sie ihn kurz darauf in seinem Büro festgenommen. Er durfte noch etwas Wäsche mitnehmen und sich von uns verabschieden, dann war er weg. Schutzhaft. Erst am 31. März, einen Tag vor der großen Boykottaktion, ließen sie ihn wieder frei. Er hat über die Zeit im Gefängnis später wenig gesprochen, nur so viel, daß es damals doch noch eine ganze Menge anständiger Beamter gab.

Er ist sofort zusammen mit meiner Mutter ins Saargebiet geflüchtet zu einer entfernten Verwandten, glaub ich. Die Saar stand damals ja noch unter der Aufsicht des Völkerbundes, also da war er erst einmal sicher. Gott sei Dank, denn einen Tag nach seiner Freilassung morgens um vier Uhr klingelte es Sturm an der Haustür. Wir Kinder waren allein zu Hause. Da kam tatsächlich die SA, um Vater ein zweites Mal abzuholen. Sie haben überall gesucht, aber nichts gefunden und sind unverrichteter Dinge wieder abgezogen. Vom Saargebiet aus hat er Kontakt zu sozialistischen Freunden in den Niederlanden aufgenommen, und die haben dafür gesorgt, daß ihm im September 1933 eine außerordentliche Professur angeboten wurde. Natürlich hat er den Ruf angenommen. So war mein Vater zu Beginn des Wintersemesters 1933/34 Professor für Rechtssoziologie an der Universität von Amsterdam, und zwei Jahre später lehrte er außerdem in Leiden wieder Arbeitsrecht, sein eigentliches Spezialgebiet. Das Glück meinte es scheinbar gut mit uns.

Mutter war im Frühjahr noch einmal nach Frankfurt zurückgekommen, um das Haus zu verkaufen, alles zu regeln und uns abzuholen. Wir sind wohl noch bis Juni 1933 in Deutschland zur Schule gegangen. Man merkte auch als Kind, wie sich vieles dort veränderte. Eine meiner besten Freundinnen zum Beispiel hatte plötzlich ein Hitlerbild über ihrem Bett hängen. Das war verrückt, denn ihre Mutter hatte sich früher als überzeugte Sozialistin gegeben. So was gab es bei vielen.

Der Neuanfang in Amsterdam war für uns alle schwer. Die Landschaft, die Menschen und ihre Mentalität, die Sprache, alles war fremd und ungewohnt. Wir Kinder hatten entsetzliche Schwierigkeiten in der Schule, und es dauerte lange, bis wir uns einigermaßen eingelebt hatten. Man mußte wirklich mit allem bei Null beginnen, sogar mit dem Fahrradfahren, mit dem Schlittschuhlaufen und mit dem Schreiben, denn „de fietsen", „de schaatsen" und sogar „de letters" waren grundverschieden von dem, was wir in Deutschland gelernt hatten. Was mich aber eigentlich am meisten irritierte, war, daß die Eltern plötzlich so unbedeutend geworden waren, so anonym. Das empfand ich damals sehr stark. In Frankfurt hatte es immer geheißen „Guten Tag, Herr Doktor, guten Tag, Frau Professor" (typisch deutsch, übrigens), und jeder zog den Hut vor ihnen. Hier waren sie einfach irgendwelche deutschen Emigranten, die sich anzupassen hatten, was wir eigentlich nicht verstanden. Zum Beispiel erinnere ich mich noch gut an Vaters verzweifelte Bemühungen, Holländisch zu lernen. Jeden Morgen las er laut die Zeitung vor. Seine Antrittsvorlesung in Leiden im Jahre 1935, die zuvor von einer befreundeten Sozialistin ins Niederländische übersetzt worden war, war fast nicht zu verstehen. Es war entsetzlich. Später hat er seine Seminare einfach auf deutsch gehalten. Mutter kam sehr viel besser mit dem Holländischen zurecht, sprach es aber auch nicht fehlerfrei.

Nach einigem Suchen fanden wir eine Wohnung in der Minervalaan in Amsterdam-Zuid. Da wohnte „man" damals, auch wenn die Miete, wie sich bald herausstellen sollte, für einen außerordentlichen Professor mit vier halbwüchsigen Kindern viel zu hoch war. Der Steinway-Flügel, der aus Deutschland mitgebracht worden war, mußte verkauft werden.

Gertrud, meine älteste Schwester, hatte sich zum Wintersemester 1933/34 an der juristischen Fakultät in Amsterdam eingeschrieben und dort ein Studium begonnen, das sie kaum ein Jahr später als Ausländerin abbrechen mußte. Sie ist statt dessen Gartenarchitektin geworden. 1935 hat sie geheiratet – einen jungen jüdischen Juristen aus Vaters Kanzlei, der mit uns von Frankfurt nach Amsterdam gekommen war und sich unter anderem als Nachtportier durchschlagen mußte. Eva wurde Kindergärtnerin hier in Holland, und Hans kam nach der Beendigung der Schule als Volontär auf eine Schiffswerft. Als ihm ein Onkel, der in Antwerpen mit Diamanten handelte, anbot, in sein Geschäft einzutreten, ging er 1938 nach Belgien. Und ich, die Jüngste? Ich wollte seit meinem zwölften Lebensjahr Malerin werden. Unbedingt. Aber da hieß es zu Hause: „Erst wird was Ordentliches gelernt", und so bin ich noch ein paar Jahre weiter zur Schule gegangen, bevor ich mich an der Akademie für Bildende Künste in Amsterdam einschreiben lassen durfte. Kurze Zeit später kam der Krieg, und nach nur einem Jahr mußte ich als Jüdin die Akademie verlassen.

Wir gehörten 1933 zu den ersten deutschen Emigranten in Amsterdam. Vater steckte die Politik im Blut. Umso schwieriger war für ihn die Auflage der holländischen Regierung, daß er sich nicht politisch betätigen durfte. Aber er hielt natürlich doch Vorträge, u. a. im „Huize Oosteinde", wo sich später viele deutsche Flüchtlinge trafen, über den Sozialismus oder über den jungen Marx oder über Gewerkschaftsfragen. Viele kamen auch zu uns nach Hause. Die meisten Flüchtlinge standen ja vor dem Nichts und brauchten irgendwie Hilfe. Unsere Wohnung war bald ein regelrechter Treffpunkt aller möglichen Leute, unbekannter und bekannter. Ich erinnere mich zum Beispiel gut an Konrad Heiden, den Schriftsteller, oder den bekannten Psychiater Karl Landauer, den die Eltern noch aus Frankfurt kannten. Beide sind später in die Vereinigten Staaten gegangen. Auch Vater hatte eine Professur in Amerika angeboten bekommen. Aber er wollte nicht noch einmal von vorne anfangen, nachdem er sich gerade einigermaßen eingewöhnt hatte. Ja, und dann lebte seit dem Frühjahr 1938 Karl Kautsky in Amsterdam, einer der großen sozialistischen Theoretiker, den besuchte er oft. Vater erzählte uns dann von dem frierenden alten Mann, der in eine Decke gehüllt da saß und sprach. Kautsky ist schon im Herbst desselben Jahres gestorben.

Nach einigen Jahren mußten wir die Wohnung in der Minervalaan räumen – die schon durch die Flucht in Anspruch genommenen Ersparnisse waren endgültig verbraucht. Im Herbst 1938, als die Deutschen das große Pogrom veranstalteten, kamen meine Großmutter aus Würzburg und ein Vetter aus Nürnberg zu uns. Da wohnten wir schon in der Rubensstraat, direkt gegenüber jenem Haus, in dem später die „Grüne Polizei" ihr Hauptquartier aufschlug. Aber das war dann schon im Krieg. Als die Deutschen hier einmarschierten, im Mai 1940, haben die Eltern noch versucht, mit einem Fischerboot nach England zu entkommen. Aber das klappte nicht. Sie waren kaum zurück in Amsterdam, da wurde Vater zusammen mit meinem Schwager von den Nazis verhaftet und nach Celle oder Hamburg in ein Gefängnis gebracht. Mutter hat sich die Hacken schief gelaufen bei den deutschen Instanzen, um sie frei zu bekommen, und tatsächlich ließ man Vater nach zwei Monaten raus. Er kam mit dem Zug bis zur Grenze und rief uns dann an. Meinen Schwager haben sie ein paar Monate länger dabehalten und dann mit einem Transport nach Kuba geschickt. Er hatte nichts anderes bei sich als die Kleider, die er am Körper trug. In Havanna hat er den Krieg überlebt.

Gertrud wohnte damals mit ihren Kindern in Huizen. Als dann die Juden dort nicht mehr leben durften und in Amsterdam konzentriert wurden, kam sie zu uns. Später, als die Razzien begannen, ist sie untergetaucht. Getrennt von ihren beiden Kindern. Deren Versteck in einem Kinderheim wurde verraten, und die Kleinen kamen nach Westerbork. Meine Schwester erfuhr das durch Bekannte, die dort in der jüdischen Administration arbeiteten. Durch diese Leute ist sie illegal nach Westerbork gekommen, um zu versuchen, die Kinder zu retten. Und das hat sie auch getan. Sie ist sofort mit den Kindern, die sie kaum noch erkannten und mit „Tante" anredeten, nach Bergen-Belsen geschickt worden. Kurz vor Kriegsende kamen sie in ein anderes Lager in Biberach, und dort wurden sie 1945 befreit.

Hans, mein Bruder, ist in Antwerpen von den Belgiern bei Ausbruch des Krieges verhaftet worden. Er konnte aus einem Internierungslager, in das man ihn als feindlichen Ausländer gesteckt hatte, fliehen und sich auf einem gestohlenen Fahrrad nach Südfrankreich durchschlagen. Sein weiterer Weg führte ihn über die Pyrenäen nach Spanien und Portugal. Er hatte das Glück, in Lissabon eine Schiffspassage in die USA zu bekommen. Auch Eva ist in Holland verhaftet worden. Zusammen mit ihrem Mann, einem Bildhauer, und zwei kleinen Kindern. Sie hatten verhältnismäßig „gute" Papiere und wurden von Westerbork aus nach Theresienstadt deportiert.

Und ich? Als ich 1941 die Akademie verlassen mußte, nahm ich, was eigentlich bereits für Juden verboten war, Privatunterricht bei einem nichtjüdischen holländischen Maler. Ich hatte damals ein kleines Atelier in der Nähe der Albert Cuypstraat bei einer deutschen Frau, von der ich später hörte, daß sie ein junges Mädchen, das bei ihr zur Untermiete wohnte, an die Gestapo verraten hatte. Also da konnte ich auch nicht mehr hin. Ich blieb erst einmal zu Hause und habe dort gemalt. Während einer Razzia im August 1942 wurden Vater und Mutter verhaftet. Sie wurden in die berüchtigte Sammelstelle in die Euterpestraat gebracht, die heutige Gerrit van der Veenstraat. Und dort geschah ein Wunder. Professor Cohen, der Vorsitzende des Jüdischen Rates in Amsterdam, erhielt von den Deutschen ausnahmsweise die Erlaubnis, aus diesem Transport zehn Juden auszuwählen. Unter ihnen waren Vater und Mutter ... Ich hatte auch einen Aufruf bekommen, um mich für Westerbork zu melden, wurde aber vom Jüdischen Rat noch einmal freigestellt. Als meine beste Freundin dann am 5. August 1942 verhaftet wurde, gelang es ihr, einen Zettel aus der Euterpestraat herauszuschmuggeln, auf dem in etwa stand: „Es ist furchtbar hier, tauch unter, so schnell Du kannst!"

Das habe ich auch getan. Im letzten Augenblick. Denn die Eltern wollten lange Zeit überhaupt nicht, daß ich untertauche, und ich hatte wiederum Angst, daß man sie statt meiner deportieren würde, wenn ich mich nicht meldete. Also, am 6. August 1942 bin ich mit Hilfe eines Holländers, der bei Vater studiert hatte, untergetaucht. Bei dessen Eltern in Overveen konnte ich erst einmal bleiben, nachdem sich andere Möglichkeiten kurzfristig zerschlagen hatten. Trotz einiger Bedenken („Dein Vater ist so naiv, das ist viel zu gefährlich für die Leute") hat er auch Vater und Mutter schließlich noch untergebracht. Mit seiner Einschätzung hatte er übrigens recht. Vater war auf seine Art unglaublich vertrauensselig, das heißt, er sah den Ernst seiner Situation einfach nicht ein. So ging er beispielsweise am hellichten Tag ans Fenster oder auf den Balkon. So etwas war lebensgefährlich! Es ist weiß Gott ein Wunder, daß nie etwas passiert ist, um so mehr, als sie die Verstecke immer wieder wechseln mußten. Das war besonders gefährlich, da Vater ein unverwechselbares Profil hatte, eine enorm große Nase. So ist es z. B. vorgekommen, daß er hinter einer Straßenbahn herlief und aufsprang, während der Begleiter von der Illegalität fassungslos an der Haltestelle stehenblieb.

Ich muß allerdings sagen, daß meine Eltern das besondere Glück hatten, bei Freunden untertauchen zu können. Erst in Amsterdam, dann in Haarlem und zuletzt in Bloemendaal. Da war doch eine sehr starke Solidarität. Ohne diese Hilfe wäre alles noch viel schwieriger gewesen. Sie haben überlebt, aber Vaters Ende war dann doch nicht ohne Tragik. Er hatte sein ganzes Leben lang an das Gute im Menschen geglaubt und für eine bessere Welt gekämpft. Aber als wir im Mai 1945 endlich frei waren und Straßenfeste feierten, kam er nicht mehr aus seinem Versteck heraus. Auch die Nachricht, daß seine Kinder und Enkel wie durch ein Wunder die Lager überlebt hatten, vermochte ihn nicht aufzurichten. Er ist im September 1945 in Bloemendaal gestorben, am Vorabend seiner Abschiedsrede an der Universität von Amsterdam.

Zurück zu mir. Aus dem Versteck in Overveen mußte ich nach fast einem Jahr weg, weil der Hausherr schwer erkrankte. So bin ich erst nach Haarlem und später nach Dordrecht gekommen. In Haarlem habe ich bei Gelegenheit mitgeholfen, Personalausweise zu fälschen. Der junge Mann, der das Versteck für meine Eltern und für mich besorgt hatte, brachte regelmäßig Briefe und Lebensmittelkarten. Die hatte er in den Schulterpolstern seiner Anzugjacke versteckt. Wenn ich von einer Adresse zur anderen mußte, setzte ich meinen „katholischen Hut" auf (ich war der festen Überzeugung, damit richtig katholisch auszusehen), und wir gingen engumschlungen Richtung Bahnhof. Wir sind zweimal in eine Ausweiskontrolle geraten, und es ist jedes Mal gutgegangen. Ich war allein untergetaucht. Mit 19 Jahren. Erst später ist mir bewußt geworden, wieviel Kraft mich diese Zeit gekostet hat. Sowohl körperlich als auch seelisch. Ich habe gelesen und gezeichnet damals, aber Angst, Einsamkeit und – im letzten Winter – Hunger nahmen kein Ende. Zum Schluß hatte ich regelrechte Haftsymptome, Weinkrämpfe oder das Gefühl, keine Luft mehr zu bekommen. Niemand konnte mir helfen. Im Hungerwinter 1944/45 gab es nur noch Tulpenzwiebeln zu essen. Es ist in meinen Augen ein Wunder, daß ich noch am Leben bin. Nach der Befreiung 1945 wollte ich eigentlich mein Studium an der Akademie fortsetzen, aber dazu war dann kein Geld mehr da. Ich bin nach Amsterdam zurückgegangen und habe mich so gut es ging als Putzfrau und Näherin durchgeschlagen. Später bekam ich Depressionen und wurde krank, eine tuberkulöse Infektion. Und als es mir wieder besser ging, habe ich geheiratet. 1949. Mein Mann war Volkshochschullehrer in Bergen. Durch die Heirat bin ich dann automatisch Holländerin geworden, bis zu diesem Zeitpunkt war ich staatenlos.

Nach der Befreiung kam Gertrud mit ihren Kindern aus dem Lager Biberach zurück. Die Holländer wollten sie als „Staatenlose" zuerst nicht ins Land lassen. Ein paar Monate später ist sie mit den Kindern nach Kuba gegangen, wo ihr Mann auf sie wartete. Beide haben dann noch einmal in den Vereinigten Staaten von vorne angefangen und Jura studiert. Meine Schwester ist im Alter von 64 oder 65 Jahren in New York Richterin geworden und hält nebenher an einer Universität dort Vorlesungen über Frauenrecht. Im Gegensatz zu meinem Bruder Hans, der auch in New York lebt, kommt sie fast jedes Jahr nach Europa, um uns wiederzusehen. Mit ein paar alten Schulfreundinnen aus Frankfurt, die es auch nach New York verschlagen hat, spricht sie noch oft deutsch. Eva wurde mit ihrem Mann und den Kindern von den Russen in Theresienstadt befreit und sofort im Anschluß daran in die Schweiz geschickt, weil eines der Kleinen Tuberkulose hatte. Später sind sie dann in die Niederlande zurückgekehrt.

Sogar unsere Mutter mußte mit fast 60 Jahren noch einmal von vorne beginnen. Man hatte ihr zwar in Bloemendaal das Haus eines NSB-Kollaborateurs zugewiesen, aber sie bekam nach Vaters Tod keinerlei Pension. Nichts. Da sie sich schon 1935 in Amsterdam zur Graphologin hatte ausbilden lassen, konnte sie noch jahrelang nach dem Krieg erfolgreich im Fachbereich Entwicklungspsychologie an der Universität Amsterdam in diesem Beruf tätig sein. Als unser Jüngster in den Kindergarten kam, begann ich mich auch mit Graphologie zu beschäftigen. Nach dem Diplom habe ich eine eigene Praxis eröffnet, die auch sehr gut lief. Aber auf Dauer war das nicht das Richtige. Das spürte ich irgendwie. Deshalb bin ich mit 50 Jahren Gruppentherapeutin geworden.

Obgleich unsere Söhne nicht jüdisch erzogen wurden, ist bei dem Ältesten das jüdische Bewußtsein wieder stärker geworden. Er hat sich eines Tages der liberal-jüdischen Gemeinde angeschlossen und sich da sehr engagiert. Dadurch bin ich auch wieder Mitglied geworden. Eigentlich bin ich kein sehr gläubiger Mensch, und das bißchen Hebräisch, das ich damals im Religionsunterricht bei unserem Rabbiner in Frankfurt gelernt hatte, hatte ich längst vergessen, aber die Zugehörigkeit zum Judentum ist doch ein Teil meiner Identität.

Mein Verhältnis zu Deutschland ist recht kompliziert. Gleich nach dem Krieg hätte ich alle „Moffen“ sonstwo hinschießen wollen. Wir alle waren noch sehr durcheinander . . . und verletzt. Das ist vielleicht das richtige Wort. Wenn wir, mein Mann, meine Kinder und ich, später in Dänemark Urlaub machten, mußten wir selbstverständlich immer durch Norddeutschland fahren. Dort irgendwo zu übernachten, das wäre mir nie in den Sinn gekommen. Aber als 1958 in der „Akademie der Arbeit" in Frankfurt eine Gedenkfeier für meinen Vater stattfand, habe ich doch mit meinem Mann teilgenommen. Danach bin ich noch dreimal in Frankfurt gewesen, auch, um unseren Kindern zu zeigen, wo ich geboren bin. Trotz allem: es bleibt ein gewisses Mißtrauen, eine Art Reserviertheit gegenüber allem Deutschen. Vielleicht mit zwei Ausnahmen. Das eine ist die deutsche Küche, das andere die deutsche Literatur. Ich weiß, ich spreche die Sprache heute als Ausländerin und mache beim Schreiben Fehler (es ist mir immer ein Rätsel, ob ein Wort mit oder ohne „h" geschrieben wird), aber wenn ich ehrlich sein soll, lese ich am liebsten Deutsch. Und ich benutze immer noch ein altes deutsches Kochbuch. Eine Art Heimweh, das durch den Magen geht.

An
den Dekan der Rechtswissen-
schaftlichen Fakultät,
Herrn Prof. Dr. Klausing

Hier 5. April 1934

Herrn Referendar G. W. Müller
Gau-Propaganda-Leitung
Frankfurt/M.
Bürgerstraße

Lieber Herr Müller!
Vom Rektorat wird mir eine Bitte um Äußerung auf folgende Fragen übersandt, über welche das Propaganda-Ministerium Auskunft zu haben wünscht:
. . .
Zu 1: Die unerfreuliche politische Tätigkeit Sinzheimers dürfte Ihnen ja zur Genüge bekannt sein. Er war 1918/19 vorübergehend Frankfurter Polizeipräsident und hat sich bekanntlich späterhin in der SPD, in den republikanischen Juristenorganisationen sowie in pazifistischen Vereinigungen betätigt.
Zu 2: In Verbindung mit seinen Bemühungen um die Gründung der Akademie der Arbeit im Jahre 1920, die von den roten Gewerkschaften als Preis für die Erhaltung der Universität gefordert wurde, ist S. ordentl.

Honorarprofessor für Arbeitsrecht geworden . . . Daß S. in seinen rhetorisch glänzend aufgezogenen, inhaltlich allerdings reichlich mageren Vorlesungen äußerlich zeitweilig großen Erfolg hatte, wird Ihnen aus eigenen Anschauungen bekannt sein. Nicht übersehen werden darf auch, daß er trotz seiner öffentlichen Betonung der „Objektivität" seiner wissenschaftlichen Haltung in seinem Seminar und seinen privaten Zirkeln zahlreiche Studenten auch nichtarischer Abstammung um sich versammelte und sie tatsächlich entscheidend im marxistisch-demokratischen Sinne beeinflußte. Mir sind mehrere Fälle bekannt, in denen junge Juristen (auch Referendare), die in ihren Anschauungen noch nicht gefestigt waren, unter dem Einfluß von S. Sozialisten oder Kommunisten wurden, und zwar trotz aller Bemühungen ihrer Eltern und Freunde, sie hiervon abzubringen. Das Wirken von S. war im Endergebnis durchaus negativ, sein geistvolles Auftreten entsprach eben vollkommen seinem durch und durch jüdischen Wesen.
Ich hoffe, Ihnen hiermit die erforderlichen Unterlagen gegeben zu haben und bin mit

Heil Hitler!
Ihr

Renate van H.

Westerbork – Theresienstadt – Auschwitz

Renate van H. (um 1929)

Unser Sohn war noch klein, als wir einmal in Deutschland Urlaub machten. In den fünfziger Jahren muß das gewesen sein. Da sagten sie zu ihm: „Na, Eddie, mach mal einen schönen Diener!" Und ich hab für ihn geantwortet: „In Holland gibt es keine Diener." Das ist der ganze Unterschied. Ja, ich glaube, wir sind hier freier. Und Freiheit, das ist doch das Wichtigste.

Ich bin am 14. September 1925 in Bielefeld in Westfalen geboren. Vater war damals 39, Mutter zehn Jahre jünger. Sein Vater, mein Großvater also, stammt aus einer jüdischen Bauernfamilie aus der Nähe von Brilon im Sauerland. Das gab es auch. Er hat sich später als kleiner Textilhändler in Herford niedergelassen. Vater, der zweite Sohn, durfte als einziger studieren – Jura in Freiburg, Heidelberg, Münster und Berlin, soviel ich weiß. Er war immer sehr fleißig. Im Ersten Weltkrieg hat er sich als Rechtsanwalt in Bielefeld niedergelassen. Seine beiden Brüder und die Schwester, meine Onkel und Tante, lebten auch dort. Mutter stammt aus einer Düsseldorfer Bankiersfamilie und ist in Hagen aufgewachsen. Kurz und gut: 1921 wurde geheiratet, 1925 kam ich, und 1930 ließen sie sich scheiden. Ich durfte meine Mutter, die nach Berlin ging, um ihr angefangenes Medizinstudium wieder aufzunehmen, dreimal im Jahr eine

Woche lang sehen. Sie hat 1938 Selbstmord verübt. Ich war das einzige Kind.

Bielefeld hatte eine ziemlich große jüdische Gemeinde. Relativ wohlhabend und relativ liberal. Wir waren nicht besonders fromm, ganz und gar nicht. An koscheres Essen kann ich mich nicht erinnern, und in die Synagoge ging man ausschließlich an den hohen Festtagen, also Neujahr und Großer Versöhnungstag. Aber jüdischen Religionsunterricht habe ich doch gehabt. Während die anderen Kinder später zum NS-Unterricht mußten, gingen wir am Samstag in die Synagoge, um jüdische Geschichte und Hebräisch zu lernen. 1931, als ich eingeschult wurde, da sagte einer der größeren Jungen zu mir: „Was willst Du denn hier, Du Judenkönig?“ Sowas vergißt man nicht, das hör ich immer noch. Da habe ich meinen Vater gefragt, was das bedeutet, mit den Juden und so. Und er hat es mir dann erklärt. Aber Vater war so treudeutsch, daß er gar nicht sehen wollte, was da hochkam. Mutter hatte dagegen ein viel stärkeres politisches Gespür. Wäre es nach ihr gegangen, wäre ich auf ein englisches Internat gekommen. Sie hatte Freunde in England, die das hätten regeln können. Aber Vater wollte nicht, er hatte ja nur noch mich. Also blieb ich in Bielefeld.

Ja, das Leben veränderte sich 1933. Am 1. April stand ein SA-Mann bei uns vor der Tür. Boykott. Meinem Vater wurde das Notariat abgenommen, später durfte er als Rechtsanwalt nur noch Juden vertreten und verteidigen. Aber auch in meine Welt brachen die Nazis ein. Da gab es z. B. zwei Mädchen in der Nachbarschaft, die durften auf einmal nicht mehr mit mir spielen. Und 1936, nach den Nürnberger Rassengesetzen, mußte unsere Haushälterin gehen, weil sie „Arierin“ und noch nicht 45 Jahre alt war. Ich hab das alles überhaupt nicht begriffen, bin weiter zur Schule gegangen, hab meine Hausaufgaben gemacht. Für mich hieß es immer nur: „Du bist Jüdin, also halt Dich zurück.“ Dabei fand ich die Filme von Leni Riefenstahl über den Reichsparteitag oder die Olympischen Spiele einfach toll. Oder den „Bund deutscher Mädel“, die hatten eine Uniform, ungemein schick, wie hab ich die beneidet! Ich habe so lange gebettelt, bis ich von Vater eine ähnliche Jacke, allerdings in einer anderen Farbe, bekam. Für ein Kind von zehn, zwölf Jahren ist es schlimm, nicht mehr dazuzugehören.

Im November 1938 brannte unsere Synagoge. Morgens klingelten zwei Polizisten in Zivil bei uns – Vater kannte sie natürlich –, und die sagten: „Wir müssen Sie mitnehmen, Herr Doktor.“ Also ging mein Vater mit, und ich bin in die Schule gelaufen – wie immer. Meine Schule lag nicht weit von der brennenden Synagoge entfernt. Alle waren natürlich aufgeregt. Ein Lehrer schickte die anderen Kinder dorthin, um sich das Feuer anzusehen. Nur wir drei jüdischen Mädchen blieben in der Klasse sitzen. Da sagte eine Lehrerin zu uns: „Geht mal lieber nach Hause, aber nehmt Seitenstraßen, das ist besser heute!" So sind wir dann, meine Freundin Helga und ich, nach Hause zurück und haben uns noch gefreut, daß „schulfrei" war. Wenn ich geahnt hätte, daß das mein letzter Schultag in Deutschland war. Später bekam ich noch ein Abgangszeugnis. Aus, Schluß, vorbei – „schulfrei" für immer ...

KZ – das war in meiner Vorstellung ein Ort, an dem sich Männer zu Konzentrationsübungen versammelten, ein Meditationszentrum oder so. Der Name „Buchenwald" war damals noch neu für mich. Nach ungefähr 14 Tagen kam Vater von dort zurück. Eines Morgens stand er vor der Tür. Er hat sehr wenig erzählt, kam einfach nach Hause, sehr mager, kahl und mit einem merkwürdigen Geruch behaftet, der sich noch Wochen hielt. Dann wurde er sehr krank. Er sprach von diesem und jenem, den er in Buchenwald getroffen hatte, Kollegen, Bekannte, Freunde. Mir gab er folgenden Rat: „Wenn Du jemals in eine derartige Situation kommst, halt Dich zurück und tauche in der Masse unter. Das ist das beste, was Du machen kannst!" Ich war damals gerade 13 und hab's sicher nicht verstanden. Aber gemerkt hab ich's mir doch.

Die Nazis hatten meinen Vater nur gehen lassen, weil er sich verpflichtet hatte, schriftlich, Deutschland bis zum 5. Januar 1939 zu verlassen. Wir konnten also nicht mehr bleiben. Vater wollte nach Südamerika, denn für die Vereinigten Staaten brauchte man in der Regel eine Garantieerklärung von dort lebenden Verwandten. Und die hatten wir nicht. Also Uruguay, Chile, was weiß ich – jedenfalls klappte nichts. Und wir mußten doch raus! Da hörte Vater, daß man auf ein Visum für Nord-Rhodesien ein niederländisches Transitvisum bekam. Wir sind daraufhin nach Köln gefahren, wo ein Bruder meines Großvaters wohnte, und haben uns dort beim englischen Konsulat in die Schlange gestellt. Das dauerte Tage, denn da warteten viele hundert Juden vom zweiten Stock bis auf die Straße hinunter. Alle wollten weg.

Am 5. Januar 1939 haben wir Deutschland verlassen. Mit einem Handkoffer und 10 Reichsmark. Mehr durfte man nicht mitnehmen. Alles andere blieb vorerst zurück. Wir kamen nach Nijmegen, wo wir vorübergehend bei Bekannten wohnen durften. Jeden Tag mußte Vater sich bei der Fremdenpolizei melden, und die meinten, daß in unserem Fall keine unmittelbare Lebensgefahr bestünde: „Sie müssen wieder zurück!" Obwohl er doch nachweisen konnte, daß er schon im Konzentrationslager gewesen war. Schließlich bekamen wir mit Hilfe der jüdischen Gemeinde doch noch eine Aufenthaltsgenehmigung. Während Vater zunächst in Nijmegen bleiben mußte, kam ich nach Amsterdam, da wohnten Verwandte in Zuid, die schon 1933 hierher gekommen waren. Da konnte ich fürs erste bleiben. Mein Gott, was war das für ein herrliches Gefühl, endlich keine Angst mehr haben zu müssen, endlich wieder den Mund aufmachen zu können. Die Sprache habe ich schnell gelernt. Ich war gerade in meiner Karl-May-Phase und habe mich einfach durch die – übrigens furchtbar schlechten – holländischen Übersetzungen hindurchgekämpft. Und auch so natürlich viel aufgeschnappt.

Amsterdam-Zuid. Das war eine Welt für sich. Da wohnten damals fast ausschließlich deutsch-jüdische Emigranten. Überall wurde deutsch gesprochen. Da gab es Schlachter mit deutscher Wurst und Bäcker mit deutschem Brot. Vater hatte es schwer. Da war nicht nur die fremde Sprache, da war auch das Arbeitsverbot, und da war der Geldmangel, denn der Rest seines Vermögens war für die sogenannte „Reichsfluchtsteuer" draufgegangen. Einmal kam unser alter Bürovorsteher aus Bielefeld und brachte 100 Mark, das weiß ich noch. Für die weitere Auswanderung nach Übersee fehlte uns also das Geld. Vater hatte überall hingeschrieben, aber ohne Erfolg. Visa waren entweder nicht zu bekommen oder viel zu teuer. Trotzdem hab ich im Sommer 1939 mit Intensivkursen in Spanisch und Englisch begonnen für den Fall, daß wir doch noch wegkämen. Vater, der selbst überhaupt nicht sprachbegabt war, fand das für mich äußerst wichtig.

Und dann kam der Krieg. Die Hoffnung, daß die Niederlande wie im Ersten Weltkrieg neutral bleiben könnten, zerschlug sich am 10. Mai 1940. Ich wohnte damals, nach vielen Stationen, bei Tante Lilli, einer ebenfalls aus Bielefeld stammenden Bekannten meines Vaters, die in Amsterdam eine Pension betrieb. Sie hatte eine Adoptivtochter, Erika, die in etwa meinem Alter war. Tante Lilli kam an diesem Morgen in unser Zimmer und rief: „Kinder, es ist Krieg!" Und dann ging sie Kaffee kochen, denn die Pensionsgäste wollten ihr Frühstück haben – Krieg hin, Krieg her. Vater, der woanders wohnte, ist sofort gekommen und geblieben, wir durften uns doch als Staatenlose nicht auf der Straße zeigen. In dem ganzen Chaos haben wir trotz allem noch versucht, nach England zu fliehen. Zusammen mit Bekannten, die ein kleines Auto hatten, wollten wir die Küste erreichen. Am 15. Mai. Na, das war der Tag der Kapitulation, und wir mußten unverrichteter Dinge wieder zurück nach Amsterdam, vorbei an vielen weinenden Menschen. Aber es gab auch welche, die den deutschen Soldaten zuwinkten, als sie kurze Zeit später in die Stadt einmarschierten.

Zurück in Amsterdam. Wir rechneten anfangs fest damit, sofort verhaftet und interniert zu werden. Aber merkwürdigerweise passierte erst einmal gar nichts. Wohl sprach man hinter vorgehaltener Hand von Menschen, ganzen Familien, die Selbstmord verübt hatten. Im Herbst 1940 fing für mich die Schule wieder an. Steno, Tippen, Handelskorrespondenz, Englisch, Französisch, Spanisch. Das habe ich gemacht, bis der Besuch von Schulen für alle Juden verboten wurde. Der Terror, die Razzien, das alles begann ja ganz langsam, unmerklich fast. Und das war gerade das Teuflische daran, denn man dachte: Wenn das alles ist – nicht mehr ins Schwimmbad, nicht mehr in den Vondelpark, nicht mehr mit dem Zug fahren. Davon geht die Welt nicht unter. Aber der Widerstand wuchs. Während des Februarstreiks, wir durften damals noch Straßenbahn fahren, kam Vater nach Hause und sagte ganz empört: „Die Straßenbahn fährt nicht. Es wird gestreikt!" Er fand das unmöglich, obwohl die Amsterdamer aus Solidarität mit uns Juden streikten. Im Mai 1942 wurde der Judenstern eingeführt. Aber selbst das fand ich – im Gegensatz zu den meisten anderen Betroffenen – nicht so furchtbar schlimm. Die meisten Holländer haben sich doch gerade da ganz fantastisch verhalten. Wirklich. In diesem Jahr besorgte mein Vater mir eine Stelle beim „Joodsche Raad" als Stenotypistin im Informationsbüro in Amsterdam-Oost. Das habe ich dann auch gemacht, jeden Tag zu Fuß hin und zurück, denn radfahren durften wir bald auch nicht mehr. Für meine Arbeit bekam ich einen Stempel in den Ausweis „Bis auf weiteres vom Arbeitseinsatz freigestellt". Bis auf weiteres – das konnte natürlich jeden Tag vorbei sein, aber man fühlte sich erst einmal sicher, denn immer mehr Menschen wurden abgeholt. Im Juli 1942 bekam auch Erika, sie war damals 19, einen Aufruf. Sie sollte sich in der „Zentralstelle für jüdische Auswanderung" in der Euterpestraat melden, mit Gepäck und Eßbesteck. Tante Lilli hat es aber irgendwie geschafft, den Nachweis zu erbringen, daß Erika nur Halbjüdin war. Damit war sie vorläufig gerettet.

Ja, die Transporte. Anfangs gingen die Menschen freiwillig, aber nach einer gewissen Zeit blieben sie einfach zu Hause. Alle hatten doch Angst. Und dann begannen die Razzien. Die hab ich in Amsterdam-Oost, einer einfachen jüdischen Arbeitergegend, miterlebt. Die Menschen sind weggegangen ohne Tränen, ohne Klagen, wie die Schafe zur Schlachtbank. Einige konnten untertauchen, aber darüber wurde geflüstert. Allmählich wurde es leerer und leerer um uns herum. Ich hatte auch Angst, aber auf der anderen Seite war ich doch jung: Ich verliebte mich in einen holländischen Jungen, der auch beim Jüdischen Rat arbeitete, und irgendwie war das wichtiger. Mitten in der Katastrophe ein bißchen Romantik. Wir haben Pläne geschmiedet für die Zeit danach und so ...

Im Sommer 1943 haben Tante Lilli und Vater geheiratet. Mit dem Trauschein konnten sie nämlich als Ehepaar einen Antrag stellen, zusammen nach Theresienstadt zu kommen. Theresienstadt galt als Vorzugslager, sie dachten, da würde es nicht so schlimm sein. Es war wohl ein Irrtum der Deutschen, daß wir bei der großen Razzia im Juni 1943 noch bleiben durften. Ende Juli, Anfang August wurden dann die Eltern mit einer großen schwarzen Limousine abgeholt. Die Rucksäcke standen ja schon längst griffbereit. Und als sie mich dann einige Wochen später nachts holten, war es fast so etwas wie Erleichterung. Jetzt war es so weit. In Westerbork sah ich eine ganze Reihe von Freunden und Bekannten wieder. Die Dienstage waren am schlimmsten ... Die Transporte ins Ungewisse. In der Nacht zuvor wurden die Namen verlesen. Dann machte sich jeder fertig, verabschiedete sich ... Am 18. Januar 1944 war auch ich an der Reihe. Ich hatte einen Antrag für Theresienstadt gestellt, in der Hoffnung, dort meine Eltern wiederzusehen, und der war genehmigt worden. Aber Vater und Tante Lilli waren nicht nach Theresienstadt, sondern nach Bergen-Belsen geschickt worden. Nur, das wußte ich natürlich damals nicht. Ich war ungefähr eine Woche in Theresienstadt, als sie von dort mit einem neuen Transport eintrafen. Vater ging es sehr schlecht, so daß Mutter und ich ihm alle Sonderrationen Brot und was wir sonst bekommen konnten, gaben. Mutter arbeitete in einem Lagerkrankenhaus, ich in einem Kinderheim. Da waren Kinder zwischen dem dritten und zehnten Lebensjahr untergebracht, die meist schon keine Eltern mehr hatten. Wir haben von sieben Uhr morgens bis sieben Uhr abends gearbeitet, mittags standen wir zwei Stunden in der Schlange, um Essen zu holen. Es war sehr schwer, aber im Vergleich zu dem, was folgte, noch erträglich. Für diejenigen, die Karten organisieren konnten, gab es in Theresienstadt Konzerte, Theaterstücke und Dichterlesungen. Schließlich war hier die „crème de la crème" des europäischen Judentums vereinigt, und die vielen Künstler waren glücklich, wenn sie irgendwie auftreten konnten.

Im Laufe der Zeit wurde das Lager immer leerer. Eines Morgens kamen mir die Kinder, mit denen ich schon so lange zusammen war, entgegen. Sie lachten und sagten: „Renate, wir dürfen mit dem Zug fahren, servus!" Heute weiß ich, daß man sie nach Auschwitz gebracht und dort vergast hat. Für uns war es im Oktober 1944 so weit. Eine Nacht und einen Tag waren wir unterwegs. Mutter hatte noch ein altes Stück Seife aufgehoben: „Wenn ich dort unter die Dusche gehe, kann ich mich zumindest noch ein bißchen frisch machen!" Dort, das war Auschwitz. Bei der Selektion mußten beide, Vater und Mutter, nach links – ins Gas. Ich habe sie nicht mehr gesehen. Wir, die wir rechts standen, marschierten ins Lager. An das, was dann kam, erinnere ich mich nur noch undeutlich. Tag oder Nacht oder Zeit oder Raum – es ist alles irgendwie verschwommen. Holländische Mädchen in den Baracken haben uns dann erzählt, was das mit den rauchenden Schornsteinen auf sich hatte. Ich konnte es einfach nicht glauben, ich war depersonalisiert. Das ist eine Erscheinung, die man bei vielen KZ-Insassen beobachten konnte. Es ist, als ob man neben sich steht und sich selbst sieht, ganz unbeteiligt. Man ist kahlgeschoren, hat Lumpen an, ist sich vollkommen fremd. Vielleicht eine Art Selbstschutz. Irgendwann, vielleicht nach einer Woche, mußten wir wieder in einen Zug, 1.000 Frauen und Mädchen. Wir wurden nach Kurzbach im östlichen Oberschlesien verfrachtet. Wie Stückgut. Da mußten wir Panzergräben gegen die Russen ausheben. Den ganzen Tag schwerste Arbeit, eine entsetzliche Kälte und viel zu wenig zu essen. Dennoch kann ich im Rückblick auf diese Zeit von mir sagen, daß ich mich nicht aufgegeben habe. Mein Wille war ungebrochen. Sonst hätte ich es auch nicht geschafft. In diesem letzten Winter sind doch noch so viele gestorben, an Lungenentzündung, Blutvergiftung, Schwäche. Und trotz Elend und Tod haben wir auch hier noch an die Zukunft gedacht und Pläne geschmiedet. Und manchmal sogar gelacht. Ich hatte mich mit einem gleichaltrigen jüdischen Mädchen angefreundet, Edith hieß sie, deren Eltern auch ermordet worden waren. Jeden Abend haben wir von dem Turm des Kinos am Leidscheplein in Amsterdam gesprochen, immer und immer wieder. Das wurde wirklich so eine Art Symbol. Und nachts flüsterten wir uns banale Werbesprüche aus der Vorkriegszeit zu, nur, um Holland und Amsterdam heraufzubeschwören. Das Wachkommando bestand glücklicherweise aus alten Landsturmmännern. Wären es SS-Leute gewesen, hätten sie uns zum Schluß sicher noch erschossen. „Mistfitzenkrebs" nannten wir den Bewacher, der unsere „Hundertschaft" begleitete, weil er uns auch so nannte.

Die Front kam immer näher, und alles flüchtete nach Westen, schlesische Bauern, französische Kriegsgefangene und wir in unseren KZ-Lumpen. Das war im Januar 1945. In Wohlau sind wir schließlich von den Russen befreit worden. Danach habe ich Typhus bekommen und schwebte wochenlang zwischen Leben und Tod. Edith hat mich gepflegt. Und dann endlich die deutsche Kapitulation am 8. Mai 1945. Der Krieg war aus. Ich war 19 Jahre alt.

Edith und ich hatten nur einen Wunsch. Nach Hause, nach Holland. Aber so einfach war das nicht. Wir fuhren erst eine Woche kreuz und quer durch Deutschland unter russischer Aufsicht und wurden dann den Amerikanern übergeben. Wir kamen auch durch Bielefeld, aber ich mochte es nicht sehen. Es war zuviel geschehen inzwischen.Nach ungefähr einer Woche kamen wir über Belgien nach Maastricht. Überall rot-weiß-blaue Fahnen und „het Wilhelmus", unsere Nationalhymne. Ich muß auch heute noch weinen, wenn ich sie höre. In Eindhoven haben wir uns gemeldet, und so ein Kerl meinte: „Was wollt Ihr hier. Wenn Hitler nicht gewesen wäre, wärt Ihr nicht hierhergekommen. Ihr müßt wieder zurück nach Deutschland!" Entsetzt haben wir gesagt: „Wir gehen nicht, und wenn wir bis zur Königin müssen!" Aber das hat ihn kaum beeindruckt. Wir wurden in einer Schule untergebracht, wo auch SS-Männer und Kriegsverbrecher festgehalten wurden. Unglaublich, aber wahr. Erst die Jüdische Gemeinde hat uns da rausgeholt. Am 19. Juni 1945 schlief ich wieder in meinem eigenen Bett in Amsterdam. Dadurch, daß meine halbjüdische Stiefschwester Erika hatte bleiben können, war alles noch da. Jetzt war der Krieg wirklich vorbei.

Der Rest ist schnell erzählt. Eine Woche später habe ich meinen Mann kennengelernt, und ein Jahr darauf waren wir verheiratet. Er studierte Medizin, und ich habe bis zu seinem Examen gearbeitet, bis 1951. In diesem Jahr wurde auch unser Sohn geboren. Später bekamen wir noch eine Tochter. Irgendwann zu Beginn der fünfziger Jahre wurde ich eines Tages gefragt, ob ich nicht Holländerin werden wollte. Ich brauchte nur eine Unterschrift zu leisten, das war alles. Und doch: ein großer Tag in meinem Leben! Heute ist nur noch die Art und Weise, wie ich stricke, deutsch. Alles andere ist vorbei. Aber in den Ferien bin ich ab und zu ganz bewußt wieder nach Deutschland zurückgegangen, weil ich wollte, daß mein Mann und meine Kinder wissen, woher ich stamme. Unser Haus in Bielefeld ist im Krieg durch Bomben zerstört worden, aber ein paar alte Schulfreundinnen sind noch da. „Deutschland", sagte meine Tochter einmal, „Deutschland ist so ein graues, kaltes Land, wo die Menschen nie fröhlich sind."

Ich selbst gehe nicht mehr in die Synagoge. Bezeichnenderweise interessiert sich unsere Tochter sehr für's Judentum, unser Sohn eigentlich nicht. In Israel bin ich nie gewesen. Schon mein Vater sagte immer: „Ich will nie nach Palästina, da sind mir zu viele Juden!" Man kann die Juden aus dem Ghetto holen, aber nicht das Ghetto aus den Juden. Vielleicht ist da doch etwas dran. Jedenfalls bleibt Israel ein Ghetto. Und doch finde ich es wichtig, daß es da ist. Gerade auch für die vielen Opfer, die dort eine neue Heimat gefunden haben. Was bei mir zurückgeblieben ist, das ist die Erinnerung und eine Art Schuldgefühl: Warum bist ausgerechnet Du zurückgekommen und all die anderen nicht? Das bleibt. Und manchmal denke ich, daß ich doch im Vergleich mit anderen gar nicht so viel habe erleiden müssen.

Ja, der alljährliche Gedenktag am 4. Mai berührt mich emotional sehr. Ich bin stolz, wenn ich nicht weine, aber ich bin auch erleichtert, wenn alles wieder vorbei ist. Von meiner Familie habe ich als einzige überlebt. Ein Großvater und ein Onkel sind rechtzeitig nach Brasilien gegangen und mittlerweile dort gestorben. Alle anderen wurden von den Nazis ermordet. Im vergangenen Herbst wurde in Bielefeld unser Familiengrab geschändet und der Grabstein, in den ich gleich nach Kriegsende die Namen der Ermordeten hatte einmeißeln lassen, mit „Juda verrecke" beschmiert. Das hat mir sehr zu schaffen gemacht. Das waren zwei Jungen, die auch gefaßt wurden, aber offenbar wußten die's nicht besser. Vielleicht sollte ich einmal mit ihnen sprechen, denn sie haben wahrscheinlich noch nie einen Juden oder eine Jüdin gesehen.

Leon M.
Leben nach der Thora

Leon M. (Mitte) mit Bruder und Mutter (1946)

Unser Geschäftshaus liegt dort, wo früher das Judenviertel war. Mitten in Amsterdam. Wir handeln mit Altmetallen. Weltweit. In meinem Büro hängen zwei Bilder, das meines Vaters, der dieses Geschäft 1920 in Hamburg gegründet und hier zweimal neu aufgebaut hat, und das des jüdischen Schriftgelehrten Hafez Hayim.

Es ist ein jüdisches Geschäft. Mein Kompagnon und ich, wir sind beide in Deutschland geboren. Unsere Frauen auch. Uns Juden dieser Generation verbindet das gleiche Schicksal. Heute wachsen bereits die Kinder in die geschäftliche Verantwortung hinein. Unter den 20 Angestellten hier im Geschäft sind fünf, die ihre Arbeit täglich gegen drei, halb vier unterbrechen und mit dem Gesicht nach Jerusalem ihre Gebete verrichten. Das sind dieselben, die jeden Morgen in die Synagoge gehen und das Geschäft freitags rechtzeitig verlassen, um sich vorzubereiten auf den Sabbat. Dann und an sämtlichen jüdischen Feiertagen ruht das Geschäft.

Mein Vater war früher von Hamburg aus geschäftlich viel in Skandinavien unterwegs. Per Schiff und per Bahn. Er mußte oft in kleinen Hotels übernachten, wo niemand wußte, was ein Jude ist, geschweige denn was koscher für uns bedeutet. Dann packte er zu Hause folgende Sachen in sein Reiseköfferchen: Ein paar Dosen Ölsardinen, Wurst von geschächtetem Fleisch und ein halbes Brot, das unter Aufsicht eines Rabbiners gebacken war. Vor Ort kaufte er noch ein bißchen Obst, Tomaten und Wurzeln. Und davon hat er sich dann ernährt. Schon dadurch bleibt man in gewisser Hinsicht außen vor. Heute ist sicherlich alles etwas einfacher, aber auch ich habe immer koschere Lebensmittel im Gepäck, wenn ich ins Ausland fahre oder fliege. So wird man immer wieder an seine jüdische Identität erinnert.

Vater ist als junger Mann in Hamburg zu einem jüdisch-orthodoxen Metallhändler in die Lehre gekommen. Es war eigentlich immer so in den bewußt jüdischen Kreisen, daß man junge Leute der, wie soll ich sagen, gleichen Richtung bevorzugte, um ihnen Arbeits- und Aufstiegsmöglichkeiten zu geben. Vater ist 1897 geboren. Er hat – wie ich später auch – die jüdische Schule besucht, wurde 1917 noch Soldat, machte sich nach seiner Rückkehr aus dem Krieg selbständig, heiratete ein Mädchen aus Frankfurt und gründete eine Familie. Ich bin 1926 geboren, der mittlere von drei Söhnen. Hamburg hatte eine ziemlich große jüdische Gemeinde damals. Alle möglichen Richtungen waren vertreten, sogar sephardische Juden, deren Vorfahren im 16. Jahrhundert aus Spanien und Portugal vertrieben worden waren. Wie groß der Anteil der Religiösen war, weiß ich nicht. Bei uns war es jedenfalls Tradition. Vater wäre zum Beispiel nie auf die Idee gekommen, sich ein nichtreligiöses Mädchen zur Frau zu nehmen, und Mutter hätte nicht im Traum daran gedacht, einen nichtreligiösen Mann zu heiraten. Selbstverständlich wurde zu Hause koscher gekocht, mit drei verschiedenen Eßgeschirren und allem, was dazu gehört, und Vater ging mit uns Kindern jeden Tag in die Synagoge. Sieben Mal in der Woche. Einmal morgens vor dem Frühstück und, wenn irgend möglich, auch zum Nachmittagsgebet. So war und so ist es in allen religiösen Gemeinden auf der ganzen Welt.

Vater fühlte sich dabei sicher als guter Deutscher, auch wenn er politisch nicht exponiert war. Ich weiß aus Gesprächen, daß mein Großvater in Frankfurt während des Ersten Weltkrieges so etwas gesagt haben soll wie „Gott strafe England!“ 1933, zur Zeit der Machtübernahme, wohnten wir in Hamburg in der Klosterallee. Mit den Nachbarn, Christen, waren die Eltern recht gut bekannt, die Frauen duzten sich sogar. Aber das war dann sehr schnell vorbei. Die Tür ging zu: „Mit Euch wollen wir nichts mehr zu tun haben.“ Obgleich Vater von den Boykottaktionen 1933 noch nicht direkt betroffen war, verschlechterte sich doch die geschäftliche Situation. Vor allem, wir bekamen Angst. Angst, daß etwas passieren würde, daß wir auf der Straße verprügelt würden von Hitlerjungen, die kaum älter waren als wir selbst. Solche Sachen kamen dann auch vor.

Am 1. November 1937 haben wir Deutschland verlassen. Im Nachtzug Hamburg–Amsterdam. Mein jüngster Bruder – er kam 1938 hier zur Welt – ist gewissermaßen in Mutters Bauch emigriert. Die Eltern hatten verabredet, bei der ersten drohenden Gefahr wegzugehen. Vater war gerade geschäftlich in Skandinavien, als irgendwie durchsickerte, wie weiß ich nicht, daß die Gestapo eine sogenannte „Bücherrevision“ bei uns plante. In solchen Fällen wurden in der Regel sofort die Pässe gesperrt, so daß man das Land nicht mehr verlassen konnte. Soviel zum Hintergrund. Mutter hat sofort von Amsterdam aus nach Dänemark oder Schweden telegrafiert, und Vater ist direkt hierher gekommen. Er ist gleich darangegangen, in den Niederlanden ein neues Geschäft aufzubauen, was ihm dank seiner Erfahrungen und Beziehungen auch verhältnismäßig rasch gelang. Zwei seiner Brüder waren schon vorher nach England gegangen und hatten dort eine Niederlassung eröffnet, an der er beteiligt war. Mutters Geschwister waren inzwischen alle nach Amerika oder Palästina ausgewandert, und sie selbst hat immer darauf gedrungen, weiter wegzugehen, nach England oder in die Vereinigten Staaten, weil sie überzeugt war, daß es Krieg geben würde. Aber Vater wollte nicht so recht. Wir waren in Holland sehr positiv aufgenommen worden, und seine Geschäfte liefen gut an. Hinzu kam, daß mein älterer Bruder, Simon, von Geburt an taub war und eine Spezialschule besuchen mußte. Er hatte dadurch natürlich besondere Lernprobleme, und jeder Landeswechsel bedeutete ja eine neue Sprache, die gelernt werden mußte. Für mich war dieser Wechsel relativ unproblematisch. Im Sommer 1939 habe ich ohne größere Schwierigkeiten die Aufnahmeprüfung zur jüdischen Realschule hier in Amsterdam bestanden. Es fiel mir nicht besonders schwer, mich anzupassen. Ich habe früh gelernt, daß ein Flüchtling, der bleiben möchte, seine neue Umgebung akzeptieren muß. Sonst geht das nicht. Wenn zum Beispiel manche Emigranten in so einer Arbeitergegend mit Schmuck und Pelzen herumliefen und jammerten, wie schön sie es zu Hause gehabt hätten, dann kam es schon mal vor, daß die Leute sagten: „Warum seid Ihr dann gekommen, geht doch wieder zurück!" Solche Spannungen gab es auch zwischen deutschen und holländischen Juden. Das habe ich selbst erlebt.

An den 10. Mai erinnere ich mich gut. Für die holländischen Behörden waren wir – egal ob Jude oder nicht – zuerst einmal wieder Deutsche, also feindliche Ausländer. Das hieß, wir durften während der fünf Kriegstage nicht auf die Straße, man mußte seine Besorgungen von niederländischen Freunden erledigen lassen. Es herrschte so ein Gefühl von Angst und Ohnmacht, aber ich selbst war merkwürdigerweise doch recht ruhig. Wir hingen alle am Radio, als die Nachricht von der Kapitulation kam. Niemand wußte, wie es weitergehen würde. Es zeigte sich aber nur zu bald, daß der Krieg für uns Juden nun erst eigentlich begann. Vater, der durch das Bombardement von Rotterdam ein großes Altmetallager verloren hatte, wurde vier Wochen nach der Kapitulation von den Deutschen verhaftet. Ohne Angabe von Gründen. Eines Morgens stand ein Auto mit laufendem Motor vor dem Haus, und sie nahmen ihn mit. Das ging offenbar nach irgendeiner Liste. Er kam in ein deutsches Gefängnis in Kleve am Niederrhein und wurde nach einem Monat wieder nach Hause entlassen, ohne jemals verhört worden zu sein. Aber sonst passierte uns vorerst wenig. Ich ging bis zum Sommer 1942 zur jüdischen Schule. Als dann die Deportationen begannen und immer mehr Freunde und Bekannte einfach verschwanden, haben die Eltern gemeint: „Wenn ihr eines Tages abgeholt werdet und in ein Lager kommt (an etwas anderes als ein Arbeitslager wagte niemand zu denken), dann ist es in jedem Fall von Vorteil, wenn man ein Handwerk beherrscht. Wer überhaupt nichts kann, bekommt die schwersten Arbeiten zugewiesen." So haben wir beide, mein Bruder und ich, die Schulen verlassen und eine Lehre als Schuster absolviert. Das ist uns später in der Tat sehr hilfreich gewesen.

Im Juni 1943 wurden wir bei einer Razzia verhaftet. Wir wohnten damals in der Euterpestraat 41, also ganz in der Nähe der berüchtigten Gestapozentrale von Amsterdam. Morgens um vier Uhr wurde das ganze Viertel von SS und „Grüner Polizei" abgesperrt. Lautsprecherwagen fuhren durch die Straßen und gaben Anweisung, daß sich alle Juden zum Abtransport fertig machen sollten. Die Rucksäcke standen schon bereit – man rechnete ja täglich mit so etwas. Um neun Uhr wurden wir Jungs aus dem Haus geholt. Vater und Mutter hatten nämlich eine besondere Eintragung in ihren Papieren, den sogenannten „Metallhändlerstempel“, der sie einstweilen sperrte. So hieß das damals. Aber wenige Wochen später wurde diese Sperre plötzlich aufgehoben, und Vater mußte zusammen mit vielen anderen erneut in ein Gefängnis. Währenddessen kam Mutter mit einer lebensbedrohenden Blutkrankheit ins jüdische Krankenhaus, und unser kleiner Bruder, der tragischerweise durch eine Krankheit ebenfalls taub geworden war, mußte bei fremden Leuten versteckt werden, weil niemand mehr da war, der für ihn sorgen konnte, und weil auch ihm die Deportation drohte.

Vater hatte sich immer geweigert, mit der Familie unterzutauchen. Zum einen, weil die Behinderungen meiner Brüder ein zusätzliches Risiko für uns und andere bedeuteten, zum anderen, weil er sich sagte, wer die Anordnungen der Deutschen nicht befolgt, macht alles noch viel schlimmer. Er hatte für uns alle statt dessen verschiedene Zertifikate besorgt, die zumindest einen vorübergehenden Schutz versprachen. Das waren die sogenannten „Palästinapapiere“, amtliche Dokumente der Jewish Agency, aus denen hervorging, daß man das Recht hatte, nach Palästina einzuwandern. Dann bekamen wir zusätzlich auch noch ecuadorianische Pässe. Die hatte Vater über einen Cousin in Schweden und einen seiner Brüder in England besorgt. Diese Papiere, so fragwürdig sie waren, haben meinen Bruder und mich in Westerbork tatsächlich vor einer frühzeitigen Deportation bewahrt. Als eines Tages dann die Palästinazertifikate „platzten“, schützte uns unsere südamerikanische „Staatsbürgerschaft“ jedenfalls so lange, bis die Eltern auch nach Westerbork kamen. Das war bei Vater im Januar 1944 der Fall und bei Mutter, die ihre Krankheit einigermaßen überwunden hatte, einen Monat später. Dann bekamen wir sogar von irgend jemandem die Adresse unseres kleinen Bruders, und weil Vater und Mutter Angst hatten, ihn aus den Augen zu verlieren (er wußte infolge seiner Krankheit damals noch nicht einmal seinen eigenen Namen), sorgten sie irgendwie dafür, daß er ins Lager hineingeschmuggelt wurde. Es ist und bleibt für mich ein Wunder, daß wir dort allen Umständen zum Trotz wieder zusammenfanden.

Das Leben in Westerbork war von einer ständigen Unruhe geprägt. Es war ein Prinzip der Deutschen, die Lagerinsassen unablässig umziehen zu lassen. Von einer Baracke in die andere. Praktisch gab es nie Ruhe. Immer war man von Hunderten und Aberhunderten umgeben. Jeder war nervös, versuchte, kleine materielle Vorteile gegenüber den anderen zu erringen. Das führte notgedrungen zu permanenten Spannungen und Reibereien. Hinzu kam die ständige Angst vor Deportationen in den Osten, die damals Dienstag für Dienstag stattfanden, die Ungewißheit und immer wieder die Frage: Stehe ich auf der Liste? Muß ich weg? Was wird dann?

Um die religiöse Praxis haben sich die Deutschen in Westerbork eigentlich wenig gekümmert, das überließ man der jüdischen Lagerleitung, und die hat es sogar fertiggebracht, Thorarollen ins Lager zu schaffen. Wir konnten also unsere jüdischen Gottesdienste in der vorgeschriebenen Weise halten, und es war mit einigem Glück sogar möglich, von der Arbeit am Sabbat befreit zu werden. Oder man bekam eine Arbeit zugewiesen, die gar keine war. Ich wurde z. B. einmal beauftragt, am Samstag verlorengegangene Schubkarren zu suchen. Das galt nach unseren Gesetzen nicht als Arbeit. Aber an den Wochentagen habe ich auf einem der in der Nähe des Lagers gelegenen Bauernhöfe geholfen. Im Herbst zusammen mit meinem Bruder in der Kartoffelernte. Ich habe ihn überall mit hingeschleppt, da er alleine nicht zurecht kam und auf meine Hilfe angewiesen war. Er war immer bei mir.

Am 5. April 1944 wurden wir deportiert. Die ganze Familie. Mit dem Zug von Westerbork nach Theresienstadt. Die Fahrt dauerte drei Tage, am 7. April kamen wir dort an. Warum Theresienstadt? Ich weiß es nicht. Solche Entscheidungen über Leben und Tod waren vollkommen willkürlich. Eigentlich hätten wir aufgrund unserer Ecuador-Pässe nach Bergen-Belsen kommen müssen, aber in Westerbork hatten die Metallhändlerpapiere offenbar ein stärkeres Gewicht. Zumindest damals. In Theresienstadt versuchte die SS, bestimmte Gruppen von Juden als Faustpfand für einen eventuellen Austausch zurückzuhalten, d. h. es war für eine gewisse Zeit und eine gewisse Minderheit von jüdischen Häftlingen ein Vorzugslager. Für die tschechischen und slowakischen Juden hingegen war Theresienstadt das, was Westerbork für Holland war: ein Durchgangslager für die Transporte nach Auschwitz und Sobibor. Die Unglücklichen wurden dort zu Tausenden zusammengezogen, blieben ein, zwei Tage, Wochen, Monate. Irgendwann kam dann die Fahrt in die Gaskammern. Als wir in Theresienstadt ankamen, war die Stadt mit rund 40.000 Juden völlig überfüllt, und es gab Hunger und Seuchen, denen vor allem die Alten, die Kinder und die Kranken zum Opfer fielen. Junge Leute hatten eher die Chance, etwas zu organisieren oder zu „schleusen“, wie es dort damals hieß. Ein paar Wochen nach unserer Ankunft begann die sogenannte „Verschönerung", ein Schmierentheater, das ausschließlich inszeniert wurde, um einer internationalen Kommission des Roten Kreuzes zu zeigen, wie gut es den Juden doch ging. Wir haben vom Irrsinn dieser Verschönerung sogar noch kurze Zeit profitieren können. Immerhin wurde das Essen besser, und wir durften häufiger spazierengehen. Nachher war alles wie zuvor. Ich habe sogar in dem Film „Hitler schenkt den Juden eine Stadt", den der arme Kurt Gerron damals drehen mußte, eine kleine Statistenrolle gespielt. Und in einem Park in Theresienstadt stehen heute noch Bänke, für die ich den Beton gegossen habe. Als ich vor einigen Jahren mit meiner Familie wieder dort war, habe ich sie meinen beiden Töchtern und meiner Frau gezeigt. Die Rückkehr an diesen Ort fiel mir merkwürdigerweise nicht schwer. Im Gegenteil. Ich fühlte eine sehr starke Dankbarkeit, daß ich die Möglichkeit hatte, als gesunder Mensch nach all der Zeit noch einmal zurückzukehren und meiner Familie alles zu zeigen. Ja doch, ein dankbares Gefühl.

Wir wurden in der Nacht vom 8. auf den 9. Mai 1945 von den Russen befreit. Ich glaube, Theresienstadt war das allerletzte Lager, das die Deutschen noch in ihrer Hand hatten. Hierhin schleppten sie alles, was ihnen irgendwie wichtig war. Lebensmittel, Vorräte, und merkwürdigerweise auch Juden. Die furchtbaren Transporte aus Auschwitz und Buchenwald. Aber die Versorgungslage war in den letzten Monaten nicht mehr so schlecht (ich hatte das Glück, in der Proviantur zu arbeiten), unsere Familie bekam ein gemeinsames Zimmer angewiesen, und wir konnten unsere Gottesdienste halten. Wir gehörten zu den Letzten, die das Lager verließen. Die Amerikaner haben uns dann von Pilsen aus mit Militärmaschinen nach Eindhoven geflogen. So sah unser Kriegsende aus. Wir hatten überlebt.

In Holland hat uns niemand mit offenen Armen empfangen. Auf einmal galten wir wieder als „die Deutschen", die schuld waren an allem Unglück. „Wenn Ihr nicht gekommen wärt, wäre Hitler uns erspart geblieben", hieß es. Wir waren erst in einer leerstehenden Fabrik untergebracht, da lagen Hunderte von Menschen auf Matratzen nebeneinander. Über verschiedene andere Stationen kamen wir schließlich nach Amsterdam, wo wir im ehemaligen jüdischen Krankenhaus von September 1945 an beinahe ein Jahr lang wohnten, bis wir eine eigene Unterkunft bekamen. Vater hat dort wieder angefangen, wo er 1940 hatte aufhören müssen. Während er das Geschäft wieder aufzubauen begann, ging ich auf eine Abendschule, um das eine oder andere nachzuholen. Dann bin ich in die Firma eingetreten und allmählich in das Geschäft hineingewachsen.

Wir haben 1954 geheiratet. Meine Frau ist ebenfalls in Hamburg geboren, ihr Vater war dort Metallmakler an der Börse und hatte Deutschland bereits 1933 mit seiner Familie verlassen. Sie sind nach Belgien gegangen. Nach Antwerpen. Von dort wurden sie bei Kriegsbeginn 1940 als feindliche Ausländer nach Frankreich abgeschoben. Ihr Vater und ihre einzige Schwester sind später von den Deutschen ermordet worden ... Oder nehmen Sie zum Beispiel meinen Cousin und Kompagnon. Er ist 1926, im selben Jahr wie ich, in Krefeld geboren. Im gleichen religiösen Milieu. Sein Vater war dort Prokurist in einer großen Seidenfirma. 1937 sind sie nach Holland gekommen, nach Venlo, die Eltern, seine Schwester und er. In Bergen-Belsen hat er alle Angehörigen verloren. Alle. Seine spätere Frau kam über Vught und Westerbork auch nach Bergen-Belsen. Sie hat ebenfalls ihre ganze Familie verloren. Gemessen am Schicksal dieser Familien ist die meine auf wunderbare Weise verschont geblieben. Natürlich bleibt die Frage nach dem „warum" – das kommt immer wieder an die Oberfläche. Erst in letzter Zeit wird es leichter, darüber zu sprechen.

Es hat doch seinen Sinn, daß wir noch da sind und Zeugnis ablegen können. Bei den ersten Hochzeiten nach dem Kriege war es fast immer so, daß die jungen Leute ohne Eltern heirateten. Die Eltern waren tot. Die Kinder sind also ohne Großeltern aufgewachsen. Das hat sich heute doch wieder geändert. Gott sei Dank.

Deutschland? Das war unmittelbar nach dem Krieg doch problematisch. Solche Wunden heilen langsam. Wir haben Deutschland in den ersten Jahren gemieden. Geschäftlich und privat. Das hat sich erst allmählich gelegt. Aber wenn ich heute in unsere deutsche Niederlassung nach Duisburg komme, ist es noch immer ein wenig zu spüren, dieses Militaristische, diese Mentalität des Hackenschlagens, dieses Denken in Befehl und Gehorsam. Ja, Deutschland kommt mir irgendwie vor wie eine riesengroße Militärbehörde. Da lebt man in Holland ehrlich gesagt doch ganz anders. Wir sind holländische Staatsbürger, aber haben natürlich ein sehr starkes emotionales Verhältnis zu Israel. Wir fühlen uns dort zu Hause, vielleicht mehr als in Holland. Die hohen jüdischen Feiertage in Jerusalem zu verleben, umgeben von Menschen, die dasselbe empfinden, ist überwältigend. Ich wünsche mir, daß der Staat dort noch stärker religiös wird und freue mich über jedes Zeichen in diese Richtung. Der politische, weltliche Zionismus hat sein Ziel erreicht. Aber wir meinen, daß der Staat erst unser Staat ist, wenn er so geführt wird, wie es in der Thora vorgeschrieben ist. Die Grundsätze der Religion müssen in allen Lebensbereichen zur Geltung kommen.

Die jüdische orthodoxe Gemeinde, die in der „Nederlands Israelitisch Kerkgenootschap" organisiert ist, umfaßt im ganzen Land heute etwa 5.000 Mitglieder. Aber nur rund 200 Familien sind in ihrer Lebensführung so streng religiös wie wir. Ja, wir leben koscher, wie es die Gesetze befehlen, und wenn ich einen Anzug kaufe, gehe ich damit zu einem jüdischen Sachverständigen, um prüfen zu lassen, ob in dem Stoff nicht Wolle und Leinen gemischt sind, denn eine Mischung von beiden dürfen wir nicht tragen. So sagt es die Thora. In der Regel bin ich jeden Morgen gegen sieben Uhr in der Synagoge, lege den Tallith an und die Gebetsriemen und spreche die vorgeschriebenen Gebete. Danach gehe ich ins Büro, esse eine Kleinigkeit und beginne zu arbeiten. Es ist mehr als nur Gewohnheit. Viel mehr. Ebenso hat es mein Vater gemacht, so haben es beide Großväter und alle Urgroßväter gemacht. In der Schrift steht geschrieben: „Du sollst mit deinem Sohn darüber sprechen und ebenso mit dem Sohn deines Sohnes." Ein religiös-jüdischer Vater beginnt schon sehr früh, seinen Kindern die religiösen Gebräuche zu erklären. So erfahren sie schon im Kindesalter etwas über die Hintergründe und Zusammenhänge, damit sie nicht einfach etwas nachahmen, was sie nicht begreifen. Die jüdische Lehre regelt kurz gesagt alle Lebensfragen. Werktag und Festtag, Essen und Trinken, Ehe und Gesellschaft, Lebensanfang und Lebensende. Wirklich von A bis Z, von der Wiege bis zur Bahre. Ein religiöser Jude hat sich an die Vorschriften zu halten. Das Leben nach den jüdischen Gesetzen gibt mir ein starkes Gefühl von Harmonie und Ordnung. Ich sehe in dem Ganzen eine besonders wichtige Selbtsdisziplinierung, die mir immer viel Kraft gegeben hat – bis hinein in das Konzentrationslager.

Helga B.

Untergetaucht

Helga B. (1947)

Im Jahre 1909 machte mein Vater Abitur. Das vorgegebene Thema für den Deutschaufsatz lautete: „Worauf beruht die wahre Vaterlandsliebe, und wie äußert sie sich?" Er schrieb am Schluß: „Von allen Völkern Europas können die Deutschen auf ihr Vaterland besonders stolz sein. Nicht nur die seit Jahrhunderten vollführten Ruhmestaten, sondern auch die vor einigen Jahrzehnten wiedergewonnene Einheit machen uns Deutschland teuer und wert." Ich weiß nicht, ob es eine nationale Pflichtübung war oder ehrliche Überzeugung. Denn ich konnte ihn nie fragen.

Vaters Familie stammte aus Dülmen, einem kleinen Städtchen im westlichen Münsterland. Dort hatte er zusammen mit einem entfernten Verwandten eine Leinenweberei, die schon vom Urgroßvater und seinem Bruder gegründet worden war. Wir waren eine angesehene und vollkommen integrierte Familie, die zu Dülmen gehörte wie andere alteingesessene Familien auch. Meine Mutter war Holländerin. Sie bekam die deutsche Staatsbürgerschaft erst im Jahre 1927 durch ihre Heirat und verlor sie elf Jahre später wieder nach der sogenannten Kristallnacht. In Groningen geboren, hatte sie meinen Vater bei einem Studienaufenthalt in Münster kennengelernt. Nach ihrem Examen haben sie dann geheiratet. Sie war 23, er 37. Im darauffolgenden Jahr wurde ich geboren, dreieinhalb Jahre später folgte meine Schwester.

Wir hatten eine sehr behütete Kindheit; eine Mutter, die sich viel um uns kümmerte, ein großes Haus, Personal – nur keine Kinder zum Spielen, zumindest nicht, solange wir noch nicht in die Schule gingen. Bei unseren Urlauben in Holland war das alles ganz anders. Da durften wir draußen auf der Straße mit Nachbarskindern spielen. Da durften wir uns auch einmal in Erwachsenengespräche einmischen – im Gegensatz zu Dülmen, wo wir Kinder nur antworten durften, wenn wir gefragt wurden. Es waren zwei grundverschiedene Welten, aber als Kind nimmt man sie so, wie sie sind. Als wir dann später in Holland zur Schule gingen, haben wir uns anfangs doch gewundert, daß es keinen Rohrstock gab, daß es dort weniger ordnungsgemäß zuging, daß man nicht von der Bank aufspringen mußte, wenn man aufgerufen wurde, daß es keinen „Guten Morgen, Herr Lehrer"-Sprechchor gab.

Aber zurück nach Dülmen. Wir sind nicht zweisprachig erzogen worden. Es wurde zu Hause ausschließlich deutsch gesprochen. Bis auf eine Stunde pro Woche, sonntagsmorgens, wo wir mit Mutter ein holländisches Kinderbuch lasen. Und als wir dann 1939 nach Holland kamen, hat sie diese „Tradition" umgekehrt fortgesetzt, das heißt, fortsetzen wollen. Sonntagsmorgens eine Stunde deutsch reden. Aber meine Schwester und ich, wir haben uns geweigert. Wir haben den Mund nicht mehr aufgemacht. Da hat meine Mutter resigniert mit der Bemerkung: „Ihr müßt es selbst wissen."

Mit sechs kam ich in die katholische Volksschule. Ich habe ganz normal am katholischen Religionsunterricht teilgenommen. Denn meine Eltern wollten nicht, daß für mich als einzige jüdische Schülerin eine Ausnahme gemacht wurde. Dabei meinten sie auch, es könnte nicht schaden, eine andere Glaubensauffassung kennenzulernen. Auch wenn ich kein Religionsbuch hatte, kannte ich die Lieder und Gebete doch bald auswendig. Wir waren zwar jüdisch, aber das spielte im Grunde keine Rolle in unserem Leben. Die jüdischen Feiertage wurden nicht gefeiert (Weihnachten allerdings auch nicht). Zur Synagoge gingen wir, soweit ich mich erinnern kann, nicht, obwohl es in Dülmen eine gab. Und zu Herrn Dublon, dem jüdischen Lehrer, wurde ich zwar zwei Jahre lang geschickt, aber wohl doch mehr aus Höflichkeit. Die jüdische Gemeinde zählte ungefähr 70 Personen und war ausgesprochen liberal. Sie bestand vorwiegend aus Metzgern, Kaufleuten und Viehhändlern. Alles keine armen Leute. Und alle wurden als Mitbürger akzeptiert. Die fast ebenso große evangelische Gemeinde hatte es da schon schwerer. Nein, von Antisemitismus habe ich als Kind nichts gespürt.

Über Politik wurde bei uns zu Hause nicht gesprochen. Zumindest nicht vor uns Kindern. Sicherlich gab es braune Uniformen, Umzüge in den Straßen und Parteiversammlungen, aber ich spürte nichts von der Hetze gegen uns Juden. Sicherlich durften die christlichen Dienstmädchen eines Tages nicht mehr bleiben. Uns wurde erklärt, daß Maria und – ich weiß den Namen nicht mehr – gegangen waren und daß wir jetzt einen Hausknecht bekamen, der jüdisch war und Siegfried hieß. Wir akzeptierten das einfach. Ich war sechs, sieben, acht Jahre alt und spielte lieber mit der Bäckerstochter, meiner besten Freundin. Ihre Familie hat zu uns gehalten. Auch noch nach der sogenannten Kristallnacht lagen jeden Morgen frische Brötchen vor unserer Tür.

Ja, die Nacht vom 9. auf den 10. November 1938 traf mich völlig unvorbereitet. Es war ein schrecklicher Lärm unten im Haus. SA-Männer aus einer anderen Stadt zerschlugen alles, was zu zerschlagen war. Wir alle waren oben in unserem Kinderzimmer, bis mein Vater sagte: „Jetzt muß ich runtergehen. Danach haben wir ihn nicht mehr gesehen. Er wurde verhaftet und hat wenige Tage später in der Zelle Selbstmord begangen. Er war 48 Jahre alt. Vielleicht hat er keinen Ausweg mehr gesehen, vielleicht hat er meiner Mutter ihre holländische Staatsbürgerschaft zurückgeben wollen, um uns so zu retten. Ich weiß es nicht. Er war der letzte, der auf dem jüdischen Friedhof in Dülmen beerdigt wurde.

Wir sind noch einen Monat in Dülmen geblieben. Zur Schule gehen konnten wir nicht mehr. Dann wurde ich krank, Scharlach, und Großvater kam und hat meine Schwester und mich über die Grenze geschmuggelt. Denn obwohl Mutter nach dem Tode ihres Mannes wieder Holländerin geworden war, blieben wir Kinder aber Deutsche. Meine ersten sechs Wochen in Holland habe ich im Krankenhaus verbracht. Es war eine einsame Zeit, doch als ich entlassen wurde, habe ich die Sprache gut gesprochen und konnte ins dritte Schuljahr einsteigen. Nur das Schreiben war etwas problematisch. „Wat schrijf jij gek" (was schreibst Du komisch), sagten meine Mitschüler. Aber auch das legte sich mit der Zeit. Wir wohnten in Zeist in derselben Straße wie auch Großvater. Unsere Möbel waren mittlerweile eingetroffen, und Mutter betrieb eine Pension und gab Nachhilfestunden, um einigermaßen über die Runden zu kommen. Eines Tages – es war schon Krieg – durften wir auch die holländische Schule nicht mehr besuchen. „Voor joden verboden" hieß es überall. Die Ehefrau meines damaligen Lehrers hat mich noch zu Hause unterrichtet, bis eine kleine Schule ausschließlich für Juden ins Leben gerufen wurde, wo ich allerdings nicht sehr viel gelernt habe. Von einem brotlos gewordenen jüdischen Studienrat bekam ich noch zusätzlich Unterricht, um mich auf die Zulassungsprüfung für das jüdische Lyzeum in Utrecht vorzubereiten. Die Prüfung habe ich gemacht und habe auch noch erfahren, daß ich bestanden hatte, aber die entsprechenden Papiere haben wir nicht mehr bekommen, denn vorher sind wir untergetaucht.

Meine Mutter hatte Anfang 1942 gesagt: „So geht es nicht weiter, ich glaube nicht, daß wir es schaffen, wenn wir nichts unternehmen." Als es dann soweit war im Juli/August, war alles bestens vorbereitet. Einem unserer früheren Pensionsgäste, der in Bilthoven arbeitete und dessen Frau in Rotterdam wohnte, wurden die wöchentlichen Bahnfahrten hin und her allmählich zu gefährlich, weil holländische Männer oft ohne Grund aufgegriffen wurden, um zum Arbeitseinsatz nach Deutschland geschickt zu werden. Er kehrte nach Rotterdam zurück und mietete ein Haus mit zwei Etagen mitten in der bombardierten Altstadt. Das heißt, er zog mit seiner Frau in die untere Etage und wir in die obere. Während Mutter sich in Zeist noch um die letzten jüdischen Pensionsgäste kümmerte, ließ sie sämtliche Möbel und Gebrauchsgegenstände, die wir für Rotterdam brauchten, von einem Transportunternehmen abholen – „zur Aufbesserung", wie sie sagte. In Wirklichkeit aber, um sie unter dem Namen van Hesse, so hieß der Mann, insgeheim einlagern zu lassen. Mijnheer van Hesse hat dann kurze Zeit später alles nach Rotterdam kommen lassen. Warum er das machte? Er wollte etwas gegen die „rotmoffen", die seine Stadt so rücksichtslos bombardiert hatten, tun. Und damit hat er uns gerettet.

Bis zum Ende des Krieges waren es fast noch drei Jahre. Drei Jahre, in denen ich nicht ein einziges Mal draußen gewesen bin. Aber drei Jahre mitten zwischen unseren eigenen Möbeln, auf einer eigenen Etage mit zwei Zimmern, einem zur Küche umfunktionierten Badezimmer und einer eigenen Toilette. Es gab viele „onderduikers", die nicht mehr hatten als einen Schrank oder einen zugigen Dachboden. Verglichen damit wohnten wir geradezu luxuriös.

Gelesen habe ich alles, was da war. Mutters ganzen Bücherschrank mit den deutschen Klassikern: Goethe, Schiller, Lessing, Uhland usw. Heute frage ich mich manches Mal, was ich wohl davon verstanden haben mag. Zusätzlich bekamen wir auch noch Bücher aus der Bücherei. An Karl May erinnere ich mich noch mit Freuden! Nein, Langeweile habe ich nicht gehabt. Meine lebhafte Schwester dagegen hatte es da schwerer. Die ging kurz vor Kriegsende auch mal mit Mutter raus, um nach Lebensmitteln anzustehen, soweit die überhaupt noch zu haben waren. Weil ich am „jüdischsten“ von uns dreien aussah, blieb ich zu Hause. Und solange ich Bücher hatte, war ich auch einigermaßen zufrieden. Was wir sonst machten? Musizieren ging nicht. Überhaupt war alles, was mit Geräuschen und Lärm verbunden war, verboten. Zwei Häuser weiter lag nämlich das Hauptquartier der „Grünen Polizei“. Und wenn unten im Haus Besuch erwartet wurde, war Sprechen und auf Schuhen gehen überhaupt nicht mehr gestattet, denn für die Außenwelt befanden sich auf unserer Etage nur die Schlafzimmer der Familie van Hesse.

Wir hatten eine feste Tageseinteilung. Morgens war Schule. Nachmittags standen „Hausaufgaben“ und Gymnastik auf dem Programm, und abends war frei: Geschichten erzählen, handarbeiten, Geschenke basteln, lesen oder spielen. Manchmal „Radio Oranje“ hören, wenn alles sicher schien. Mutter unterrichtete Sprachen, Geschichte und Erdkunde. Mijnheer van Hesse, der von Berufs Werkzeugbauingenieur war, übernahm die naturwissenschaftlichen Fächer Mathematik, Physik, Chemie usw. Er war es auch, der die Schulbücher besorgte. So arbeiteten wir sogar fast so schnell wie die echte Schule. In dieser Hinsicht bedeutete der Krieg also kaum verlorene Jahre für uns.

Wovon wir eigentlich lebten, weiß ich nicht so genau. Lebensmittelkarten bekamen wir – ich nehme an – von der Illegalität. Wir kochten in unserer improvisierten Küche auf Holz. Im letzten Kriegswinter gab es nichts anderes mehr als morgens Zuckerrüben, mittags Zuckerrüben und abends Zuckerrüben in immer neuen Varianten. Da waren die Lebensmittelpakete, die aus Schweden kamen und über dem hungernden Westen des Landes abgeworfen wurden, wirklich ein Segen. Leider hielten diese Vorräte auch nicht lange. Wir löffelten bald wieder Zuckerrüben.

Unsere gefälschten Papiere haben wir nur einmal benötigt. Mutters Ausweis lautete auf den Namen Antonia van Wijk, Dienstmädchen, und wir waren ihre Nichten Henny und Corry van Wijk. Bei einer Hausdurchsuchung, die Gott sei Dank ziemlich oberflächlich durchgeführt wurde, weil die Wehrmacht wohl „nur“ Männer zum Arbeitseinsatz suchte, habe ich mich mit dem Rücken zum Geschehen um das Baby der van Hesses gekümmert. Meine Schwester hatte sich auf der Toilette eingesperrt. Das war so abgesprochen und einstudiert. Mijnheer van Hesse war nicht zu Hause. Glück gehabt!

Als wir endlich im Radio hörten, daß der Krieg vorbei war, sagte meine Mutter: „Das wollen wir erst einmal in aller Ruhe abwarten.“ Zwar waren abends viele Menschen auf der Straße zu sehen, aber sie wollte auf Nummer Sicher gehen. Am nächsten Tag haben wir dann die Flasche Eierlikör aufgemacht, die wir die ganzen Jahre für diesen Augenblick aufbewahrt hatten. Wie oft wir beim Anblick dieser Flasche nicht gesagt hatten: „Wenn erst der Krieg aus ist, dann . . .“ Nun war es soweit.

Ich weiß nicht mehr, wie wir die Nachricht bekamen, daß auch Großvater deportiert worden war. Er hatte sich immer geweigert, unterzutauchen, in der ganz festen Überzeugung, daß ihm als altem Mann nichts zustoßen würde. Sein Sohn, der Bruder meiner Mutter – er war Studienrat für Chemie –, hat als Fabrikarbeiter in Amsterdam überlebt. Und von Vaters Geschwistern? Ein Bruder war schon 1918 als deutscher Unteroffizier gefallen. Der zweite emigrierte 1933 mit Frau und Kindern nach England. Der dritte ist wie Vater in der „Kristallnacht“ verhaftet worden und hat in Buchenwald Selbstmord verübt. Seine Frau wurde später nach Riga deportiert, wo sich ihre Spuren verlieren. Nur ihre beiden Söhne konnten durch einen Kindertransport nach England gerettet werden. Auch Vaters einzige Schwester, ihr Mann und ihr Sohn sind Opfer der Nazis geworden.

Nach dem Krieg hatte man kaum Zeit, hierüber lange nachzudenken. Alles mußte neu geregelt und aufgebaut werden. Sehr früh sind wir der jüdischen Gemeinde beigetreten, aber ich glaube, das geschah mehr aus praktischen Erwägungen heraus. Da gab es z. B. jeden Tag kostenlos Suppe, wenn ich mich recht erinnere. Und ich durfte Urlaub auf einem Schiff in der Nähe von Den Haag machen. Aus Amerika bekamen wir eine Hilfssendung, die neben Lebensmitteln aus Nylon-Handschuhen und -Strümpfen bestand. Letztere waren nicht gerade lebensnotwendig, aber es war sicher gut gemeint. Und dann fing auch die Schule wieder an. Der Alltag wurde ganz langsam wieder alltäglich. Wir blieben fürs erste in unserer „Untertauchwohnung“, wo hätten wir auch sonst hingehen sollen? Mutter hat noch versucht, die Fabrik in Dülmen wieder aufzubauen, was ihr aber nicht gelang. Daneben hat sie zusammen mit Mijnheer van Hesse eine kleine Spezialfabrik für Eisenwaren errichtet, die recht gut lief.

Nach meinem Abitur habe ich Wirtschaftswissenschaften studiert.

Das war in Rotterdam möglich. Für ein Studium in einer anderen Stadt hätte das Geld nicht gereicht. Während dieser Zeit habe ich meinen Mann kennengelernt. Mütterlicherseits ist er jüdisch, sein Vater hatte einen starken sozialistischen Hintergrund. Ausgerechnet er mußte sich in eines der wenigen jüdischen Mädchen der Fakultät verlieben. Ist das Zufall?

Wir haben zwei Söhne, die absolut nicht jüdisch erzogen worden sind. Aber der Älteste interessiert sich doch sehr für das Judentum und seine Geschichte. Mitglied einer jüdischen Gemeinde sind wir nicht. Daß ich Jüdin bin, spielt keine zentrale Rolle in meinem Leben heute. Aber wenn wir das Jüdisch-Historische Museum in Amsterdam besuchen zum Beispiel, so geschieht das doch mit mehr Intensität, als wenn wir in andere Museen gehen. Aber dort interessiert mich an erster Stelle „meine Geschichte", und nicht so sehr die Religion. Und Israel? Da sind mir die Leute fast zu „deutsch", zu militaristisch, wenn Sie verstehen, was ich meine. Wir haben entfernte Verwandte dort, die immer wieder fragen, wann wir einmal kommen. Aber ich verspüre kein Bedürfnis, das Land zu besuchen.

Und Deutschland? Ich spreche die Sprache noch gut, obwohl ich manchmal nach Wörtern suchen muß. Seit Jahren beschäftige ich mich mit unserer Familiengeschichte, weil ich glaube, daß es notwendig ist, aufzuzeichnen, wie das früher einmal in Deutschland war mit den Juden. Was sie taten, wie sie lebten und wie sie dachten. Älteren Deutschen gegenüber bleibt eine gewisse Reserviertheit, aber meine Schulfreundin besuche ich mindestens zweimal im Jahr. Manchmal gehen wir dann durch die Stadt, die ich kenne und doch nicht wiedererkenne: Der Krieg hat uns alle verändert.

Ein persönliches Nachwort

Die Linie 24 fährt immer noch durch die Beethovenstraat. Amsterdam-Zuid, die Häuserzeilen, die Parks, die baumbestandenen Straßen – alles scheint so wie früher. Nur die Auslagen in den Geschäften zeigen den Wandel der Moden, der Zeit. Auf den Türschildern hier und da deutsche Namen, jüdische Namen ... In den kleinen Cafés und Restaurants kann man ihnen gelegentlich noch begegnen, älteren Damen und Herren, deren Akzent unzweideutig ihre Herkunft verrät, oder deren Deutsch das Deutsch der Vorkriegszeit ist. Es gibt sie noch, auch wenn sie mit jedem Jahr weniger werden. In absehbarer Zeit wird dieses gemeinsame Kapitel deutsch-holländischer Geschichte endgültig der Vergangenheit angehören.

Wie jedes Buch hat auch dieses eine kleine Vorgeschichte. Den ersten Anstoß zur Beschäftigung mit diesem Thema verdanken wir der gemeinsamen Lektüre eines Buches, das das Schicksal deutscher Juden zum Gegenstand hatte, die während der 1930er Jahre in die Vereinigten Staaten geflüchtet waren und nun von dort aus im Alter ihr Leben auf zwei Kontinenten bilanzierten. Ein Buch, das uns sehr betroffen gemacht hat. Und nachdenklich: Am Schluß stand die Frage, wie es jenen jüdischen Emigranten ergangen sein mochte, die auf ihrer Flucht vor Hitlers braunen Kolonnen in die Niederlande kamen und im Mai 1940 ihren Peinigern, vor denen sie sich sicher geglaubt hatten, erneut in die Hände fielen. Wir wußten spontan nur ein Opfer zu benennen, Anne Frank. Daß sich annähernd 30.000 Deutsche und Österreicher jüdischen Glaubens dorthin geflüchtet hatten, war uns nicht geläufig. Das Interesse an dieser Fragestellung war und ist nicht zuletzt durch unsere persönliche Konstellation begründet. Als holländisch-deutsches Paar fühlen wir uns beiden Kulturen und Sprachen wechselseitig verbunden. Vielleicht ergibt sich dadurch auch zu Menschen, die einmal Deutsche waren und heute Holländer sind, eine besondere Affinität.

Heute sind die deutsch-jüdischen Emigranten auch in den Niederlanden eine vergessene Gruppe, und dementsprechend schwierig gestaltete sich die Suche nach Gesprächspartnern, die bereit und in der Lage waren, sich einem drei- bis sechsstündigen Interview zu unterziehen. Zwischen dem 60. und 90. Lebensjahr, suchen sie heute nicht unbedingt Publizität und halten meist eine, nach allem, was geschehen ist, begründete Distanz zu Deutschland und den Deutschen ihrer Generation. Um so dankbarer sind wir für das aufgeschlossen-herzliche Entgegenkommen, das uns überall zuteil wurde. Dieser Dank soll ausdrücklich auch jene einschließen, die nach der erbetenen Bedenkzeit mit „Nein" antworteten. Wir wissen, daß sie sich ihre Entscheidung nicht leicht gemacht haben. Kaum einer unter ihnen, der uns nicht „viel Erfolg" oder „veel succes" gewünscht hätte.

In der Zeit vom Mai bis Dezember 1987 haben wir in den Niederlanden mit annähernd 50 ehemals deutschen Jüdinnen und Juden sprechen können. Beim Zustandekommen der Kontakte und Absprachen spielte immer wieder der Zufall eine Rolle. Häufig ergaben sich aus einer Begegnung zwei oder drei neue. Die Gespräche selbst wurden entweder auf Holländisch oder Deutsch und meist im Wechsel beider Sprachen geführt und aufgezeichnet. Anschließend haben wir wortgenaue Protokolle angefertigt, die die Grundlage der eigentlichen „Lebensgeschichten" bilden. Diese in der Regel auf acht bis zehn Seiten gestrafften Fassungen wurden von unseren Gesprächspartnern noch einmal gegengelesen, korrigiert und autorisiert. Wenn wir uns für 27 Geschichten entschieden haben, so heißt das keinesfalls, daß die übrigen Interviews etwa weniger interessant, weniger wichtig gewesen wären. Jüdisches Schicksal in diesem Jahrhundert ist eine „unendliche Geschichte". Wir konnten hier nur eine Auswahl vorlegen.

Da nicht wenige der Befragten ihre Anonymität bewahrt sehen wollten, haben wir uns bei der Namensnennung auf die Ausschreibung des/der Vornamen verständigt, während die Nachnamen auf die jeweiligen Initialen verkürzt sind. Um den Geschichten dennoch ein Gesicht zu geben und damit dem Leser die Möglichkeit, die Menschen kennenzulernen, die hier erzählen, baten wir unsere Gesprächspartner um Fotos aus den 1930/40er Jahren. Alle haben dieser Bitte entsprochen. Es sind Bilder von Kindern, von jungen Leuten und Familien, die in ihrer Unmittelbarkeit nichts von dem grausamen Geschehen jener Jahre verraten und die vielleicht gerade deshalb den immer noch unbegreiflichen Rassenwahn des Antisemitismus besonders eindringlich dokumentieren.

27 Geschichten also und annähernd ebenso viele Jahrgänge von (fast) der Jahrhundertwende bis (fast) zum Jahre 1930. Rechtgläubige Juden

kommen zu Wort und Liberale, Zionisten und Sozialisten. Großbürger sind unter den Befragten und Angehörige des Mittelstandes. Intellektuelle, Geschäftsleute, Handwerker, Künstler und Wissenschaftler. Frauen und Männer. Ihre Geburtsorte heißen Beuthen, Bielefeld und Breslau, Dülmen und Dortmund, Frankfurt und Fürth, Hamburg und Hannover, Köln und Königsberg. Und, immer wieder, Berlin. Ähnlich ihre Schicksale während des Krieges: Da gab es Menschen, die im Versteck überlebten oder die flüchteten, solche, die Widerstand leisteten gegen die Besatzer, und schließlich diejenigen, die das Grauen der Lager durchleiden mußten. Keiner, der nicht Vater oder Mutter, Verwandte oder Bekannte in deutschen Konzentrationslagern verlor. Der Tod ist in fast allen Geschichten gegenwärtig, aber jede Erzählung hat in sich einen wunderbaren Kern: Die Rettung aus tödlicher Gefahr – David besiegt Goliath. Doch für die Davongekommenen bleibt immer wieder die Frage: „Warum nur ich?"

Bewußt haben wir am Ende der Gespräche immer wieder die Frage nach dem Heute gestellt, nach der Abwägung zwischen „dem" Deutschen, „dem" Holländischen und „dem" Jüdischen. Die unterschiedliche Wertigkeit des Judeseins, der lebenslange Abschied (was gar nicht sentimental gemeint ist) von Deutschland und die Annäherung an Holland bis hin zur Inbesitznahme – auch hier gleicht keine Antwort der anderen. Was allerdings überall anklingt, ist ein Appell gegen das Vergessen und gegen den leichten Ausweg des Verdrängens. Eine „Gnade der späten Geburt"? – Sie ist noch niemandem zuteil geworden. Die Geschichte entläßt uns nicht aus der Verantwortung.

Gelegentlich wurden wir mit einem leicht skeptischen Lächeln gefragt: „Meinen Sie denn, daß das in Deutschland noch jemanden interessiert?" Wir haben darauf keine Antwort geben können. In der Tat ist es so, daß Bücher über jüdische Schicksale hierzulande selten Bestseller werden. Dies gilt um so mehr für Geschehnisse, die sich außerhalb des deutschen Horizontes ereigneten – auch und gerade, wenn die Deutschen ihre Urheber waren. Geschichte ist eben immer noch zuerst einmal Nationalgeschichte; die politische Perspektive unserer Nachbarn und ihre Mentalität sind uns oft fremd und unverständlich. Dennoch vertrauen wir dem „Prinzip Hoffnung" und wünschen uns, daß dieses Buch seine Leser finden möge. In Deutschland und in Holland. Emigration – das Wort sagt es – ist aus sich selbst heraus grenzüberschreitend.

Das haben wir versucht zu zeigen:
Was der Mensch tut, hängt ab von ihm selbst.
Und es liegt in seinem Vermögen,
gut oder schlecht zu sein.
Ohne daß Gott, sein Name sei gelobt,
ihn zu einem von beiden zwingt.

Maimonides (1135–1204)

Die Autoren

Volker Jakob, Dr. phil., geb. 1949, studierte Geschichte und Germanistik an den Universitäten Saarbrücken und Münster; er ist Wissenschaftlicher Referent beim Landschaftsverband Westfalen-Lippe in Münster.

Annet van der Voort, 1950 in Holland geboren, ist auf dem Umweg über Brüssel vor 15 Jahren nach Deutschland gekommen. Nach verschiedenen Tätigkeiten im kaufmännischen Bereich studiert sie heute Foto- und Filmdesign.

CIP-Titelaufnahme der Deutschen Bibliothtek

Jakob, Volker:
Anne Frank war nicht allein : Lebensgeschichten dt. Juden in d. Niederlanden / Volker Jakob ; Annet van der Voort. – Berlin ; Bonn : Dietz, 1988
(Dietz-Taschenbuch ; 25)
ISBN 3-8012-3025-2
NE: Voort, Annet van der:; GT